用常識治國

右派商人川普的當國智慧

余杰——著

目錄

推薦序／

川普與自由派知識分子的分歧

沈榮欽（約克大學行政學系助理教授）

在本書當中，作者余杰以九章的篇幅回顧川普自二〇一五年決定參選美國總統以來，四年間的重要歷史橫斷面。前四章著重於川普的內心世界與人格特質，強調他如何受到以下三方面因素的影響：他欲繼承的政治遺產、美國的清教徒傳統與商人的職業性格。

作者首先檢視前美國總統雷根與川普的相似之處，認為川普繼承雷根的政治遺產，兩人都是非典型總統，卻懷有相似的使命，雷根以終結共產蘇維埃為己任，而川普則是將矛頭對準了共產中國。接著作者回顧川普本人與美國清教徒傳統的關聯，解釋為何福音派基督徒會投票給個人道德有瑕疵的川普，關鍵在於雙方對核心信仰的根本認同是一致的，並進一步認為這種信仰符合美國的建國精神與憲法原則，也影響了川普對大法官人選的提名。然後作者延續韋伯的經典論述，從資本主義與新教倫理的關係，闡述川普作為右派商人與作為左派政治人物的歐巴馬（Barack Obama）在政策方面的差異。相較於歐巴馬的大政府主義，川普的市場導向政策不僅獲得較佳的執行成效，也有效重振了美國的國際地位。最後則說明美國總統由歐巴馬轉為川普時，權力移轉過程中的詮釋權之爭，強調非典型總統川普如何與美國菁英奮戰。詮釋權戰場主要發生在媒體與大學校園，背後反映的其實還是左右派之爭。

討論完內政之後，作者在接下來兩章討論川普的外交政策。第五章首先檢討美國軍力雖然不若美蘇冷戰時在全球具有絕對優勢，但是目前無論是軍力或是國防工業，仍居於世界領先地位。從歐巴馬的「亞洲再平衡戰略」到川普的「印太戰略」，標榜美國對於亞洲戰略思維的改變，從守勢改為攻勢。亞洲再平衡旨在強化美國對現有秩序的捍衛力量，對中國欲改變西太平洋權力結構的企圖實施嚇阻；但是印太戰略則進一步將亞洲的安全體系從太平洋、東南亞擴及到印度洋和印度次大陸，建構更廣泛的新國際秩序。美國對台政策的改變，包括提升軍售規模與通過《台灣旅行法》，也都是印太戰略下的產物。第六章則進一步討論川普因此對於過去的國際多邊組織，無論是二戰後的聯合國或是冷戰後的世貿組織，皆有所不滿的原因，也代表著長期主導美國外交界的季辛吉主義之正式退場。

接下來兩章回顧美國華人與川普的關聯，以及六本關於川普的書籍所勾勒出的川普面貌。然後在最後兩章討論美國何以要與中國進行貿易戰，以及美中長期對峙局勢的形成。美中由貿易戰衍生到經濟戰乃至地緣政治的對抗，將是形塑本世紀未來數十年最重要的事件。

為了有助於讀者理解本書，筆者將從本書中提及的以下問題加以延伸討論：從商人擔任總統的優點與不足，進而論及何以美國學術界的大多數人反對川普，以及為何學院派與普通民眾對於川普的看法差別會如此之大。

台灣崇尚學者內閣，但商人從政較無學者久坐書齋而不諳世事的缺點，同時商人也因其非出身於政治建制派，較少傳統政治人物的官僚習氣，足以為僵化的政黨政治帶來新改變；但是商人也因此而缺乏政黨菁英的奧援，容易依賴自己在商場或私人領域的人際關係網絡尋找可用之才。從這個角度而言，商人從政最好是在政黨政治健全的國家，加入既有政黨從政，以避免人才庫狹小而有用人唯親（Nepotism）的弊病，而能夠在現有政黨的制度基礎上，引進產業界的優秀人才，改變官僚組織的文化。

對於這點，將同樣是商人從政的貝魯斯科尼（Silvio Berlusconi）與川普作比較就可以看出：貝魯斯科尼在小黨林立的義大利政壇從政，先後創立義大利力量黨與自由人民黨，先後三次擔任義大利總理。在擔任總理期間，貝魯斯科尼是出了名的用人唯親，並缺乏相應的利益迴避措施，以致多次捲入政治醜聞。例如他曾經因為收購梅鐸出版社的違法行為，而遭到法院下令其向受到不公平競爭的同業媒體集團支付七點九五億美元的罰款，但是貝魯斯科尼卻在判決後，企圖運用權力來規避罰款。此外，《衛報》也曾經報導，貝魯斯科尼當政期間，使得用人唯親主義大行其道，無法從裙帶關係中獲益的義大利年輕人只得遠走他國工作，其延伸結果甚至最終使得義大利因此產生債務危機。相較之下，川普在兩黨政治健全的美國，加入共和黨參選，能夠在既有政黨人才庫的基礎上，引進新的人才；並且因為川普不若貝魯斯科尼經營媒體，所以能夠在媒體與司法的監督下，避免用人唯親與利益衝突，從而避免貝魯斯科尼的悲劇，表現出遠為優異的治國績效。

商人從政通常比職業政客更強調管理的效率與效能，有助改善政府官僚組織的效率與政策落實度。例如川普當選總統後立刻表示，對聯邦政府多如牛毛且不斷增長的管制感到不滿，認為很多管制措施無非是為了特殊利益團體或是官僚組織所設，因此甚至提倡政府未來若新增一項聯邦管制法令，就必須先廢止兩項舊法令。

但是商人執政後通常也會發現，政府機關無法如企業組織般如臂使指，法律對公務員的保障非私人企業所可比擬，憲政的制衡機制也遠超過普通公司治理架構對CEO的限制。因此商人在施政效率表現不如人意時，有權力集中化與擴大政府組織的傾向，例如貝魯斯科尼與同樣由商人從政的泰國前總理塔克辛（Thaksin Chinnawat）都曾試圖修憲以擴權，他們都曾以小而美政府的改革口號作為競選承諾，上任後卻以擴充政府組織與人員告終，塔克辛甚至將泰國政府的部會從十三個增加到二十個。

這或許是作者強調商人與新教倫理之間關係的原因。要能發揮商人治國的優點，不僅需要卓越的領導與組織能力，改善官僚組織的效能，同時能夠引進新人才與新視野活化傳統政黨與政府組織的僵固性，並能夠超越個人利益的限制，在內在的道德倫理上，具有克制自身欲望與擺脫用人唯親的束縛，以企業家發展財富的動力，大刀闊斧的進行變革，為官僚組織帶來新願景。無論贊同川普與否，都無法否認川普為美國舉國上下帶來新的刺激與變革的動力。

當然這並不意味著商人治國全無劣勢，例如克魯曼（Paul Krugman）曾經舉例說，如果一個國家吸引巨額外資，商人幾乎都認為企業的利潤和產量會因此增加，於是該國增加出口、減少進口，導致貿易順差；但是，在企業層次為真者，在國家層次未必為真。事實上外資淨流入必定伴隨貿易逆差——國家經常帳與企業財務報表的計算方法不同，凡出現貿易逆差的國家，外國在本國購置的資產價值必然多於本國購置的海外資產價值（也就是資本淨流入），如此才能達成經常帳的收支平衡。

克魯曼的例子或許部分解釋了，為何多數學院派人士對於川普以商人之姿而入主白宮並無好感：也許川普無法領會學者們精妙的理論，而他訴諸直覺的結果，容易犯了克魯曼以上所說，將國家視為企業或家庭的錯誤。對那些強烈主張自由貿易的學者而言，川普與中國的貿易戰只會給美國的消費者帶來傷害，而川普所抱持的重商主義，正是犯下將國家視為家庭之錯誤的經典例子，亞當．斯密在《國富論》中，已對此嚴加批判過，因此川普的表現就像一名抱持陳舊觀念的問題學生，自然不為學院教授們所喜。而川普所重用的納瓦羅（Peter Navarro）與庫德洛（Larry Kudlow），也都不是傳統的經濟學菁英。對常春藤聯盟的教授而言，他們不夠正統；但是對川普而言，這些正統的經濟學者除了重複自由貿易的術語之外，沒有人能夠提出一套應對中國的有效整體策略。

真實世界的情形，其實要比單純的自由貿易概念複雜許多。正如土耳其經濟學家羅德里克（Dani Rodrik）所強調，自由貿易理論背後其實蘊含各種繁瑣的預設條件，一旦拋棄這些簡化的假設模型，將自由貿易理論應用在現實世界中，其效果通常並非如理論推演那樣顯而易見。有趣的是克魯曼本人正是策略貿易理論的創始人之一，但是他卻只將策略貿易理論的論點，用來支持中國政府的貿易行為，而對川普嚴加批評。這或許顯示學者們對於川普的反感，並非百分之百因為他沒有按照理論行事，意識型態也在其中扮演重要的角色。更何況大學之中僅有極少數的學者專攻貿易理論，川普不為學院派大多數人所喜，必有自由貿易理論以外的原因。

這裡先說明一點，儘管川普或許不受許多知識分子的歡迎，但是同樣必須小心避免媒體的影響，而誇大了他不受歡迎的程度。眾所周知，川普競選美國總統時，從不被看好的共和黨候選人，支持度一路攀升，到後來正式獲得共和黨提名，隨後更勝出大選而當選總統。當時的民調顯示，在川普宣布競選總統一年後，儘管歷經許多爭議事件，但是支持他的知識分子人數不但沒有減少，反而大幅增加。彼得．拜納特（Peter Alexander Beinart）在《大西洋雜誌》對這個矛盾的解釋是：儘管反對川普的知識分子認為，那些公開支持川普的知識分子無非是為了個人利益，但是美國保守派學術圈裡心照不宣的事實是：在全球化論述的籠罩下，美國知識分子已經很久沒有如此強烈地為反自由化的政策所吸引了，川普正是讓他們能夠集結起來，反對學術界過度傾向自由派的一個宣洩口。例如奧克拉荷馬大學的保守派大將威爾費特．麥奇（Wilfred M. McClay）教授表示：「當我們的政治文化禁止那些受到尊重的政治人物提出某些敏感但關鍵的議題時，人們自然而然會改為選擇那些較不受尊重的政治人物作為他們的代言人。批評川普如何不值得尊重其實於事無補，真正的問題是那些主流的共和黨政客長久以來不尊重選民。」

要了解為何川普不受許多美國大學教授的歡迎，必須要了解美國大學意識型態的變遷。從一九九〇年到二〇一四年，美國大學中自由派．極左派的教授增加了百分之二十，根據UCLA高等教育研究所的資料顯示，一九九〇年時，有百分之四十二的大學教授自認為是自由派或是極左派，但是到了二〇一四年，這個比例已經上升到百分之六十，而保守派．極右派則從百分之十八降到了百分之十二，其餘則是中立派，也就是自由派陣營的教授數目是保守派陣營的五倍之多，這種現象在學界早非祕密。

但是在另一方面，一般民眾卻與學院的意識型態漸行漸遠，蓋洛普調查美國民眾的政治意識型態，一九九二年時，有百分之四十三的民眾自認為保守派，百分之十七為自由派，到了二〇一四年，保守派減少為百分之三十八，自由派增加為百分之二十四，其餘是中立派，雖然保守派與自由派的差距接近了，但是學院中的自由派的人數增幅卻遠超保守派，也就是說，美國學院派和大眾的意識型態差距越來越大了。

至於大學生的意識型態，在一九九〇年時，保守派為百分之二十一，自由派為百分之二十四，到了二〇一四年，保守派仍為百分之二十一，自由派增至百分之三十三，其餘為中立派。也就是說，雖然自由派學生較保守派學生為多，而且二十五年來，自由派增加了百分之十一，但是占比例最高者，還是自稱中立的學生。

因此就意識型態整體而言，大學教授在遙遠自由派的一端，學生居中，但是越來越向教授接近，而社會大眾在保守派的另一端。實際反映在投票偏好上，大學教授的意識型態傾向更為極端，丹尼爾．凱萊（Daniel Klein）估計美國大學教授投票給民主黨的比率大約是共和黨的九倍到十倍之多。換句話說，美國大學校園意識型態的變遷，恐怕與川普不受到學院歡迎的原因呈高度相關性。

無論諸位讀者喜歡川普與否，他都已經改變了我們所存在的世界，並且美中之間的對峙，將是本世紀上半葉最重要的一個事件，其影響所及，不僅是國際貿易，包括金融市場、科技發展、全球價值鏈的分布、軍力配置、地緣政治與民主價值的興衰，都受到這一事件的深遠影響，因此閱讀本書以了解世界變遷的源頭，絕對有其必要。

推薦序／川普當國的三大精神指向

蘇小和（中國財經作家，基督徒）

余杰兄撰寫大著《用常識治國》，字裡行間氣勢恢宏、視野開闊，無論是觀念走向還是事實的鋪陳，都契合筆者的心思，真可謂是心心相印。余杰兄請筆者為他寫一些看法，筆者欣然接受了。需要說明的是，「作序」之類的說法筆者自然是不敢領受，但朋友之間的文字交流與觀念共鳴，卻是最美妙的事情。於是筆者乃針對本書所提出的命題，談談自己的三點看法。

川普第一維度的精神指向是「回到聖經」。

竊以為，考察我們所在的這個時代的觀念走向，主要應該考察這個時代的所謂菁英人群正在反對什麼。仔細考察歐美主流社會的所謂菁英，比如那些看上去很有學問的大學教授，那些把正義的理念掛在腦門上的媒體人，那些日子實在是太富足了所以熱衷於追逐ＬＧＢＴ（Lesbian 指女同性戀者、Gay 指男同性戀者、Bisexual 指雙性戀者、Transgender 指跨性別者）遊戲的藝人，當然還有那些看上去總是很正確的政客。這些在筆者看來屬於明顯意義上的「新烏合之眾」，此時此刻團結起來，找到了一個共同的對手，這就是美國第四十五任總統唐納・川普。而當我們把問題意識引入到思想史流變和民情秩序的層面，就會發現這些新烏合之眾正在反對的，是三種傳統的社會秩序：第一、反對傳統意義上以一夫一妻制為基礎的「家庭秩序」；第二、反對以自由企業為要素條件的「資本主義制度」；第三、反對作為人類主要觀念源流和美國民情秩序根基的「基督信仰生活方式」。

從美國秩序的角度看，美國一直以來都立足於這個簡潔的文明三一模型：一夫一妻的家庭結構、自由企業的經濟制度、以基督信仰為基礎的民情秩序。

這三個要素條件，組成一個關於人類文明的三一模型，也構成了美國最偉大的開放式糾錯力量。當一種文明或者一個國家同時擁有上述三個要素條件時，筆者認為其文明是一種真正尊重了人類價值的文明，其國家是一個真正擁有人類文明常識的國家。

按照這樣的辨析，人們可以透過對歷史細節的考察，來判斷一種歷史的景象是否是文明的景象。比如，當筆者發現三妻四妾的婚姻理念時，發現人們為了某種烏托邦理想主義而否定、甚至拋棄了一夫一妻制的家庭傳統時，當筆者發現人們開始把同性戀、異裝癖或者把變性手術看成這個時代的「時尚之舉」，筆者認為，這樣的國家此時此刻就處在不文明的狀態，這樣的時代必然是一個敗壞的時代。

也因此，當筆者發現一個國家的人們都熱衷於福利主義的大政府經濟政策，人們普遍擁有粗鄙的仇富意識，國家總是向富人徵收高額稅款，政客總是在提倡一些「共同富裕」之類的口號，那麼筆者就可以判斷，這個國家的經濟走向已經背離了傳統的自由企業精神，接下來的經濟增長必然要走向停滯了。

至於偉大的基督信仰傳統，和基於這種信仰傳統而湧現的大歷史，無數的思想家已經證明了新教傳統與社會文明的邏輯關係。約翰・洛克、馬克斯・韋伯、托克維爾（Alexis de Tocqueville），他們的著述都在講述這一常識。事實就是如此——凡是基督信仰繁榮的時代，人們就能擁有比較和平而富足的生活。凡是基督信仰受到迫害的時代，人們就陷入到戰爭和饑荒狀態。

按照這樣的辨析，人們就可以判斷哪些國家處在明顯的敗壞之中，哪些國家正在局部敗壞，哪些國家正在堅持和維護人類文明的基本常識。比如德國、法國、英國以及多年以來「歲月靜好」的北歐國家，幾乎已經走到了潰敗的邊緣。原因在於，在家庭秩序的維度上，這些國家開始容納一夫多妻家庭、同性戀家庭；在資本主義制度上，這些國家已經變成了大政府意義上的福利國家，福利主義讓大量民眾變得懶惰麻木、缺乏競爭精神；至於這些國家的基督信仰秩序的凋敝，可謂有目共睹，大量教堂運作停頓，人們不再參加主日敬拜，即使是那些宣稱有信仰的人，也不再相信耶穌基督偉大的復活。不僅如此，一種明顯的敵基督力量，更是大面積的燒毀本來就已經荒蕪的教堂——他們的目的似乎非常明確，就是要用一種新的意識型態狂想，取代傳統的基督信仰秩序。

立足於這樣的圖景，筆者意識到川普作為美國總統的第一層面的精神指向。川普政府是一個符合典範意義的保守主義政府，強調家庭的意義、工作的意義、小政府的意義，強調美國傳統的基督信仰民情秩序，強調美國所敬拜的不是政府，而是上帝。這種來自於傳統的保守主義理念，與美國真實存在的基督信仰民情秩序產生了偉大的共鳴，並使川普時代的美國看上去與德國、法國甚至與英國都不一樣。德國、法國已經因為所謂的政治正確而陷入到一種愚蠢的新意識型態困境，無論是政客還是民情秩序，都幾乎一邊倒地站在政治正確的狂流之中。但美國社會中，由民主黨所主導的政治正確狂潮，卻遇到了川普的頑強阻擊，使得美國社會處在觀念的拉鋸戰狀態——到底是保守主義獲勝，還是民主黨人的自由主義獲勝，暫時還不好判斷。但美國社會經由川普的強大阻擊，已經形成了一種向聖經傳統回歸的巨大態勢。有著穩健基督信仰生活方式的大多數美國人成為川普的支持者，這種來自於基督信仰的強大力量，目前可謂銳不可當。川普看上去像孔武有力的戰士約書亞，他身體強壯，毫不懼怕，會把自己認為正確的事業推進到底。

我們所在的時代充滿了令人深思的景象。筆者看到一些擁有被殘酷奴役的集體經歷的國家，比如匈牙利、波蘭、捷克等，在歐洲主流菁英全面離棄基督信仰的時代，卻令人意外地仍然擁有維護人類傳統文明的直覺判斷力。在整個人類社會規模性地呈現左傾瘋狂的年代，這些飽受苦難的國家卻穩穩地站立在常識之上。所以筆者看到，波蘭的領導人直截了當對伊斯蘭難民潮說不，聲稱波蘭人的社會是個真正意義上的基督信仰社會。匈牙利領導人則宣告，每個歐洲人事實上都是基督徒，匈牙利人能夠一路走過死蔭的幽谷，就是依靠傳統的基督信仰，因此匈牙利人一聲不響地在邊境建起了高高的鐵絲網。至於捷克，民眾最響亮的口號是：捷克真正的國王是耶穌基督。這是再明確不過的價值觀宣告、最醒目的信仰告白，相比西歐人和北歐人的遠離信仰，自以為義，捷克人是這個時代真正意義上的「不以福音為恥、而以福音為榮的人」。

所以我們必須大聲說出，在這個時代擁有基本常識的人群，他們生活在東歐，生活在曾經飽受苦難和奴役的國家。感謝上帝，當我們看見川普顯著的保守主義精神指向，當我們看到波蘭人熱情擁抱川普，當我們看到以色列的納坦雅胡（Benjamin Netanyahu）與川普聯手締造美國和以色列前所未有的友誼，我們知道，上帝的話語和上帝的力量正在我們這個時代征戰。雖然撒旦總是掌權，但上帝的選民剛強膽壯，只要勇往直前，必將再一次勝過魔鬼。

川普精神指向的第二維度是拒絕謊言，信守承諾。

隨著川普就任美國總統，主流媒體無底線攻擊川普的時代也真正開始。筆者必須強調，美國總統是這個世界權力最大的公共人物，因此必須要絕對懷疑和批評，因為他的手上擁有一國的最高公權力。但當川普還是一個總統候選人的時候，媒體就一邊倒的妖魔化川普、支持希拉蕊，這顯然不是真正的媒體應該抱持的立場，而是這個世界所有主流媒體的集體墮落和集體恥辱。

更為嚴重的是，為了批評川普，美國的媒體不惜說謊，當川普多次直接斥責這些媒體的造假時，人們更加驚訝地看到，他們不僅不道歉，反而用新的謊言覆蓋之前的謊言。當媒體只能用謊言來傳播他們的觀點，意味著這些媒體很快將會死去——至少在美國，這樣的預測是完全有可能的。在這個問題上，每個媒體人都應該反思，為什麼一群號稱中立，以新聞事實為追求的媒體人，會集體愚蠢到如此不堪的地步。

這是人類歷史上令人羞恥的一頁。人們可以理解文學家、藝術家、龐克青年，搖滾詩人在觀念層面的左傾態勢，因為他們的職業就是在紙面上、在畫布上、在吉他的琴弦上、在地面上，甚至在他們的床榻上，建立十全十美的天堂。人們沒有預料到的是，作為第四權力的媒體，竟然一夜之間集體淪為了一群騙子。

原因其實非常簡單。在歐巴馬執政的時代，作為美國立國之本的「基督信仰民情秩序」（托克維爾語），已經被歐巴馬的世俗主義和無終極基準的多元化思維，蠶食得千瘡百孔。

人們以個人權利為訴求，放大每個人的主觀偏好，相信自己所理解的就是絕對正確的。人們丟失了針對個體本身的反思能力和糾錯能力，形成了一種普遍的理性自負。這種自負發展到今天，對破壞人類基本意義的同性戀問題、女權問題、正義論的陷阱、公平烏托邦的陷阱，都失去了判斷力和抵制力。左傾思維觀念構成一種浪潮，並以政治正確的姿態，一步步傷害人類的尊嚴與自由。

歐巴馬就是這股潮流的引領者之一。從西方的瑪丹娜，到東方的閭丘露薇，再到中國那些以自由主義為旗幟的知識分子，都活在這個左傾的漩渦裡。

在這種情況下，川普在看似極其弱勢、幾乎不可能當選的情況下，當選了美國總統，這是一個異象。這意味著美國人終於回到了他們的根本，回到了美國傳統，回到了人類認識世界、認識自己的基準命題，回到了福音、回到了聖經。是的，美國的貨幣上一直寫著「我們信仰上帝」（In God We Trust），美國總統總是把手放在聖經上宣誓，這不是一種簡單的禮儀形式，它代表著美國的本質精神，即美國魂。

與此同時，筆者也必須指出，美國人在民情秩序的意義上，已經陷入巨大的不確定性之中。他們的傳統正在遭受破壞，美國的價值正在褪色，美國的影響力正在削弱。如果有誰不理解這一點，即使他生活在美國，也不是一個真正的美國人，更不是一個對人的自由權利有縝密理解的人。

也正是在這個意義上，筆者發現川普一直努力兌現他的競選承諾，這近乎於一個神蹟。因為多年以來，美國選民幾乎已經接受了一個殘酷的事實，所有美國總統在競選階段所許下的諾言，在當選之後都一概拋在腦後。所以人們驚呼，川普是唯一幾乎全面兌現了競選諾言的總統。在這個意義上，有人分析指出，這幾年川普和美國假新聞的貼身搏擊，本質上是川普的諾言與媒體的謊言之間的搏擊。這構成了美國社會的一個嶄新的精神指向：信守承諾，拒絕假新聞。

川普精神指向的第三個維度是強調牧師在總統之前。

川普當國的這幾年，很多事件讓人為之熱淚盈眶。比如他把牧師布倫森從土耳其解救出來，成為轟動世界的大新聞。由此，這位名不見經傳、在土耳其傳道二十幾年也不過建立了一家人數只有幾十人的小教會、隨後更被土耳其長期關押的牧師，成為全球焦點人物。

布倫森先是由私人飛機送到德國，在德國機場，他親吻美國國旗的照片讓美國人熱淚盈眶。接著川普又作出指示，用美國軍機接他回國。然後，川普在白宮給布倫森舉辦了盛大的歡迎儀式。國務卿、國家安全委員會主席等白宮要員悉數到場。在致歡迎詞的時候，川普第一句話就讓人激動再激動，他說：布倫森牧師來到白宮，是極為重要的、值得紀念的大事件。

接下來的環節更讓全世界驚訝——布倫森牧師把手放在川普的肩上，為川普禱告。我相信對這個畫面，應該有很多人大惑不解，尤其是中國人，可能完全在狀況外。美國總統何許人也？乃是美國三軍總司令，而美軍乃是這個世界上最強大的軍隊。一個手中握有如此巨大權力的人，為什麼要接受一個手無縛雞之力的小小牧師的禱告？而當布倫森禱告的時候，我們看到川普像個小孩子一樣，謙卑地低著頭，聆聽著牧師的禱告詞。其他白宮要員也都低下頭，聆聽著牧師的禱告。白宮在這一刻已經不再是美國政府的辦公室，而彷彿是一間家庭教會。

這樣的場景完全超出了華人的觀念秩序和理解能力。在中國，皇帝永遠都是一言九鼎，大臣和百姓永遠只能雙腿跪地，把臉貼到地上聽旨。所以中國人的問題也許是，這位名不見經傳的牧師到底有什麼了不得的本事，竟然能夠讓美國總統心甘情願地低下他那驕傲的頭顱？

要解釋這個問題，我們需要回到傳統，回到聖經。大約十年前，當代最優秀的歷史學家余英時先生在接受邵東方先生（史丹佛大學教授兼東方圖書館館長）訪談時，曾經討論過這個問題。余先生說，中國文化早期傳統習慣秩序中一直存在「巫」這個角色，近似於猶太教傳統的「祭司」，他們承擔著將上帝的話語傳遞給君王和民眾的任務，是一個「中保」式的存在。

也就是說，在觀念秩序的湧現這個意義上，祭司一直先於君王而存在。由此可見，作為一個階層，「巫」的存在具有觀念秩序意義上的傳遞意義，如果這一階層在社會中消失，則這個社會永遠不再能夠聽到來自上帝的啟示。中國大陸的商務印書館曾經出版過宋兆麟的《巫與祭司》，該書辨析了在古代中國一度興盛的巫文化傳統，指出現代人把巫文化與裝神弄鬼的民間習俗混為一談，乃是錯誤。李澤厚也曾經思考過這個現象，他發現了中國文化流變過程中「由巫而史」的現象，意識到祭司文化的衰敗與修史傳統的興起，是中國歷史傳統形成的關鍵因素。

查考聖經，我們能夠發現，祭司先於君王的傳統一直存在，並沒有出現一種中國式的斷裂。在這裡筆者必須重申一些重要的古典政治學常識：（一）人類君王的權柄由上帝給定（賦予），沒有任何權力不是出自上帝的意志。（二）這種關於權力賦予的上帝意志，首先傳遞給祭司和先知，而不是君王。這意味著君王自身不具有自我賦權的權利。（三）君王的權力必須經由先知和祭司的膏立儀式，才具有合法性。（四）人類按照自己的理性判斷力所想像的君王，或者說人類根據自身的主觀偏好所設立的君王，通常都與上帝命定的君王，在形象和意志方面相去甚遠、甚至背道而馳。

用上述四種觀念秩序考察當今的美國權力結構，我們會發現，這種由先知和祭司膏立君王的傳統，在今天的美國政治秩序中依然明確存在。

比如美國總統宣誓就職儀式，總統的手必須放在《聖經》上宣誓，而不是放在《憲法》之上。道理很簡單，《聖經》在《憲法》之前，在法的意義上，聖經是憲法的原因，是憲法的充足理由，而憲法是聖經的結果，一個秩序意義上的湧現事實。所以，當總統的手按在《聖經》之上，意味著總統的權力擁有聖經傳統意義上的合法性。這個儀式是如此強大而且延續，不因為個別人的主觀偏好而改變，即使是歐巴馬這樣的偏好伊斯蘭信仰的美國總統，也完全不可能繞過這個古典儀式，歐巴馬的手必須按在《聖經》之上，才能正式成為美國總統。

祭司先於君王，在人類社會的結構中，這個秩序很重要。正是基於這樣的常識，布倫森牧師理所當然地把手放在總統川普的肩上，為他祝福禱告。川普總統理所當然地像個孩子一樣，謙卑領受這樣的祝福和禱告。而白宮的其他高級官僚也理所當然地像孩子一樣聆聽牧師的禱告。事實上，川普在美國各地現場演講的時候，總是能夠聽到他的選民說，「總統先生，我們為你禱告。」這意味著一個關於美國民情秩序的重大事實：選民的禱告在先，總統的事實在後。

毫無疑問，美國是當代人類社會最發達的國家，也是這個世界最具有現代化意義的國家；然而美國同時也是這個世界上最具有傳統意義的國家，因而也是保守主義特徵最為鮮明的國家。基於聖經傳統的保守主義是美國現代性秩序的來源，是這一事實的充足理由；而美國的現代化則是聖經傳統的結果，一個秩序意義上的湧現事實。在這個意義上，川普當國的一個重要精神指向，就是他本人總是能夠意識到：總統的位置事實上是在聖經的傳統之下。

自序／川普當國，幾家愛、幾家恨？

◎作為美國人，美國政治是我關心的頭等大事

二〇一二年一月十一日，我攜家人離開中國前往美國，這是「用腳投票」的自我選擇。李登輝曾經對日本作家司馬遼太郎談及「身為台灣人的悲哀」，其實，「身為中國人」何嘗不是更大的悲哀？對每一個中國人來說，要想擺脫「自願為奴」的精神姿態，就必須經歷一次次撕心裂肺、刮骨療傷式的痛苦。

定居美國之後，我的關注和研究重點，逐漸轉向美國的政治議題以及我本人居住的維吉尼亞州的地方政治。二〇一八年十二月十五日，我參加美國公民入籍宣誓儀式，正式歸化為美國人。當天，我在臉書上貼出宣誓的照片，並鄭重表示：此後我將把捍衛美國的秩序、正義和自由作為生命中的頭等大事，中國議題則退居其次。從此以後，我對美國的熱愛超過對中國的熱愛——如果事實並非如此，那麼我的入籍誓言就是謊言。

這一天之後，我的首要身分就成了美國公民，而非「中國人權活動人士」。我看待美國、

中國與世界的方式也必然產生重大變化。比如，十多年前，我還是一名中國自由派知識分子時，我理所當然的支持伊拉克戰爭和阿富汗戰爭；但當我成為美國公民之後，對伊拉克戰爭和阿富汗戰爭也有了另外的判斷——不是左派自以為是的「反戰」立場，而是如美國學者福瑞斯．麥克唐納（Forrest McDonald）所說：廢黜獨裁者是一回事，對於那些沒有創建與維繫和平秩序所必須的文化因子的民族來說，建立起和平秩序又是另一回事。美國秩序是西方文明在兩千五百年間的演化結果，而不是僅僅源於十八世紀美國人的頂層設計。換言之，若該國沒有托克維爾所說的美利堅民情民風，就無法「移植」美國秩序。

所以，我能夠理解川普看似毫無「高言大智」（《哥多林前書》）、卻又腳踏實地的外交政策，他的「美國第一」和「美國優先」沒有錯，甚少談及和實踐「人權外交」也沒有錯，對此也不必懷有太多內疚之心。川普的政策，符合美國思想家、「保守主義之父」拉塞爾．柯克（Russell Kirk）的保守主義綱領：第一，認可社會的道德屬性。民眾的幸福是政府的首要目標，而真正的幸福是美德。因此，對家庭的忠敬與公共榮譽感必須得到強化。第二，保護私有財產——分布廣泛且權利界定清楚的財產。第三，維護地方性自由、傳統的個人權利和分權體制；一旦這些不存在了，共和國也就不存在了，剩下的唯有盧梭的「公意」。第四，謙卑的國度。保守派政治家將會承擔起他們在世界上的義務，不過要謙卑和小心謹慎。美國在國際事務中的最高職責是提供一個正派、安寧、繁榮的國家樣板，也即一個公正自由、富於美德且具有持久性的共和國樣板。這點是最難做到的，因為國家很難壓制住虛榮心，就像人心裡的靈性驕傲非常具有叛逆性一樣。

這也讓我想起「冷戰之父」喬治．肯楠（George F. Kennan）半個多世紀之前對美國外交政策充滿睿智的建議。一九四五年，作為美國駐蘇聯大使館第二號人物的肯楠，乘坐火車到西伯利亞旅行，近距離觀察蘇聯社會的民風民情。肯楠赫然發現，蘇聯民眾安於籠罩在恐懼之下的生活，「在他們和外部世界之間，橫亙著一個無比殘忍和充滿猜忌的政權」。他得出一個悲觀卻真實的結論：「沒有途徑去幫助蘇聯人民。」他在日記中寫道：

> 當一個民族把自己交到一個無所顧忌的獨裁政權手中，那也就意味著它享受不到任何援助。因為所有餽贈都會被政權獨占，並且會迅速用作增強實力的武器。另一方面，激怒這個政權對受其控制的人民並沒有好處。當遭遇外來打擊時，這種打擊會立即轉移到普通民眾身上，而這個政權在表示了同情和義憤之後，則會以這個高貴國家的保護者自居，一次又一次地猛烈回應拒絕接受他們的「邪惡外部世界」。因為一系列無知、自大和挑釁的政策，真正的災難會降臨到國家的頭上，這個政權則會迅速放下架子站到遭受苦難的民眾那一邊，依靠愛國主義、英雄主義和忠誠心等讓人驚歎不已、似乎用之不竭的精神財富來支撐自己擺脫困境。換句話說，仁慈的外國人無法幫助蘇聯人民，而只能幫助蘇聯政府；相反，他傷害不到蘇聯政府，而只能傷害蘇聯人民。在這種情況下，該怎麼辦？最明智的辦法是既不援助也不傷害——向蘇聯朋友講清楚跟他們保持睦鄰友好關係的最低條件，表明自己的願望和耐心的程度——保證不讓蘇聯人民受外國反對勢力負面情緒的影響，讓蘇聯人民以自己獨特的方式來掌握其命運。

只要把這段話中的「蘇聯」改成「中國」，就是如今川普對華政策的最佳指南。有一些反共的中國人將川普當做自己的大救星，這個盼望恐怕要落空。川普是美國人的總統，不是世界的總統，更不是中國的總統。川普不是拯救世界的「超人」或「鋼鐵人」，他只是「美國隊長」。他對自己的選民負責，對美國負責，對中國和其他國家的人權議題，他關心當然好，他不關心也不是他的錯。當然，正如美國政府的聲明所說，川普總統「注意到了共產黨中國對美國和對世界的危害」，如果中共政權在中美價值觀之戰中崩潰，那是川普和美國政府捍衛美國價值之戰的副產品而非終極目標。

◎主流媒體妖魔化川普幾時休？

當大學從神聖的學術殿堂淪為「瘋人院」，當主流媒體從「第四權」淪為謊言製造機器，當「政治正確」成為可以像共產黨那樣戕害言論自由的武器，「政治不正確」的川普就被塑造成妖魔鬼怪。中港台三地的華文媒體和主流知識界，基本上照搬《紐約時報》和CNN的「反川」立場，它們在絕大多數議題上毫無共識（比如台灣獨立或香港獨立），偏偏在「反對川普」這件事上達成高度一致，確實是個耐人尋味的現象。

有一個有趣的例子：台灣中央社在某篇題為《追擊恐攻首腦，戰情室照片凸顯川普歐巴馬大不同》的報導中指出，二〇一一年擊殺蓋達組織首腦賓拉登與二〇一九年格斃伊斯蘭國（IS）首腦巴格達迪，兩場高風險突擊、兩個戲劇性的時刻，透過兩張照片，鮮明展現歐巴馬與川普兩位總統的迥異風格。

美軍特種部隊這兩次行動，都有美國總統在白宮戰情室（Situation Room）監看行動過程的照片。川普時代的照片，川普和五位國安高層幕僚監看行動。六人身穿黑西裝或軍服圍桌而坐，正經八百地正對鏡頭，神情嚴肅地直視前方。

對比二〇一一年白宮發布的戰情室照片，當時包括歐巴馬在內的十三人擠在桌子旁，因為實在很擠，照片中有的人只照到半張臉。歐巴馬身穿馬球衫和薄夾克坐在折疊椅，身體前傾。美聯社認為，房間內擠滿人，似乎反映歐巴馬顧問團比較龐大，以及他樂於接受各方意見。

《華盛頓郵報》則在報導中說：歐巴馬宣布美軍特種部隊格殺賓拉登後，發表莊嚴談話；但川普宣布擊斃巴格達迪時，卻以慣有的逞能作風展開對巴格達迪的羞辱，以「哭哭啼啼」一詞貶抑之——我想反問的是，對於強迫無辜孩童為自己陪葬的恐怖分子，不加以貶抑，難道要給予歌頌嗎？

川普說恐怖分子「像條狗一樣死去」，被左派認為是「政治不正確」——這個比喻傷害了愛狗人士的玻璃心。《紐約時報》專欄作家布魯尼（Frank Bruni）發表了一篇題為《為什麼川普恨你的狗》的文章，認為川普的比喻帶有「特有的惡毒語氣」。他引用心理學家賈斯汀．弗蘭克（Justin Frank）的「更博學的見解」——弗蘭克指出，川普對細菌「心懷恐懼」，他視狗為「四條腿的細菌工廠」。川普可能還認為「狗是愚蠢的，因為它們服從命令」，他偏愛不服從的姿態，儘管他背離了這個原則，變成了「普京的愛犬」。

當保守派評論家諷刺歐巴馬是「大猩猩」時，左派群起而攻之，認為是種族歧視，強迫作者和媒體道歉；他們卻理直氣壯地將川普比喻成狗，真是「只許左派放火，不許右派點燈」。左派的雙重標準可見一斑。

弗蘭克還提出另一個總統與狗的問題：「當有狗的時候，它們總是搶走別人的關注，成為人們寵愛的對象。而川普要獨占關注和寵愛。」這種誅心之論，快要趕上古代中國作出「腹誹」和「莫須有」判決的酷吏了。川普是近年來唯一不養狗的白宮主人，但將不養狗這件事視為他「缺乏愛心」的證據，這不是心理學推論，而是可怕的文化專制。

我對兩張戰情室照片的解讀，跟主流媒體截然相反：川普有總統的氣派，在正中央正襟危坐，他理解總統這一職位的神聖性，總統是美國權力和美國精神的象徵，總統是作出最終決定的人並為此決定負責；而歐巴馬像侍應生一樣龜縮在角落，在擁擠的房間裡，彷彿他不是主人而是配角，「望之不似人君」。習近平在外交場合屢屢羞辱歐巴馬，歐巴馬忍氣吞聲地接受——他沒有意識到，他是讓整個美國蒙羞。

當「反川」成為「政治正確」，左派就爭先恐後參與這個遊戲。就在我居住的費郡隔壁的勞登郡，二〇一九年十一月五日的地方選舉中，兩年前曾經騎單車對川普車隊比中指的單親媽媽布瑞斯曼（Juli Briskman）居然當選民意代表：她以百分之五十二的得票率，擊敗共和黨籍的現任議員，取得勞登郡監事會（Loudoun County Board of Supervisors）議席。布瑞斯曼在推特發文慶祝勝選時，分享了刊有她對川普車隊比中指的照片。勞登郡連續十二年蟬聯全美最富郡，也是美國教育水準最高的郡之一。然而，當地選民卻選出用流氓方式侮辱總統的民意代表。美國人當然有反對總統的言論自由，但用比中指的方式表達的，不是言論，而是其內心的仇恨和扭曲。

此一選舉結果讓我擔憂美國德性的喪失。投票者投出的也是仇恨票。當年，美國國父約翰．亞當斯發出過警告：「知識與美德之間沒有必然的聯繫。單純的智力與道德無關。鐘錶的機械原理與善惡對錯的道德感受有什麼關聯呢?對道德至關重要的是正常的區分善惡以及物資性幸福與苦難的能力或品質,換句話說,是良心——一個幾乎要過時的古老詞彙。」

因此,我感到有必要為被妖魔化的川普辯護,乃至專門寫一本書——在華文世界裡,本書恐怕是第一本正面評述川普其人其事的著作。

◎常識治國和左膠治國的差異

川普可能不是像華盛頓、林肯那樣讓人敬仰的「偉大總統」,他在私生活方面品行有虧,他就像普通選民一樣,是具有七情六慾的常人,有時也會說錯話、做錯事。我關心的不是他的「口沒遮攔」,而是他的政策及實踐結果——川普以「常識治國」,讓美國重振雄風。他拿出的不單單是亮麗的經濟數據,而是讓全民都有感的「幸福指數」。比如,我家門口通往華府的那條擁擠不堪、破破爛爛的六十六號高速公路,多年失修,川普上台之後終於開始整修和擴建。川普所做的工作,就是「重建美國」,難怪有支持川普的華人暱稱川普為「川建國」。

民主黨和左派不願看到川普執政成功,更不願川普順利連任,他們對川普展開鋪天蓋地的攻擊,乃至上演「彈劾」鬧劇。這一切正說明此前「左膠治國」將美國帶上歧路,而且走得太遠了,因此回到正軌這件事就幾乎會掀起一場風暴。

自美國建國以來,就存在處於分裂狀態的「兩個美國」:亞當斯、漢密爾頓的美國和傑斐遜的美國,承接英國憲制的美國和崇尚法國大革命的美國,作為上帝之城的美國和作為無神論者和冒險家樂園的美國，紐約之外的美國和被紐約擅自代表的美國——紐約人如此憎恨川普，以至於一位朋友特意忠告我說，在紐約時萬萬不可戴上寫著川普名字的紅帽子出門，否則一定會遭到暴力攻擊。紐約不是最寬容的城市嗎？連非法移民都可以得到其庇護，為什麼偏偏沒有美國憲法所保障的言論自由？原來，「多元主義」從一開始就是假話，左派的「多元」並不包括他們反對的那一元。

這兩個美國，川普的美國和歐巴馬的美國，也就是「常識治國」的美國和「左膠治國」的美國，最具代表性的地方就是德州和加州。達拉斯聯儲主席費希爾（Richard Fisher）講過一個笑話來說明兩者之差異：

一天，加州州長和他的狗在田間小路上慢跑。突然，一條小狼不知從何處竄了出來，並開始攻擊州長的狗和州長。州長一開始試圖阻止小狼，但隨着《小鹿斑比》（*Bambi*）電影中的鏡頭從腦海中閃過，他意識到小狼的攻擊是其天性，因此沒有阻止小狼，最後他的狗被咬死，而他也被咬傷。

他給動物控制中心打了電話。動物控制中心派人捕獲了小狼，並給州政府寄了帳單，其中疾病檢查花費兩百美元，小狼的重新安置支出為五百美元。州長還叫了獸醫，獸醫帶走了狗的屍體，並要求政府支付兩百美元疾病檢查費。州長去了醫院，花費三千五百美元進行各種防疫檢查並包紮了傷口。

這條慢跑道路被封閉六個月，加州漁獵局（California Department of Fish and Game）進行了一項調查，以確保該地區沒有其他危險動物，調查開支為十萬美元。州長在當地居民中組織了一項「防狼宣傳計劃」，從州政府基金中撥款五萬美元。立法機構制定了一個兩百萬美元的研究項目，目的是如何更好地治療狂犬病以及如何在世界上根除這種疾病。

州長的保安因為沒有及時阻止小狼的攻擊而被解雇。加州花費十五萬美元重新雇用並培訓一名新的特工，並讓他接受許多特殊培訓，比如小狼的天性。善待動物組織（Ethical Treatment of Animals）的人對小狼的重新安置提出抗議，並向加州起訴，要求賠償五百萬美元。

德州州長也與他的狗在田野間慢跑，當一隻小狼竄出來試圖攻擊他與他的狗時，州長用政府發給他的手槍擊中了小狼，並繼續慢跑。

州長這顆三八零口徑手槍的子彈，成本是五十美分。之後小狼的屍體被禿鷲吃掉。我的朋友們，這就是為什麼加州會破產，而德州不會破產的原因。

左派在哪裡執政，哪裡就出現如同非洲豬瘟般的災難。左派抱著打造人間天堂的雄心壯志，卻製造出人間地獄。現在的加州當然還不是地獄，但據最新人口普查資料顯示，二〇一八年有六十九萬「逃離加州者」，與此同時，只有五十萬人遷入，人口淨流失率超過十九萬人，加州成為全美吸引力最差的州。二〇一八年，US News 發布美國五十個州的醫療保健、教育、經濟、生活品質等八個方面的綜合排名，加州的生活品質為全美倒數第一，犯罪率則為全美最高。加州是美國的深藍州，反對川普幾乎所有的政策，川普在這裡也沒有取得選舉人票。

◎川普當選代表美國保守主義的復興

川普當選，意味著美國經歷了歐巴馬八年的極左政策、急遽「歐洲化」和「福利國家化」之後，又重新回到立國根基之上。

我的朋友很多是左派，他們激烈反對川普，但我仍然願意跟他們討論甚至爭論，即便不能說服對方，至少讓對方了解我的思想脈絡。

在二〇一六年的美國總統大選中，我只能以一名旁觀者的身分，熬夜觀看每一個州逐一宣布選舉結果，最後得知川普大獲全勝；在二〇二〇年的美國總統大選中，我將第一次以美國公民和選民的身分投票，川普將多一張我所投出的票——儘管身處正由淺藍變成深藍的維吉尼亞州，我這一票改變不了本州選舉人票的大勢所趨，但對我而言，這是神聖的一票。在四十六歲之前，我作為中國人從未投過票，這是身為中國人的恥辱；在四十七歲時，我將第一次在美國總統大選中投票，這是身為美國人的榮耀。

我投票的理由，是基於候選人的政策，更是基於候選人的「觀念秩序」（世界觀、文明論）是否跟我一致。我對川普的支持，是因為我們擁有共同的觀念秩序，而不僅僅是他的政策惠及我的某一部分利益——當然我必須承認，川普的減稅政策，讓我家每年多得了一筆退稅。在本書中，我從各個方面論述了這一整套「觀念秩序」，就像拼圖一樣，一塊都不能缺。那種聲稱在某一議題上偏右，而在另一議題上偏左的人，並未形成完整的「觀念秩序」，其思想是破碎混沌乃至自相矛盾的。

用柯克的話來說，保守主義的「觀念秩序」包含六個準則：

第一，保守主義確信存在著某種主導社會生活和個人良心的神聖意志——它在權利和義務之間建立起永恆的聯繫，將偉人和凡人、活人和死人聯為一體。歸根到底，政治問題是宗教和道德問題。政治是理解並應用於超越於自然之上的正義的藝術。

第二，保守主義珍愛多姿多彩並帶有神祕性的傳統生活。它具有「愉快的趣味」並「靈動活潑」。

第三，保守主義堅信文明社會需要多種秩序和等級。唯一真正的平等是道德上的平等。

第四，保守主義相信私有財產和自由密不可分。如果消滅私有財產權，自由將不復存在。

第五，保守主義相信舊習慣。傳統和合理的成見能夠制約人的無法無天的衝動。

第六，保守主義認同緩慢的變革，而非激進的革命。上帝的護理是促進變化的恰當手段，檢驗政治家的標準是他是否體認到上帝護理之下的真正社會發展趨勢。

若用以上六點衡量川普，他確實跟我走在同一條朝聖路上。我有幸生活在川普時代並投票給他。感謝上帝，讓我「因真理，得自由」。

第一章
從雷根到川普

偉大的領導者經常是在克服了巨大的威脅，取得巨大勝利後被人們紀念的。富蘭克林・羅斯福（Franklin Delano Roosevelt）粉碎了法西斯主義。羅納德・雷根（Ronald Wilson Reagan）贏得了冷戰。像小羅斯福和雷根這樣的領導人幫助創造了亨利・盧斯（Henry Luce）所稱作的「美國世紀」。如果川普能夠完全接受他的歷史使命，他將被認為是對中國威脅具有遠見，並堅韌地抵制這一威脅的美國偉大領導者。如果川普做到了，他將可以確保二十一世紀成為第二個「美國世紀」。

——史蒂夫・霍特茲（Steve Cortes），《川普的雷根時刻》作者二〇一六年十一月八日、美國總統選舉日的夜晚，我一邊在網上看不斷刷新的各州選票統計數字，一邊讀理察．里夫斯（Richard Reeves）寫的雷根傳記《雷根總統：願景的勝利》（*President Reagan: The Triumph of Imagination*）。

這是我移居美國之後經歷的第二次美國總統大選，因為川普的參選，傳統的選舉模式被徹底顛覆。到了凌晨時分，川普獲得的選舉人票實現決定性領先，幾個重要搖擺州紛紛飄紅。當川普獲得的選舉人票超過一半之後，雖然還有幾個州的統計數據尚未出爐，川普陣營即已宣布己方勝選。

川普獲得的選舉人票遠遠多過希拉蕊（Hillary Clinton），其獲得的公民投票總數卻比希拉蕊少。有人說這不符合民主原則，甚至批評選舉人制度早已落伍、應該予以廢除。然而，美國國父們設計的這套精密的選舉人制度，恰恰是美國共和精神的重要表現。被今天的人們忽略的是，在美國，共和是比民主更高的價值——華人世界，但知有「民主」，不知何為「共和」。

開票之初，感覺不妙的希拉蕊即神隱在飯店的套房中，並在Instagram發布了一張她閉眼擁抱一名女孩的照片，同時寫道，她為競選團隊感到驕傲，「今晚無論如何，一切都感謝你們」，似乎透露已做好敗選的打算。近十小時的開票時間裡，她始終不曾露面，深夜篤定敗選之後，仍拒絕現身。反倒是因為川普發表勝選感言，外界才知道希拉蕊的動態——她在萬念俱灰之下，為顯示風度，勉強給川普打了一個電話，承認敗選。然後，希拉蕊於次日上午來到曼哈頓「溫德姆紐約客飯店」，向支持者發表「敗選演講」，承認「我們沒有憑藉所認可的價值觀和為美國設計的願景而贏得這次選舉」，但同時強調：「我們的憲政民主制度要求：權力交接必須和平進行。我們尊重並且珍視這樣的規定。」

此時此刻，川普在勝選感言中說：「我們不只打了一場選戰，而是進行一場運動。」我強烈地感受到，川普當選意味著美國歷史進入一個嶄新的時代，可以視為雷根時代的重臨。歐巴馬執政八年，美國的內政外交全面崩壞；如今，美國終於回到立國根基之上，重新開始「再度偉大」的征程。

第一節　川普的「雷根時刻」

◎川普和雷根的勝利，都是「願景的勝利」

在這個歷史性的時刻，重溫雷根的傳記是必要的。川普與雷根一樣，都是作為特立獨行的局外人挑戰華盛頓的黑箱政治，最終贏得總統大選。二十世紀六十年代，雷根支持保守派領袖高華德（Barry Goldwater）參議員的運動，開始在共和黨嶄露頭角，最終促成他在一九八〇年總統大選的勝利；而二十一世紀初的茶黨運動，則為川普的勝選奠定了基礎，川普為沉默的大多數發出聲音，也贏得了他們的選票。

理察・里夫斯是一名中間偏左的加州知識分子，對雷根的很多理念和政策並不認同，但他坦然承認，雷根是美國當代最受尊敬的政治人物之一，「沒有人管雷根叫知識分子，但雷根有明確的願景：未來的美國將是小政府、低稅收、稅種少、享有軍事優勢的國家，美國人大步流星地走在世界上任何一處窮鄉僻壤的犄角旮旯而無安全之虞」。這大概也是川普希望得到的歷史評價？

雷根剛到華府、入主白宮時，華府的官僚們看不起他，其幕僚們亦認為自己比這個演員出身的總統更聰明。但很快他們就發現，他們大大低估了雷根。八年後，當雷根卸任時，美國和世界都發生改變，美國恢復了強大與自信，冷戰的形勢出現了逆轉，全世界都知道什麼是「雷根主義」──而歷史上沒有幾個美國總統能用其名字冠名某種「主義」。理察．里夫斯指出：「雷根憑他的想像力為美國塑造了一個未來，而他把這個未來的一部分變成了現實。」近年來，在多次全國性民調中，雷根被美國人選為超越華盛頓（George Washington）和林肯（Abraham Lincoln）的「美國歷史上最偉大總統」。

那麼，聲稱景仰雷根並在三十多年前受到雷根接見的川普，能否創造媲美雷根的成就、帶領美國登上更高的山巔呢？

二〇一八年二月六日，是雷根一百零七歲冥誕──這位共和黨總統在與阿茲海默症進行了長達十年的抗爭後，於二〇〇四年六月去世。雷根去世時，我正在華府訪學，有幸親眼目睹雷根盛大的國葬，這是繼甘迺迪（John Fitzgerald Kennedy）遇刺之後參與人數最多的國葬，華盛頓萬人空巷，人們含淚送別一代偉人。

華府的國家儀式之後，雷根的遺體被送回其故土洛杉磯安葬。後來，我多次前往洛杉磯郊區的千橡城（Thousand Oaks），參觀位於高山上的雷根總統圖書館和雷根墓地。圖書館外，有一小段取自柏林圍牆的斷壁殘垣豎立在山坡上，「面朝大海、春暖花開」。

雷根冥辰當天，川普於推特上公布了一張他年輕時與雷根的合照，並向雷根致敬：「祝美國第四十任總統生日快樂，羅納德．雷根。」在川普此前出版的諸多著作中，他已多次秀出這張與雷根的握手合照。川普在哥倫比亞廣播公司電視台（CBS）「面向全國」節目中自豪地說，他當總統之後一年多來推動的很多政策「令人想起羅納德．雷根」。

早在二〇一四年，川普接受《富比士》（*Forbes*）雜誌專訪時就說過：「他讓我們國家受到了尊敬，這是我相當喜愛雷根的原因之一。」

二〇一五年五月十二日，川普在推特上說：「我驕傲地宣布，我是羅納德．雷根最早的支持者之一。」

川普的第一任夫人伊凡娜．川普（Ivana Trump）曾透露，雷根在八十年代曾寫信鼓勵川普出馬競選總統。伊凡娜對《紐約郵報》說：「大約我和唐納離婚的五年前，雷根給他帶信說，『你應當競選總統』。」那是一九八七年左右，正在第二個總統任期的雷根，親自寫信鼓勵川普競選總統。這個細節應當是真實的。伊凡娜早在一九九二年就跟川普離婚，沒有必要編造此故事往前夫的臉上貼金。

川普與雷根之間的這些小插曲說明，雷根的世界觀和政治遺產是如何深刻影響了川普。雷根時代的三十年後，當川普看到美國這艘巨輪駛向錯誤航道，如同鐵達尼號即將撞上冰山，便斷然放棄日進斗金的家族生意，投入競選，進而當選總統、更宣布捐獻自己的薪水，奮力帶領美國從殘破不堪中再度崛起。

川普是雷根的好學生，他今天面臨的危險和困境比當年的雷根更甚，美國社會更加分裂，左派力量更加強大，但他撥亂反正的程度也有可能青出於藍而勝於藍。人們若要洞察川普之所思所想，就當追溯雷根時代的光榮與夢想，正如中國財經作家蘇小和所說：

從雷根到川普，這才是美國政府的傳統治國方式。可笑的是，大量自以為博學的讀書人看不到這一點。經由川普當國，知識人的分野凸顯出來，愚蠢的人向左，智慧的人向右。這是最好的時代，也是最壞的時代。絕望與希望同在，榮耀與懲罰同在。

◎「非典型總統」

川普與雷根的相似，是精神和價值上的相似。Newsmax 新聞網站曾將川普跟雷根對比，總結出兩人具有十五大共同點：

第一，和雷根當選前一樣，川普也是一名「華盛頓局外人」（Washington Outsider）。雷根兩次當選加州州長，但從未在國會和聯邦政府任職。川普更是從未有過參政並擔任公職的經歷，完全是政治素人。然而，對於急欲改變現狀、厭倦華府建制派謊言的選民來說，身為「局外人」反倒成了川普的一大優點。

第二，雷根曾被斥為「不嚴肅的參選人」，川普也是如此。接近川普陣營的雷根前助理洛德（Jeffrey Lord）對《每日電訊報》說：「建制派批評者曾說過關於雷根完全相同的事情。雷根被嘲笑為不嚴肅的人和二流演員。他們一再說，他不可能贏，直到他贏了。現在（同樣事情）又在發生。我真的感受到了這一點。」

第三，川普和雷根都被建制派攻擊為「極端、看法過於簡單化」。然而，雷根時代的人們受夠了卡特（Jimmy Carter）治下的國家現狀，雷根以壓倒性優勢擊敗了卡特。如今，川普的勝選，也顯示美國民眾再次厭倦了建制派政治——歐巴馬的修辭華麗、優柔寡斷跟當年的卡特極為相似。

第四，川普與雷根一樣，對自己所信奉的價值充滿「熱情」。雷根的養子麥可・雷根（Michael Reagan）指出，川普講話時，帶有雷根當年出色傳達出的那種激情。「這就是美國人現在圍繞在川普周圍的原因。這種情況下，因為他是即興發言，他說話是發自內在的激情。」

第五，在非法移民問題上，川普支持雷根的觀點。雷根於一九八六年簽署《移民改革和控制法案》，禁止美國公司雇傭非法移民或與其有業務往來，並要求雇主主動證明其雇員的合法移民身分。川普則聲稱當選後將在美墨邊境「建牆」，遏制非法移民湧入。正因為川普對非法移民和邊境缺乏安全等問題直言不諱，他才贏得許多選民的支持。

第六，川普像雷根一樣直言不諱。當雷根與比他年輕整整一代人的對手孟岱爾（Walter Mondale）展開競選時，有記者故意使用「國家安全術語」詢問他年齡的問題：年過七旬，是否有精力處理繁忙的國事？雷根四兩撥千斤地回答說：「我想讓你知道，我不想使年齡問題成為競選的話題。我不想出於政治目的，來利用我對手的年輕和缺乏經驗。」同樣，川普作為比雷根還要高齡的競選者，當有人質疑他的高齡時，他用比自己年長四歲的對手、民主黨人拜登（Joe Biden）來對比：「跟『瞌睡喬』（Sleepy Joe，川普給拜登起的綽號。拜登因精力不濟，經常在公共場合打瞌睡）相比，我簡直就是充滿活力的年輕人。」川普跟雷根一樣，善於用幽默化解攻擊。

第七，川普跟雷根一樣，並非天生的共和黨人。雷根最初是自由民主黨人，是好萊塢工會的積極分子及工會主席；後來，他支持共和黨總統艾森豪（Dwight David Eisenhower）和尼克森（Richard Milhous Nixon），接著在一九六四年才註冊為共和黨人。川普在加入共和黨之前，曾是民主黨人，也曾捐款給民主黨人，後來他逐漸發現民主黨的理念是錯的，便選擇站在共和黨一邊。

第八，川普與雷根一樣，一直是螢幕名人。雷根在二十世紀五十年代和六十年代分別主持過「通用電氣劇場」（General Electric Theater）和「死亡谷歲月」（Death Valley Days）等電視節目，在電影界和電視界贏得了知名度，並非反對者嘲諷的「二流演員」。川普主持過《誰是接班人》（*The Apprentice*）這個收視率極高的電視節目，奠定了其家喻戶曉的電視明星的地位，他還在電影《小鬼當家》（*Home Alone*）中露過臉，也曾經自己演自己。

第九，川普試圖效仿雷根，取代奉行左派、大政府、高稅收原則的民主黨總統。卡特召集了無數次會議卻很少做出有力的決策，正如在雷根內閣中擔任過教育部長的歷史學家班奈特（William J. Bennett）在《美國通史》（*America: The Last Best Hope*）中所說：「卡特在能源部培育了一套龐大的新官僚制，不過他仍然不能保證加油站有足夠的汽油供應。」同樣，在歐巴馬時代，政府的規模膨脹到不可思議的地步，對民眾生活的干涉也前所未有地深入而廣泛。

第十，川普和雷根都反對失控的公職人員工會。雷根一九八一年解雇了超過一萬一千名空中交通管制員——此前他們一直罷工，違反了禁止政府雇員工會罷工的聯邦法律。川普說，他認為威斯康辛州州長沃克（Scott Walker）遏制公務員工會是「在做對他的州正確的事情」，工會力量過於強大會阻礙自由市場經濟的運行。

第十一，川普與雷根一樣，在總統競選中提出「讓美國再次變得偉大」（Make America Great Again）這一總目標。雷根曾在其競選資料中鮮明地突出這一口號，卡特在競選中保證「一個和美國人民一樣好的政府」，而雷根則說，美國人民要求有一個跟他們一樣強壯的政府。川普將雷根用過的口號作為自己的標誌，因為在歐巴馬時代美國變得衰弱了。

第十二，川普贊同減稅，雷根也是如此。雷根上台時，專欄作家喬治・威爾（George Will）這樣總結雷根的議事日程：「政府太大，徵稅太多，蘇聯人正逍遙法外。」雷根立即開始減稅，「雷根經濟學」的核心就是倡導降低稅率，以刺激經濟增長。川普也是如此，他在競選中呼籲廢除遺產稅，降低資本收益與股息分紅的稅率，將企業所得稅稅率降為零，以刺激就業增長。川普執政第一年通過了史上空前的減稅計劃，讓所有階層的納稅人受益。

第十三，川普和雷根一樣反對墮胎。雷根在一九八二年曾表示：「基於單純的道德準則，除非能證明未出生的人沒有生命，我們就必須假定它是（有生命的）。因此，它就應該享有生命、自由和追求幸福的權利。」多年前曾支持民主黨的觀點、提倡墮胎合法化的川普，後來逐漸認識到嬰孩生命權不可輕易遭到剝奪，遂於二〇一一年轉而反對墮胎。

第十四，川普和雷根一樣都曾離過婚。雷根是首位離過婚的總統，他與珍・惠曼（Jane Wyman）離婚後，於一九五二年娶了南西・戴維斯（Nancy Davis），此後兩人恩愛一生。川普與伊凡娜・川普離婚後，於一九九三年娶了瑪拉・梅普爾斯（Marla Maples），之後兩人離婚；二〇〇四年，川普再和梅蘭妮亞・克瑙斯（Melania Knauss）結婚，是唯一離過兩次婚的美國總統。

第十五，川普和雷根都捍衛槍枝權利，即憲法第二修正案。雷根於一九八六年簽署《槍枝擁有者保護法案》。他說：「如果我們放棄『憲法的那一部分』，即憲法第二修正案，『我們就放棄了我們的部分自由，並增加了我們失去所有自由的可能。』」川普則告訴布萊巴特新聞網（Breitbart News）：「我們堅持憲法第二修正案，並有力地維護它，是多麼重要。一個主要原因是，因為善良、正直的人是遵循法律和規範的，但壞人不是。」

當然，更重要的是，川普與雷根一樣分享相近的保守主義世界觀。

第二節 「華府的陌生人」與「壁爐邊的朋友」

◎「華盛頓的清道夫」

川普和雷根都是「華府的陌生人」，身為政府最高首腦——總統，卻對政府權力擴大持警惕和懷疑態度。川普經常引述雷根的名言，包括「政府不是問題的解藥，政府本身就是問題」以及「政府徵稅越多，人民工作的意願就越低落」。他們都反對大政府和福利國家，都是自由市場革命的發動者。

川普當選之後，不願被建制所束縛，繼續保持「建制破壞者」之特殊身分。在其就職演講中，他公開向華府菁英階層宣戰：

今天的儀式有著非常特殊的意義，因為我們今天不僅僅是把權力從一屆政府移交給另一屆政府，也不僅僅是從一個政黨移交給另一個政黨，而是從華盛頓交還給你們——美國人民。長期以來，我們國家首都的一小批人從政府獲得好處，而買單的是人民。華盛頓繁榮了，但人民卻沒有分到好處。政客發達了，但是工作流失了，工廠關閉了。既得利益集團照顧了自己，但是沒有保護我國公民。他們的勝利沒有成為你們的勝利。他們的成功沒有成為你們的成功。當他們在我們國家首都慶祝的時候，我們全國各地艱難度日的家庭卻無可慶祝。這一切都變了，就在這裡，就在此刻，因為這一刻開啟了你們的時代，它屬於你們。……從今以後，我們的國家將以一種新的視野來治理。

很難想像，一名現任總統會發表這種「反政府」宗旨的演講。這段講話回應了川普此前的誓言——「抽乾華府沼澤地的汙水」（Drain the swamp）。這也曾是雷根的使命。可以想像，守舊勢力聽在耳邊，驚在心頭。川普一一否定的正是歐巴馬留下的爛攤子，難怪歐巴馬在川普的就職典禮上臉色鐵青、如喪考妣。

據長期擔任歐巴馬副國家安全事務顧問的班傑明．J．羅茲（Benjamin J. Rhodes）在回憶錄《真實的世界》中透露，一向自信滿滿的歐巴馬得知川普當選之後，表現出「少有的自我懷疑」，想知道是不是誤判了自己對美國歷史的影響。

「如果是我們錯了怎麼辦？」歐巴馬問與他一起坐在防彈總統專車裡的助手。歐巴馬沮喪地說，他看過的一篇專欄文章聲稱，自由派忘記了身分認同對人們的重要性，他們宣揚的國際化與全球主義內容空洞，讓很多人覺得自己被拋棄了。

「也許我們用力過猛了，」歐巴馬說，「也許人們只是想回歸自己的群體。」

在把權力移交給一個決心廢除自己所有成果的繼任者前夕，歐巴馬悲傷地提到黑幫電影《教父》（*The Godfather*）：「我覺得自己像麥可·柯里昂（Michael Corleone）一樣。我差一點就逃脫這種命運了。」絕非偶然，習近平也常常把這部電影掛在嘴邊。

歐巴馬無法理解川普當選的意義，他本人也正是川普要清除的「華盛頓沼澤地」的一部分。川普用其經商成功的經歷證明：資本主義是公正的，每個人都可以拯救自己，進而成為自己的主人，正如學者亞農·布魯克（Yaron Brook）和唐·瓦特金斯（Don Watkins）在《自由市場革命：終結大政府之路》（*Free Market Revolution: How Ayn Rand's Ideas Can End Big Government*）一書中的呼籲：

停止對富人、大企業和營利動機的妖魔化吧！要意識到變得富有是一個人在這個世界上利用他生命的權利。……不要再讓資本主義的敵人占領道德高地了。利他主義一點也不高尚，動用權力也根本不振奮人心，大政府主義毫不道德，為了集體而犧牲自我的行為不具備絲毫的憐憫心。不要畏於驅逐那些想法，因為它們對追求幸福進行了惡毒的、不義的攻擊。同時，請自信地主張，沒有比追求個人的福祉更高的價值了。

在過去的八年裡，歐巴馬故意製造階級矛盾，分裂美國，「殺富濟貧，替天行道」；川普要結束這種意識型態的操弄，讓美國回歸常識和真理，讓美國人繼續大膽追求和捍衛他們的幸福與自由。

曾擔任雷根執行助理的佩吉・格蘭德（Peggy Grande），著有《總統現在會看到你》（*The President Will See You Now*）一書。她在川普執政一年後發表了一篇題為〈川普身負重責，清理華府沼澤〉的專文。文章指出，川普和雷根的共通點是，他們的當選都是因為基層選民、而不是東西岸菁英選民的支持；他們入主白宮都承擔著不同於前任的使命，兩人都嚴肅以對，認真達成任務。

格蘭德指出，雷根在第一任期之初，頻繁地更動人事，現在川普亦是如此，白宮人事更迭不斷，引發外界關注。很多人嘲笑說，川普無人可用；也有人說，高級官員更換過於頻繁，將導致政府失能。但格蘭德認為，作為政治素人的雷根及川普，並不擔心人事變動頻繁，更關心的是執行及結果，而不是規章制度或者繁文縟節。他們不願意墨守成規，但求打破傳統政治的一潭死水。

來自民間私營企業的雷根和川普，很難理解轉動華府的輪子運作如此緩慢，效率低得驚人。在私營企業，不適任的人或者與團隊目標背道而馳者，多半立即被開除，即使他們是相當有天賦的人。在雷根及川普心目中，這樣的用人哲學可以應用在政府部門。在競爭激烈的商場，企業老闆不可能浪費金錢及時間，任憑不適任者占據職位，等待事情會自行出現轉機。格蘭德寫道，來自商場的川普，入主白宮後持續以其在商場上的處事方法安排人事，對華府來說，這是極為陌生的方式，但並不意味著它是錯的。

川普的支持者們確實不關心內閣成員是誰，他們更著眼於安全的邊界、強大的軍事力量、稅收降低、工作機會增加，以及為下一代帶來充滿希望的未來。川普知道選民託付給他的使命，他是被選民派來華盛頓執行特殊任務的，他必須找到能幫助他達成任務的工作夥伴。

川普上任後，面臨來自既得利益階層的強大阻力——有些甚至來自他本人的黨派和朋友圈，但他不畏艱難，以過人的勇氣和意志完成對選民的承諾。在遭遇如此大的阻力下，川普必須找到志同道合的工作團隊，在他的船上，每個人必須團結一致地朝相同目標奮力划槳。很多新人都需要經過一個「試水」過程。如果船長發現有槳手朝著不同的方向揮槳，船長當然要迅速將其趕下船去。白宮的人事變動，外界看起來有點混亂，但對川普團隊來說，這是有條不紊地朝既定目標邁進的必要過程。

◎面對人民的「偉大溝通者」

在雷根之後的歷屆美國總統當中，川普是跟雷根最相似的一位，比雷根的副手老布希（George Herbert Walker Bush）更像雷根。他們對建制派的輕蔑，對民意脈動的敏感，對美國傳統精神的自豪，同樣強烈而真誠。雖然是華府政治的圈外人，川普與雷根一樣具有天生的領袖氣質。

曾在雷根政府任助理新聞祕書的馬克・溫伯格（Mark Weinberg），著有《與雷根的電影之夜》（*Movie Nights with the Reagans: A Memoir*）等書。川普執政之後，他發表了一篇題為〈川普溝通能力更甚於雷根〉的文章稱讚川普。

溫伯格指出，雷根被讚譽是「偉大溝通者」，川普則效法雷根，展現出強大的溝通能力。

長期以來，川普一直因為他在推文中使用的話術而飽受批評，但媒體忽略的真相是，川普是美國有史以來最能與民眾有效溝通的總統。

雷根經常被批評者形容成「立場極端、看法過於粗疏」。然而，雷根與支持者之間有著不可思議的密切聯繫，甚至讓他的批評者感到驚訝。比如，雷根在「全國福音派協會」的大會上致辭時警告說，宗教界在兩個超級大國之間尋求「道德平衡」的趨勢在增長，他呼籲美國的基督徒們不要對一個「邪惡帝國」的侵略行為視若無睹。

「邪惡帝國」這個詞彙迅速傳遍世界。雷根本人只使用了一次，但它們無休止地被媒體引用，甚至被一再批評。同時，有共鳴、受到激勵的人也遍布全球。當時，身在蘇聯監獄中的異議人士夏蘭斯基（Natan Sharansky），從蘇聯報紙上批判雷根的社論中知道了「邪惡帝國」的說法。他用監獄密碼在下水道管道上敲出這兩個單詞。雷根曾說：「他們都知道的那些情況是真的！」俄羅斯有句古老的格言說：「一個關於真理的詞彙就能感動世界。」兩個真理的詞彙將世界徹底震撼了。

現在，川普也面臨被主流媒體妖魔化的境遇，他於是直接跟人民對話。雷根對媒體的批評不以為意，他知道自己是熟練和精明的溝通者，可以輕鬆地擺脫主流媒體的歪曲和華府權威人士的攻擊，直接和基層選民溝通。同樣具備娛樂界背景的川普，懂得如何自我表達，非常關注自己節目的收視率，也知道普羅大眾的想法以及他們真正關注的事情。

相較於雷根，川普擁有另一個溝通利器：社交媒體——託網路時代的福，川普可以更快地用推特與民眾直接溝通，避開主流媒體在總統與民眾之間設置的人為障礙。川普的「推特治國」，就如同二戰期間小羅斯福的「爐邊談話」一樣，讓國民倍感親切。川普的推文常常遭到主流媒體的尖銳批評，但他知道推文非常有效，這是一個與基層直接溝通的平台，可以適時糾正媒體的錯誤報導——這些錯誤報導，很多時候甚至是有意誤導。

比如，川普曾連續幾天在推特上發文批評民主黨四名激進左派女議員——來自明尼蘇達州的奧馬爾（Ilhan Omar）、紐約市的科特茲（Alexandria Ocasio-Cortez）、麻薩諸塞州的普萊斯利（Ayanna Pressley）和密西根州的特萊布（Rashida Tlaib）。川普在推文中說：「她們應該就各自說過的仇恨言辭向美國（和以色列）道歉」、「她們正在摧毀民主黨，可她們既軟弱又不自信，永遠也摧毀不了我們偉大的國家！」川普說，這四個人「應該返回各自的國家，去解決自己祖國的問題」。

這四名仇恨美國的美國公民和美國議員，在「政治正確」的蔭蔽之下，做著比恐怖分子更險惡的、沒有摧毀美國建築卻是摧毀美國價值的事情，卻沒有人敢於批評她們的仇美言論。唯有川普敢挑戰她們及其背後的「政治正確」。川普被極左派分子辱罵為「法西斯分子」，民主黨控制的眾議院甚至威脅說要彈劾他——至本書截稿時，眾議院已通過展開彈劾調查程序的表決，但其支持率不降反升。

以華府局外人的身分入主白宮，雷根與川普都知道，要從根本上改變聯邦政府的窠臼，必須從為人民著想的角度出發，俯身傾聽人民的聲音，用最通俗的語言回應人民的要求。專門負責白宮新聞的台灣記者張經義在《白宮義見》一書中指出：美國總統不是每天都有會見記者，更別說是接受記者提問了。但如果總統真的回答了記者的問題，那往往都會是新聞，有時甚至會成為國際頭條。這也就是為什麼多數白宮記者偏愛川普更勝於歐巴馬。這裡的「偏愛」不是根據個人偏好，而是就採訪的便利性而言。

很多人以為歐巴馬對媒體開放透明，川普則是遮遮掩掩，但事實完全相反。凡事小心謹慎的歐巴馬，一向和媒體保持遙遠距離，儘管媒體每天都可以在公開行程拍到他，但他的一言一行都是經過縝密思考，甚至是預先排演的。記者在現場無論怎麼喊，歐巴馬不理就是不理，兩三週能回答記者一次問題就算不錯了。

相較之下，川普雖然不是天天接受媒體訪問，但兩三天還是會出來一回，讓媒體拍個夠。而且無論是什麼場合——白宮裡、草坪上、飛機上、機場跑道上，只要記者衝他喊問題，多半時間他都是願意回答的。川普回答問題通常多是即興的，沒有腳本，想到哪說到哪。這讓他的回答更引人注目，讓媒體爭相報導。

重點是，記者永遠摸不透歐巴馬在想什麼，但川普永遠會把內心的想法放到推特上。由此，川普與選民的溝通和交流是零距離的。

此外，雷根和川普都有一個共同的想法：在與對手交手時，最佳方式是直接對談而不是獨自高呼口號。應對蘇聯危機，雷根相信，如果在一個房間內和蘇聯對手面對面的談判，他會告訴對手，美國沒有敵意，但絕不容忍任何傷害美國的意圖，這樣的對策是減少核戰威脅的正確道路。與之相似，川普與敵人實現成功溝通之典範案例是：川普同意與北韓獨裁者金正恩會談，兩人在新加坡實現了石破天驚的「川金會」，這讓外界感到非常意外。川普對此了然於胸，始終掌握談判主動權。他通過軟硬兼施，迫使金正恩低頭、讓步。美國並未停止對北韓經濟制裁，金正恩卻先行釋放多名被判重刑的美國人質、歸還數十具韓戰期間陣亡美軍的遺骸。川普可謂不戰而屈人之兵。

第三節　擊潰蘇聯與反擊中共

◎雷根用觀念推倒柏林圍牆

治理美國這樣的大國，尤其是在國內外都面臨大變局的情形下，想像力、創造力和直覺尤為重要。

史蒂文．克魯茲評論說，華盛頓權力走廊的政客們對雷根與川普兩個人都一樣不喜歡。前民主黨的老牌政客克拉克．克利福德（Clark Clifford）曾貶低雷根是「一個和藹可親的傻瓜」。但正是這個被稱為「傻瓜」的人，擊敗了共產主義蘇聯，雷根的名字將永遠銘刻在歷史上。這在很大程度上是因為雷根有著堅定的道德和在政治上的清晰認識。在八十年代，雷根的做法違背了華盛頓政治圈內所謂專家的智慧。事實上，由於雷根面對蘇聯的堅定立場，時常批評蘇共的言論，他被政治菁英嘲笑為危險的牛仔。

回溯歷史，現在很清楚，「叛逆的」雷根恰恰是二十世紀七十年代美國建制派政策的必要解毒劑。統治菁英若失去了戰鬥性，也就失去了願景。雷根不滿足於簡單地處理蘇聯帶來的危害，而是決心戰勝蘇聯、消滅蘇聯。雷根靠直覺創造歷史的例子，是在柏林圍牆前發表的演講。

一九八七年六月，第二屆任期已過半、似乎難有更大作為的雷根，來到處於分治狀態的柏林，參加柏林建城七百五十週年華誕的慶祝活動。媒體對歷史不感興趣，評論家說第二個任期進入後半期的雷根已成「跛腳鴨」，給人一種「去歐洲僅僅是避開國內嚴峻的政治鬥爭」

的感覺。

以常理而論，雷根只能發表一篇平淡無奇的演說。美國駐柏林最高級的外交官康布盧姆（John C. Kornblum）勸告總統的顧問說，在演講稿中不要抨擊蘇聯，不要以「牛仔」的形象出現。不管你們要做什麼，總之不要提柏林圍牆。柏林圍牆如同一道醜陋的疤痕，但柏林人很圓滑、很複雜，也很左傾，人們已「習慣」了它的存在，它也許真的如東德領導人埃里希・何內克（Erich Honecker）所說，將屹立一百年不倒。

雷根偏偏要在演說中嚴詞譴責作為共產暴政象徵的柏林圍牆。幕僚們不同意此想法。幕僚長霍華德・貝克（Howard Henry Baker Jr.）表示反對，認為這麼做不符合總統的身分，光說幾句話不可能讓一道以鋼筋水泥建成的牆轟然倒下。

雷根的演說撰稿人彼得・魯濱遜（Peter Robinson）花了三週時間精心打造了一篇四平八穩的講稿。然而，雷根並不滿意初稿，加入一句讓魯濱遜大驚失色的話。魯濱遜記載了跟總統討論講稿時的一段對話：

雷根問：「現在，我是總統，不是嗎？」

魯濱遜答：「是的，先生！」

雷根又問：「那麼應該由我做主吧？」

魯濱遜又答：「是的，先生！」

雷根作出結論：「那麼，把這句話保留下來！」

雷根決心保留的這句話是：「戈巴契夫先生，打開這扇門吧！戈巴契夫先生，推倒這座牆吧！」

在正式演講時，雷根的聲音剛勁有力、充滿憤怒和激情，也許他想到了因追求自由而犧牲在柏林圍牆下的人們，也許他想到了索忍尼辛筆下《古拉格群島》的囚徒。他為他們發聲，斬釘截鐵地說出最簡單的是非、善惡判斷。

在五十年的冷戰史上，這是一個激動人心的時刻，西方國家的電視台都在播放雷根演講的畫面，話語和觀念迅速迸發出改變世界的巨大力量——就好像上帝賜下神諭、賜下聖經一樣——這種力量超過核武、太空科技和金錢的效能。

直到蘇聯崩潰前夕，美國的蘇聯問題專家的主流看法是：蘇聯的國力正變得越來越強大，蘇聯在航母、艦艇、核彈等若干關鍵領域已超過美國，蘇聯將長期存在下去，美國必須接受此一事實。然而，雷根卻憑藉直覺得出截然不同的結論：「我們會贏，他們會輸。」而且，蘇聯不會存在太久。

事實就這樣簡單。雷根就像一名醫術高明的老中醫，單靠把脈就診斷出病人早已病入膏肓：「邪惡帝國」即將解體，他所要做的就是多推一把，加速這一過程。他像聖經中的約書亞那樣對百姓說：「呼喊吧，因為耶和華已經把這城交給你們了！」於是百姓呼喊，祭司吹角。百姓一聽見號角聲就大聲呼喊，耶利哥的城牆隨之而倒塌。聖經講述的不單單是逝去的歷史，也是正在發生的奇蹟。

◎做重大政治判斷的時候，直覺比經驗更重要

雷根當過美國經濟第一強州——加州——的州長，尚且很難融入壁壘森嚴的華府政治圈；第一次投身公職生涯就選上總統的川普，更是備受華府菁英和主流媒體懷疑，認為他缺乏從政經驗，沒有治國能力。

實際上，川普像劉邦而不像韓信：韓信曾對劉邦說，自己善於指揮士兵，劉邦則善於駕馭將軍，這是君王與將軍的差別。川普在推特上宣布，他不願像歷屆總統那樣，每天早上聽取簡報，「為什麼要聽千篇一律的內容呢？」他要依靠某種類似於獅子、老虎、獵豹的叢林式直覺做出判斷，這種天才式的直覺，往往比學院所傳授的理論知識更管用。

川普的崛起歷程跟雷根非常相似。川普的智囊、保守主義活動家班農（Steve Bannon）曾在東京發表演講，回顧川普在大選中走過的「死蔭的幽谷」——左派媒體將川普醜化為道德敗壞且愚蠢的人、彷彿諷刺漫畫中的小丑，這一負面形象深入人心。但川普及其團隊並未喪失信心，他們知道自己回應了普通美國人的心聲，「民粹」並不是負面價值。川普知道如何糾正美國的錯誤，糾錯能力是美國精神中最偉大的部分。班農指出：

他們的調查說川普的支持率下跌了兩位數，說川普將會輸掉每個州，這些都不重要。重要的那隱藏著真實數據。三分之二的美國人認為美國走錯了路。百分之七十五的美國人認為美國在衰敗。這些就是想發聲的人。他們不希望美國衰敗，他們要重振美國。他們準備支持川普。就算是在競選最黑暗的時刻，我總會告訴川普，「您在意志力上百分之百領先，您會

贏。」因為美國的工人階層不論男女都不希望美國衰敗。美國工人階層的男男女女都不希望社區被氾濫的毒品敗壞。美國的工人階層在獨立革命中挺身而出，在內戰中挺身而出，在大蕭條時期乃至二戰時挺身而出，現在將是他們在美國歷史上第四次挺身而出。您要做的就是堅定地傳達您的信念。

果然，幾乎沒有花錢在媒體上做廣告、甚至遭到絕大多數主流媒體負面報導的川普，在這場史上最激烈的總統大選中大獲全勝。

正如雷根用他獨特的方式打敗蘇聯，川普也用他獨特的方式應對中國的挑戰。在同樣的模式中，川普現在面臨著他的「雷根時刻」，這次對手是中國。與冷戰時期的蘇聯一樣，今天的中國對美國的繁榮與安全構成了嚴重威脅。

川普面臨的情況是，中共政權在美國境內找到了強大的盟友。美國大企業和華盛頓菁英們在很大程度上得益於中國侵略政策給美國帶來的不平衡態勢。對於這一群盡享特殊利益的鍍金階層來說，川普上台前的美中關係符合其狹隘立場——他們的海外公司可以在中國找到源源不斷的廉價勞力，他們故意容忍中國對美國技術和專利權的大規模偷竊及掠奪。這些美國金融寡頭們還進一步影響美國政客，使他們願意將美國主權交給容忍北京濫用權力的國際多邊組織。

這些擁有特殊利益的美國人，幾十年來一直無視在中國崛起的同時，美國卻陷於衰落的現狀。川普的勝選，終結了他們過去幾十年的「好日子」。川普呼籲讓美國實現復興，復興的核心是振興美國工業。川普要求美國最大的貿易對象——特別是中國——遵守互惠和公平原則。他透過重新調整全球供應鏈，鼓勵企業遠離中國並回歸美國，以此實現其宏大的、按部就班的戰略調整。

班農指出，美國的菁英們在過去二十或三十年間對於中國崛起的看法犯下重大錯誤。美國的菁英們自從尼克森在七十年代與中國建交以來，就存有一種不切實際的期望：一旦中國變得更加富足，經濟得到發展，民主將得到相應的改進；中國越富有，就會在自由市場經濟下實現民主化。美國的菁英們相信，透過二戰後由美國及其盟國建立的國際架構和規則，讓中國馴化，中國會成為這套秩序中的一分子。然而，今天，人們發現，事實恰好相反：過去三十年，中國建立起的是一套嚴酷的「儒家重商主義專制模式」（Confucian Mercantilist Model）。

是川普，而不是民主黨和共和黨的建制派政客，真切地意識到，一廂情願、自取其辱的外交和經貿政策再也不能繼續下去，必須行動起來遏制中國、俄國及國際恐怖主義的威脅。班農指出：「川普總統的整體目標是重振美國，其中的重要策略是對中國的匯率操縱、不公平貿易加以反制。」川普用一系列源自海耶克（Friedrich August von Hayek）、傅利曼（Milton Friedman）理論的自由市場經濟政策，振興美國經濟，同時對中國發起致命一擊——關稅戰不是閉關鎖國，而是捍衛美國本土的自由市場經濟，這比跟中國展開空泛而漫長的人權對話更有用。

像幾十年前的雷根一樣，川普的改革綱領遭到菁英們的嘲弄，這些人認為川普過於狹隘、過於天真。但川普其後取得的成績，給這些憤世嫉俗者們留下深刻印象：自二十世紀九十年代以來，二〇一八年是美國製造業從業人數最多的年分，美國公司現在努力雇用美國勞工在美國境內生產商品。川普任期前兩年製造業就業人數的增長，是歐巴馬同期統計數據的八倍。川普創造的工作職位更多，強勁的工資增長打破了過去十年的低薪局面。川普帶來的經濟繁榮使藍領工資的增長高於白領。綜觀金融市場，自川普當選以來，道瓊工業平均指數上漲了百分之四十。

在川普執政兩週年之際，美國眾議院前議長金里奇（Newt Gingrich）在福斯新聞網上發表文章說，當你聽到左派媒體、總是對川普說不的人（Never Trumpers）以及討厭川普的左翼人士談論川普目前的處境堪憂時，請記住這兩個數字：三十五和四十九。

第一個數字，三十五，是一九八三年一月雷根的民調滿意度（百分之三十五）——雷根從一九八一年一月就任美國總統，到一九八三年一月時執政剛滿兩年。

第二個數字，四十九，是二十二個月以後，雷根再次競選總統時贏得的州的數量——雷根只輸掉一個州。

鑒於如今美國的左右分裂遠甚於雷根時代，川普在下一次大選中不太可能取得雷根那樣的佳績，但成績一定比上一次好。二〇一六年以來，媒體對川普的負面報導是自林肯以來最多的，根據媒體研究中心（Media Research Center）對晚間黃金時間廣播的分析，關於川普的負面報導超過總放送時間的百分之九十，但川普表現出的韌性表明，他的選民基礎相當牢固，這些人會一直支持他。

金里奇指出，在國內政策上，歷史上最好的非洲裔美國人的就業率，會讓共和黨在少數族裔的選票上取得突破。在佛羅里達州和喬治亞州發生的事情令人驚訝——非洲裔美國人投票給共和黨人，並反對非裔的民主黨州長候選人。

川普的對外政策同樣奏效，川普在世界各地取得的成就遠超任何人的想像。北約領導人表示，川普讓北約增加了一千億美元國防開支，並讚揚川普遏制俄羅斯的策略。中共正在輸掉貿易戰，他們知道這一點。北美自由貿易協定也已完成修訂談判。

◎川普能不能用貿易戰擊敗中國？

雷根推倒了柏林圍牆，川普能用貿易戰這「全壘打」擊敗中國嗎？川普是美國人選出的總統，他的首要目標是讓美國再度偉大，而不是讓中國民主化——但是，後者有可能是前者的「副產品」。

極權的中國，在政治和經濟上對美國都是威脅。中國沒有柏林圍牆，卻有更強悍的「網路長城」。二〇一六年，美國貿易官員首次將中國的互聯網過濾和攔截系統——也就是「防火長城」——列入貿易障礙年度清單。相關條目寫著，在過去十年，這種限制「給外國供應商帶來了巨大負擔，遭受損失的既包括網站本身，也包括需要頻繁使用這些網站開展業務的用戶」。

二〇一八年，美國貿易代表辦公室發布報告稱，在過去一年裡，「外國網站在中國被徹底屏蔽的現象似乎有所惡化」。全球二十五個人氣最高的網站中，有八個在中國遭到屏蔽。中國的網路過濾機制營造出一個與世界隔離的區域網，違反了「網路是溝通世界各地人們的開放管道」這個基本理念。這種做法抑壓市場競爭，限制言論自由，阻礙人們對資訊的獲取，最終損害中國自身的經濟增長。川普政府將中國對網路的控制（中國宣稱的「網路主權」）

列入中美貿易爭端的清單中，對中國政府無異於釜底抽薪。

貿易戰很有可能是中共的催命符。經濟學家埃里安（Mohamed A. El-Erian）在評論文章〈國際貿易的「雷根時刻」？〉（*A "Reagan Moment" for International Trade?*）中指出，川普政府可能已經替國際貿易體制的「雷根時刻」鋪好了路。作者回顧說，在一九八〇年代，雷根發起一場與軍事超級大國蘇聯的軍費競賽，改變了全球權力格局。如今，川普已啟動一場與經濟超級大國中國的關稅競賽，可能將產生同樣深遠的影響。

雷根的先例顯示，雷根迫使蘇聯投入一場美國必勝的軍費競賽（代價是美國負債加重，而且衝突風險升高），結果使他口中的「邪惡帝國」加速滅亡。這種大膽的冒險策略，改變了歐洲的政治版圖。蘇聯滅亡導致十五個新國家的產生，而在此之前，其歐洲「帝國」已經崩潰。柏林圍牆倒下促成德國統一，南斯拉夫則四分五裂。不久之後，捷克與斯洛伐克實現天鵝絨式分手，和平分為兩個國家，它們連同包括匈牙利和波蘭在內的其他中歐和東歐國家，加入北約和歐盟，堅定地改投西方陣營。如今，東歐各國是欣欣向榮的「新歐洲」，是美國堅定的盟友。比如，在北約內部因軍費分擔比例爭吵不休、法國和德國等「老歐洲」不願提高軍費之際，「新歐洲」的波蘭主動向美國拋出橄欖枝，歡迎美國到波蘭駐軍，並願意承擔大部分相關支出。

川普掀起的貿易戰，確實將損害包括美國自身在內的所有經濟體。支持川普政策的美國億萬富翁山姆．澤爾（Sam Zell）在一篇專訪中表示：「中國非常擅長的就是不接受任何事情。你必須非常強硬，這就是川普目前做的事情，修正這點也符合中國利益，我認為我們最終會得到一個比現在明顯更好的解決方案。」對此，川普在推特上發文評論說：「讓我告訴大家，如果我對中國什麼都不做，美國股票市場，我們的股票市場，會比現在高一萬點。但總得有人這麼做。對我來說，這比經濟更重要。」

明眼人能看到：全球經濟若萎縮，美國的景況將好過多數其他國家，因為美國相對不仰賴海外市場、國內市場的消費力較強，而且經濟大致上比其他國家強韌。中國金融市場已經因為局勢緊張而受損，美國市場則相對平穩。

按照賽局理論，理性的行動者認識到貿易戰對自己的傷害之後，將明白放棄報復的好處，改為接受美國的要求。果真如此，美國將更有能力和意願，終止多年來它在全球的經濟影響力和地位受損的情況，正像山姆．澤爾所指出的那樣：

我們不能建立一個總體經濟的運作系統，而它卻只為其他國家牟利。而此系統之下，這些國家長期以來一直向美國徵收大筆關稅。別逃避現實。美國五十年來一直受到關稅恐怖主義的制約。但是美國可以得到一個真正的公平交易。

當然，必須承認，這種策略遠非必定成功。其執行需要比現行水準更強的互信支持。在對手報復的階段，物價將上漲，某些職位將變得較易被裁減，政府必須持續獲得意見分裂的美國民眾支持。對此，史蒂文．克魯茲建議說，川普應該強化美國人的決心，即為了實現保護美國利益的長期結構，可能需要人們忍受短期內的痛苦。當然，強大的美國可以承受暫時的痛苦，以確保中國最終開放市場，停止掠奪美國的智慧財產權，並停止軍事冒險和網路攻擊之類的侵略性行為。即使在經濟方面面臨短期內的副作用，在中國願意認同這些關鍵原則之前，美國必須採取懲罰性貿易管制。

美國需要在這場戰鬥中找回最初的拓荒、冒險精神。這是背水一戰，不可心存僥倖。誠如埃里安所說，觀察家目前還無法確定全球貿易是否將迎來「雷根時刻」，並形成比較公平的制度。畢竟這種做法需要審慎的策略設計和巧妙的執行（以及很多好運氣），而參與者必須精細掌握經濟、政治和地緣政治因素。川普正是指揮這場戰役的不二人選。

第四節　從「星際大戰」到「新星際大戰」

二〇一八年六月十八日，川普總統下令建立美國太空部隊，目標是重返月球、登陸火星，鞏固美國在太空領域的主導地位。川普說：「美國只在太空有存在感是不夠的。美國必須在太空擁有主宰地位。」

川普指出：「我們有『空軍』，還會有『太空軍』。分開卻平等。它會成為一支力量的。」成立太空軍的想法，前幾屆政府都曾提起，卻未能實施。迄今為止，美國武裝部隊分為陸軍、海軍、海軍陸戰隊、空軍和海岸警衛隊等五大軍種。多數與太空相關的軍事活動由空軍督管，空軍擔心利益受損，竭力反對此計劃，五角大廈也消極應對。唯有川普大刀闊斧，一錘定音。

川普在聲明中特別點名中俄在太空領域對美國的挑戰和威脅，宣稱「美國不欲被中、俄及其他國家領先，被人牽著鼻子走。美國政府正重奪美國的重要遺產，擔當全球最偉大的太空國家，要探索新世界、駕馭新領域，而目標在地球以外」。一場「新星際大戰」已然緊鑼密鼓地開場了。

◎雷根的「星際大戰」計劃為冷戰畫上句號

看到川普的計劃，人們隨即聯想起雷根在一九八三年發表的「星際大戰」計劃。一九八二年，雷根在一場演講中呼籲說：

削減國防預算的理由是一道簡單的算術題。相同的論調曾經在一九三〇年代讓民主國家疏於國防，進而釀成了第二次世界大戰的悲劇。我們絕不能因為冷淡和疏忽，重蹈歷史上那個黑暗章節的覆轍。

雷根進而提出石破天驚的導彈防禦計劃。

一九八三年三月二十三日，雷根發表了一篇電視講話，提出過去二十多年來華盛頓任何一個身居要職的高官都不敢提出的問題：「如果我們能夠在戰略性導彈到達我們盟友的領土之前就進行攔截並將其摧毀，怎麼樣？」他敢於打破軍事專家、蘇聯問題專家以及自己的顧問們長期形成的思維定勢：核平衡定義了冷戰並且將毫無疑問持續下去。雷根說，美國將會投放數以千億美金在太空部署武器來攔截蘇聯的核武。一語既出，舉世皆驚。

在此前的總統大選電視辯論中，卡特將自己打扮成和平主義者，在最後陳詞中說，他已就美國面臨的最重要的問題問過十二歲的女兒艾米。艾米說她害怕核戰爭。雷根嘲笑說，「問艾米」那是殘酷的。強大而有力者溫柔地關心年輕而脆弱者，這沒有什麼錯。但是，人們應當還記得錢伯斯（Whittaker Chambers）在《見證》中如何描寫他凝視幼小的女兒耳朵上的複雜褶皺。那種體驗是：錢伯斯相信存在上帝，確實存在著愛，共產主義是個邪惡的謊言。這是美國政治文學中最重要的段落之一。

示弱不能得到和平，只能迎來奴役；相反，只有顯得比暴政更強大，暴政才有可能潰敗。雷根的「星際大戰」計劃果然對蘇聯構成致命打擊，成為壓垮駱駝的最後一根稻草。由此，雷根為漫長的冷戰畫上了句號。歷史學家約翰．劉易斯．加迪斯（John Lewis Gaddis）在《冷戰新史》（*The Cold War: A New History*）一書中指出：「雷根是以一種革命性的視角來思考這個問題的。」既然蘇聯的意識型態本身是邪惡的，那麼與蘇聯保持某種穩定的關係就是一種過時的、甚至不道德的戰略——為什麼不加速蘇聯解體的過程呢？

雷根的「星際大戰」計劃相當超前。當時，政客、學界和媒體一致反對。就連雷根手下的核心官員都不贊同公開此計劃。國務卿喬治．舒茲（George Pratt Shultz）私下裡說：「這簡直是瘋了。」國防部長溫伯格（Caspar Willard Weinberger）正在北約開會，立即打電話給白宮要求總統放棄關於反導彈防禦計劃的講話。眾議院議長奧尼爾（Tip O'Neill）委婉地說：「總統那種『二十五世紀宇宙戰爭』之類的講話……有點天方夜譚了。」

美國的左翼主流媒體則毫不掩飾地用最惡毒的語言謾罵攻擊：《時代》雜誌用流行的科幻片《星際大戰》形容之，說它「就像一場電腦遊戲」——卻並沒有想到，其後雷根和公眾都欣然接受這個通俗易懂的名稱。《紐約時報》的評論文章直接以〈做白日夢〉為題。《芝加哥論壇報》寫道，總統「想用稀奇古怪的新型防禦武器計劃以分散觀眾的注意力」。三十多年後，左派媒體一點也沒有汲取教訓，在同一個地方再次跌倒，《紐約時報》不惜犧牲新聞業基本職業道德而對川普百般誹謗，反倒使自己的信任率降低到兩位數之下，發行量攔腰斬斷。

雖然圈內人不看好，但雷根對這篇講話「感覺很好」。雷根在一份口述的備忘錄中宣稱：「我引導國家集中精力，確立一項長期的研發計劃，目的是最終消解由核彈道導彈構成的威脅。」大部分普通民眾熱切回應雷根的決策：白宮接到的電話創下新紀錄，一千一百三十六個來電中有九百四十八個支持總統和他的主張——這跟思想僵化、患得患失的華盛頓菁英階級形成鮮明對比。

那麼，蘇聯的反應是如何呢？克里姆林宮聞訊後，幾近驚慌失措。猶如驚弓之鳥的蘇聯領導人相信，「美國的科技潛力已經再次占據上風」，並且視雷根的表態為一種真實的威脅。蘇共總書記、前克格勃首腦安德洛波夫警告說：「雷根高深莫測，你們應當做好他出任何招數的準備。」無獨有偶，今天中共領導人習近平也如此惶惶不可終日地注視著不按常理出牌的川普的下一個動作。

當時，為了在進攻型導彈上與美國看齊，蘇聯已筋疲力盡；突然之間，又要面臨一輪新的競賽，並且這場競賽所需要的技術是他們無望掌握的——而美國人鎮定自若、勝券在握。蘇聯為應對此壓力而油盡燈枯：蘇聯政權在壓制改革思潮、監控全體人民的活動中疲於應付，龐大的軍工系統拖垮了本來就運轉不良的計劃經濟體系，而雷根的「星際大戰」計劃超過了蘇聯領導人的想像力極限，他們所做出的絕望反抗，將蘇聯這艘巨輪拖入冰冷而黑暗的海溝。

就在雷根發表「星際大戰計劃」講話後不到十年，蘇聯最後一任總統、蘇共總書記戈巴契夫黯然宣布蘇聯解體，他承認蘇聯失敗的部分原因是美國的軍事壓力：「冷戰、軍備競賽和我們國家瘋狂的軍事化都已經終結，這一切使我們的經濟陷入癱瘓，扭曲了我們的思想並且削弱了我們的士氣。」

對於來自敵方的肯定，美國的左派菁英只好視而不見。

◎川普的「新星際大戰」計劃將是對中共的致命一擊

今天，川普的「新星際大戰」計劃，能否將中共暴政掃入歷史的垃圾堆？

川普在經貿上揮動重拳的同時，又啟動「太空軍」計劃，這是「左右開弓」的戰術，習近平只有被動挨打的分。號稱「厲害了，我的國」的中國，至今不敢對川普政府的「新星際大戰」計劃做出公開回應。中國在太空科技方面與美國的實力差距，遠遠大於當年蘇聯與美國之間的差距。

中國重要的科技巨頭中興國際遭美國制裁後幾乎「一招致命」，中國為此灰頭土臉，為苟延殘喘，答應美方的罰款和監督措施等條件；負責建造國產航母的國有企業「中船重工」的總經理孫波，則因涉嫌貪腐而被捕——腐敗分子用報廢的烏克蘭舊航母瓦良格號改造而成的「遼寧號」航母，以及仿製的中國首艘「國產航母」001A號，能經得起戰場上真槍實彈的考驗嗎？

中國的「大飛機」計劃也遭遇重挫：就連研究人員都發誓「絕不乘坐」其設計的飛機，此類「大飛機」更無法獲得國際飛行許可證。此前，中國製小型客機「新舟六〇」因極為頻繁的故障率而聲名狼藉，甚至有「空中棺材」之惡名——小飛機尚且如此，何況大飛機？這樣的科技水準，中國憑何與美國展開太空競賽呢？

中國主流媒體跟隨西方左派媒體的腳步，對川普冷嘲熱諷，認為川普是一名很容易對付的、唯利是圖的商人。偏偏是解放軍的鷹派學者戴旭看到了川普的深謀遠慮。戴氏在〈特朗普有沒有像里根（編註：即川普與雷根）祕密絞殺蘇聯那樣的對華計劃？〉一文中指出，美國與日印越聯合對華圍堵、將薩德反導系統部署在韓國、誘走北韓並改變東北亞戰略平衡，「這是一套組合拳」。他憂心忡忡地評論說：

「美國國家安全戰略報告和特朗普國情咨文，公開把中國、俄羅斯等『修正主義國家』和伊朗列為戰略對手；展開對華貿易戰，對中國實施經濟敲詐；公開支持印度挑釁中國；航母訪問越南；公開挑釁中國的『台灣問題底線』；這一切都在特朗普就任總統一年內完成。這一切還是開始。」

戴旭進而發現：「種種跡象表明，特朗普有一套清晰的對華絞殺戰略。中國要做好與特朗普領導的美國全面對抗的最壞準備。當下最緊迫的戰略思考：特朗普有沒有里根祕密絞殺蘇聯那樣的對華計劃？」這名極度反美的解放軍智囊，接著將川普與雷根相提並論：

「當年，演員出身的里根當選美國總統後，美國國內和世界上都有一種輕視此人的傾向，認為這個人不是美國政治菁英出身，難以領導美國。但正是里根，一上台就推行擊潰蘇聯的具體計劃，而且他成功了。現在，商人出身的特朗普，又是如此。美國國內政治菁英看不起特朗普，國外也有人小看特朗普，但一年來特朗普使出的兇狠招數是戰後歷任美國總統中，除里根以外所未見的，甚至里根本人也不及他。這個特朗普，有成功管理大型企業的經驗，有培養孩子的成功經驗，他治理的美國不會差。而關鍵是，這個人不按常理出牌，因此我們絕對不能掉以輕心。」

在反向的意義上，戴旭倒是川普的「知音」之一。他比美國左派更清楚地知道川普有多麼厲害。

二十世紀八十年代中期，蘇聯看上去如日中天、勢不可擋；美國看上去日薄西山、弊病叢生。但雷根一針見血地指出，「共產主義是人類歷史上一個怪誕的篇章，它的最後幾頁行將結束。」果不其然，蘇聯的輝煌只是迴光返照。如今，在習近平躊躇滿志之際，川普揮動掃帚，準備將其掃入塵埃之中。

第五節　英美聯盟是自由世界的磐石

◎雷根與柴契爾夫人攜手打贏冷戰

雷根和川普的外交政策的重心，是鞏固與其他西方國家的「價值觀同盟」，該同盟的核心是英美聯盟。雷根與時任英國首相的柴契爾夫人（Margaret Hilda Thatcher）攜手終結冷戰，他們的親密關係廣為人知，兩人在經濟思想（自由市場）方面同樣投緣。

二〇〇四年六月五日，雷根因肺炎去世，終年九十三歲。國喪期間，在十萬哀悼者中出現一位特別來賓——柴契爾夫人。她戴著黑色的大帽子和黑色面紗，用右手輕輕撫摸棺木，深深地行了一個屈膝禮。柴契爾夫人的悼詞言辭懇切：「我們失去了一個偉大的總統，一個崇高的美國人，一個世界偉人。而我，失去了一個好朋友。」

九年後的二〇一三年四月八日，柴契爾夫人在倫敦病故。這一天，距離她三十八年前同雷根第一次會面，只相差一天。由於年事已高，雷根的遺孀南西無法親赴聖保羅大教堂送別柴契爾夫人，只能透過發言人表達敬意：「羅尼（雷根的暱稱）和瑪格麗特是政治上的靈魂伴侶。」柴契爾夫人在回憶錄中寫道，與雷根進行交談，就感到在「高尚理想與整個價值觀」方面是相通的。

《時代》雜誌創刊主編、時政記者尼古拉斯・韋普肖特（Nicholas Wapshott）耗費多年研究雷根和柴契爾夫人的政治活動與互動關係，在《雷根與柴契爾夫人：政治姻緣》（*Ronald Reagan and Margaret Thatcher: A Political Marriage*）這本歷史著作裡，探討兩位政治領袖友誼的來源、基礎，以及這種私人友誼在國際政治中所起的積極作用。該書指出，兩位政治領袖的私人友誼超越了政治。這緣於他們面臨相似的環境，擁有相同的政治理念。他們都出生於草根家庭，都是「從雜貨鋪走出來的」，也都崇尚自由市場；他們面臨相似的內外環境——國內的滯脹、全球的冷戰，以及本國外交地位的下降，但「越是動盪的年代，聯盟關係越牢固」。

此外，擁有各自的人格魅力且性格互補則是雷根與柴契爾夫人友誼長存的重要原因。一個溫和大度，瀟灑浪漫；一個自信堅強，眼光獨到，儘管有些咄咄逼人。這使他們交往自然，能彼此真實地表達政見。在孤獨、冷酷的政治鬥爭中，他們向國家領袖這個角色賦予更多感性的人情特徵，將真摯的友誼帶入冰冷的政治。自由世界的領導人——哪怕是第二次世界大戰時，共同經歷黑暗時期的小羅斯福和邱吉爾之間，都鮮有這樣堅固且親密的友誼。

一九九四年二月，柴契爾夫人出席雷根八十三歲生日聚會。聚會後，雷根致信柴契爾夫人：「能夠和你一同經歷人生中許多最重要的時刻，我感到非常驕傲。感謝上帝將你帶入我的生命。」雷根最先使用「靈魂伴侶」一詞形容兩人的關係。雷根在向柴契爾夫人的傳記作者雨果．楊（Hugo John Smelter Young）講述那場歷史性會見時說：「我們本來只計劃會見幾分鐘，但是最後我們坐在一起談了兩個小時……剛開始交談，我們就意識到在縮減政府規模，推動自由市場經濟上，我們是靈魂伴侶。」柴契爾夫人在回憶錄中寫道：「我知道，我在與一個直覺、想法都跟自己一樣的人交談。這不只是政治問題，而是政府的哲學，對人性的看法。」

柴契爾夫人的政治哲學與經濟政策主張被通稱為「柴契爾主義」：在經濟上實行大規模私有化政策，減少對經濟活動的政府管制；在社會政策領域，努力擺脫「福利國家」色彩，削減、控制與改革社會福利制度。同樣作為保守主義和自由市場的虔誠信徒，同樣面臨國內嚴重的經濟危機，雷根在美國以相似的方式應對，降稅減負，縮減政府規模。這些被稱為「柴契爾．雷根主義」的政治遺產也影響了英美之外的其他國家。

◎川普是珍惜英國傳統的美國人

與雷根一樣，川普特別珍視到英國的國事訪問。川普的母親瑪麗（Mary Anne MacLeod Trump）是來自英國的移民，英國傳統尤其是蘇格蘭長老會的信仰，在川普身上打下深深烙印。

瑪麗出生在英國蘇格蘭外赫布里底群島（Outer Hebrides）的一個小漁村，祖祖輩輩都是打漁為生的漁民，她是十個兄妹裡最小的一個。十八歲那一年，瑪麗在前往美國的輪船上慶祝自己的生日，她懷揣著全家七拼八湊而來的五十美元，踏上大洋彼岸的美國領土。沒學歷、沒手藝的她，只能從有錢人家的女傭開始做起。

瑪麗後來嫁給川普的父親、紐約房地產商人弗雷德·川普（Fred Trump），從此相夫教子，並轉型成為一名慈善家。這是一個灰姑娘的美麗人生。孩子長大後，瑪麗去醫院做志工，參與學校活動和慈善事業，幫助改善腦癱患者和智障成年人的生活。富裕以後，她沒忘記出身草根的事實，去醫院做義工時都是實打實的做事，有一次因過於疲累而感染病症，差點沒能搶救回來。七十九歲的瑪麗有一次上街購物時，不幸遭遇搶劫，她沒像普通老太太一樣嚇得驚慌失措，而是抄起拐棍跟歹徒英勇搏鬥。瑪麗的傳奇人生及個人箴言，註定會被包括兒子川普在內的整個家族銘記：「相信上帝，忠於自己。」

非常巧合，川普當選美國總統之時，英國首相正是以柴契爾夫人為師的德蕾莎·梅伊（Theresa Mary May）。川普入主白宮之後，第一個會見的外國政府首腦就是梅伊。川普向梅伊建議說，「希望構築像雷根和柴契爾夫人那樣的關係。」

川普訪問英國，左派媒體渲染英國的反對聲浪，身為穆斯林的倫敦市長薩迪克・汗（Sadiq Aman Khan）極為無禮地說，不歡迎川普到訪。左派媒體沒有報導的是，更多英國人自發聚集歡迎川普到訪。

英國居民傑克・史密斯（Jack Smith）說：「我們現在生活在一個奉行傳統價值的世界，我認為川普總統支持這一理念。」海外共和黨人協會英國分會董事艾妮卡・邁勒（Erika Miller）說：「英美之間的特殊聯繫，包括歷史、語言及共同的西方價值，會持續下去，不管在英國和美國是否有抗議者。」

川普和梅伊面對的世界，包括他們各自治理的美國和英國，比起雷根和柴契爾夫人的時代，更左和更「政治正確」，他們要打一場硬仗。在與梅伊聯合舉辦的記者會上，對於移民問題，川普說，移民對德國和歐洲其他地區造成「非常大的傷害」，「這正在改變（歐洲傳統）文化，這是一件非常消極的事情。我知道這在政治上是不正確的，但我會說出來，並大聲說出來。」

川普特別強調英美之間的關係「最為特殊」。當記者問道，英美關係到底有多特殊，川普說「非常非常特殊」，是「最高級別的特殊」（Highest level of Special）——「我們的關係本來是『特殊』，經過這兩天與首相的相處，我認為是『最高級別的特殊』。」川普笑著說：「這裡的人民特殊，這個國家特殊，再加上我的母親在蘇格蘭出生，這裡（對我）很重要。」

梅伊則表示，她與川普達成共識，英國要在脫歐之後跟美國制定「雄心勃勃」的跨大西洋自由貿易協定。「我們同意達成對兩國都有利的貿易協定，這是建立在英國獨立（脫歐後）

基礎上的政策。……作為世界上兩個最先進的國家，我們要利用新技術，所有措施都將進一步加強我們的經濟合作，為兩國人民和後代創造更多工作，提供更多機會。」她指出，「英美間的友好關係，也是由我們在全球舞台上扮演的角色決定的。作為美國和英國這兩個國家的領袖，有時候在國際上不得不說一些別人不願意聽的話，川普總統面對很多挑戰，我們對很多問題都達成了共識。」

梅伊因推動英國脫歐失敗辭職之後，川普與梅伊的繼任者強森（Alexander Boris de Pfeffel Johnson）同樣惺惺相惜。強森出生於紐約，當時其父親正在哥倫比亞大學攻讀經濟學學位，他跟川普一樣都是「紐約客」，他被英國媒體戲稱為「英國版的川普」，就連頭上的金髮也跟川普很相似。

川普對迷信社會主義模式、官僚化且腐敗的歐盟非常厭惡（他甚至說，歐盟是美國的「敵人」），對積極推動脫歐的強森讚不絕口。強森帶領英國脫歐，乃是承襲柴契爾夫人時代保守黨對歐洲大陸不信任的立場——英國的「海洋．普通法系」與歐陸的「大陸．成文法系」格格不入，兩者背後的宗教改革傳統和啟蒙主義傳統也大相徑庭，當年英國輕率加入歐盟更是一個重大錯誤。

美國與英國共享「英語系國家」的文化和信仰。英國歷史學家、保守黨政治家丹尼爾．漢楠（Daniel Hannan）在《自由的基因：當今世界的由來》（*Inventing Freedom: How the English—Speaking Peoples Made the Modern World*）一書中指出，「自由」的觀念與其說是「西方的」，不如說是「英國的」。英國人認為，國家是個人的公僕而非主人，這一革命性的觀念創造出了以財產權和契約為基礎的法治社會，反過來又推動工業化和現代資本主義進程。

在一七八七年的費城，它又以純粹和精妙的形式凝結在美國憲法中。

漢楠嚴厲批判歐盟模式——這是一種類似明、蒙古、鄂圖曼帝國的模式：大一統、中央集權、高稅率、國家高度管制。與之相對，英美模式的核心價值是私有產權、言論自由、議會制政府、社區自治。漢楠特別欣賞對美國和英國都有精準的觀察的法國思想家托克維爾的名言：「美國人是自治的英國人。」在此意義上，正如強森是「生在英國的美國人」，川普也是「生在美國的英國人」。

第二章
信仰的力量：川普與美國的清教徒傳統

事實上，就是我們根深蒂固的宗教信仰讓這個國家變得如此偉大，我們對聖經教誨的信念和我們的成長、成功息息相關。

——唐納．川普，第四十五任美國總統

美國真正的象徵不是自由女神，不是已毀於恐怖分子襲擊的世貿大廈，不是白宮和國會山莊，也不是史詩般的總統山，而是波士頓郊區普利茅斯港口的那塊小小的「登陸石」——五月花號搭載的清教徒上岸時，在那塊石頭上開始了在新大陸的第一次感恩禱告。

如何看待美國與基督教的關係，決定著一個人的世界觀或觀念秩序；如果這個人是美國總統的話，他的信仰和觀念還會決定其國內、國際政策的走向。

在限制國會不得立法設立國教的美國憲法第一修正案之下，總統、國會議員和最高法院（Supreme Court of the United States）大法官當然可以表達其個人信仰，以及對「美國與上帝的關係」的看法。是否做這樣的表達、如何做這樣的表達，乃是言說者的觀念秩序屬於右翼還是左翼的重要分野。

以歐巴馬為例，作為小羅斯福之後最偏向左翼的總統，歐巴馬也是美國有史以來對基督教最不友善的總統，他在二〇〇八年上任時表示：「也許我們曾經是，但我們現在不再是一個基督教國家——至少不僅僅是。……我們是一個猶太國家，一個穆斯林國家，傳統的佛教國家和印度教國家，一個非信徒百姓的國家。」如果美國真的變成歐巴馬所描述的那種背離上帝之道的國家，美國永遠無法再度偉大。歐巴馬信奉的嚴格文化相對主義對美國具有毀滅性的傷害，正如保守主義思想家艾倫·布魯姆（Allan Bloom）所說，「同時摧毀了一己之善和至善」、「泯滅了教育和追求美好生活的原動力」。

與歐巴馬相反，川普對基督教信仰的珍惜和尊重，顯示其基督徒的本色和對聖經這一終極價值的信賴，他將用基督教信仰支撐的觀念秩序和價值理念治理國家。

二〇一七年五月四日，美國的「國家禱告日」（National Day of Prayer），川普在白宮發表演講：「正是在一百五十年以前，林肯總統開始國家禱告日的倡議，就是今天！因為他擔憂我們正變成一個過於自負的國家，以至於不能向創造我們的上帝禱告。我們還記得這個永恆的真理，自由不是政府給予的禮物，自由是上帝的恩賜。」

二〇一八年二月八日，在「全國早餐禱告會」上，川普發表講話說：

只要我們睜開眼睛看到上帝的恩典，敞開胸懷接受上帝的愛，那麼美國將永遠是自由之土、勇敢之家，以及光明之國……我們的權利不是來自任何人，而是來自我們的創造主。無論如何，地球上的任何勢力都不能把這些權利奪走。這就是為什麼在華盛頓紀念碑上面銘刻著「讚美上帝」，這些話同樣銘刻在我們人民的心中。

第一節　美國是基督徒創建的國家

◎政教不能「分離」，只能「分立」

美國憲法第一修正案禁止國會立法確立某種宗教或某一教派為國教，但並不否認美國建國的根基是基督教文明和基督教價值。如果尊重歷史事實，就應當承認美國是一個由清教徒創建的國家。建國兩個半世紀之後，儘管美國社會日趨世俗化，美國民眾中仍有多達四分之三的人口相信上帝，有六成以上的人確信自己是基督徒，美國堪稱基督教的文化和價值仍然最具活力和影響力的國家。歐洲已然進入「後基督教時代」，美國的基督教復興運動卻方興未艾。

但是，左派的進步主義卻以「政教分離」來消除基督教信仰對公共生活的影響。人們錯誤地將「政教分離」當作真理。其實，「政教分離」是一個錯誤的觀念，政教不可能完全「分離」——每一個人的政治立場背後，都有其宗教信仰或信念作為支撐。在美國重要的國家儀式中，充滿了基督教的色彩和特質。比如，美元紙鈔上明明白白地寫著「我們信仰上帝」（In God We Trust，儘管這個「上帝」可以作多元解釋）；在美國總統就職典禮上，總統必須在最高法院首席大法官的監誓之下，對著聖經宣誓效忠美國和美國人民。所以，政教只能「分立」（分別設立，各司其職，如聖經中所說：「凱撒的歸凱撒，上帝的歸上帝」），而不能「分離」——隻字之差，謬之千里。

在華語世界，「政教分離」這種錯誤的觀念，來自於錯誤的翻譯。英文原話是「Separation of state and church」，或者「Separation of church and state」。這個說法的直譯應該是「國家和教會分立」，更恰當的譯法是「國家機器和教會分立」。本來的英文出處裡，既沒有提到「政治」（Politics），也沒有提到「宗教」（Religion）。它的意思不是政治和宗教徹底分離，而是國家機器對宗教機構（教會）沒有權威，不予干涉；同樣的，宗教機構對國家機器也沒有權威，不予干涉。

政治和國家機器當然不同。很明顯，選舉是政治生活的最重要部分，但卻不屬於國家機器；軍隊屬於國家機器，卻在政治活動之外（軍隊國家化）。而宗教機構和宗教也不等同。通常，宗教機構只是代表屬於該機構的成員來組織各種宗教活動，卻不能代表整個宗教。沒有一間教會可以聲稱其代表整個基督教，基督教也不等於信耶穌的人參與宗教活動的教會——教會或宗教機構之外，還有許多走「一個人的朝聖路」的信徒。

「政教分離」這個提法已很成問題，說「政教分離」是美國的國策就更是以訛傳訛。實際上，美國從來就沒有「政教分離」的國策。美國憲法第一修正案的原文是：「國會不得制定法律，來確立或禁止某種宗教；也不能限制言論、出版自由；也不能限制抗議政府不公而集會請願的權利」（Congress shall make no law respecting an establishment of religion, or prohibiting the free exercise thereof; or abridging the freedom of speech, or of the press; or the right of the people peaceably to assemble, and to petition the Government for a redress of grievances）。當時，它要解決的問題是：最初組成美國的十三個自治領，各有其憲法和國教，不同自治領的國教分別屬於新教的不同教派。所以，在聯邦或邦聯這個層面上，不能強制性地設立某一宗教或教派為國教。該修正案是要確保每一個自治領都有確立本地主流宗教的權力，確保每一個自治領的宗教信仰自由，它並不是要將基督教從美國的公共社會和政治生活中驅逐出去。

「政教分立」（Separation of State and Church）這個說法，其實也是美國國父之一的湯馬斯．傑佛遜（Thomas Jefferson）對憲法第一修正案的闡釋。一八〇二年，深受啟蒙主義和法國大革命影響、思想左傾的傑佛遜，在一封寫給康乃狄克州丹伯里浸信會的一封信裡說，經過再三考慮，全體美國人所宣稱的「國會不得制定法律，來確立或禁止某種宗教」，是建立一道教會和國家之間的分離之牆（I contemplate with solemn reverence that act of the whole American people which declared that their legislature should make no law respecting an establishment of religion, or prohibiting the free exercise thereof, thus building a wall of separation between Church and State）。這封信的背景是，傑佛遜要讓那些浸信派信徒放心（雖然傑佛遜本人不屬於浸信會），不會發生類似英國的情況，那就是在國家層面立法，確立某一種宗教或教派比起其他宗教或教派擁有更大的特權（即具有國家宗教之地位）。

作為進步主義者，歐巴馬刻意以此顯示其「政教分離」、「宗教正確」之立場。歐巴馬在任上通過了若干背離基督教傳統乃至對基督教極不友善的政策。川普說，他要正本清源，要讓美國回歸正道。

有兩個例子可以表明川普堅定的信仰和信念。川普執政之後第五天，下令美軍攻擊在葉門的恐怖分子，這是歐巴馬拖延兩年都沒有做的事情。在這場突襲中，海軍陸戰隊士官威廉．萊恩．歐文斯（William Ryan Owens）以身殉職。川普親自到多佛市迎接歐文斯的靈柩，也邀請其遺孀、三歲小孩的母親凱玲（Carryn Owens）到國會聆聽其發表國情咨文。川普稱讚說：「凱玲．歐文斯今晚和我們在一起。萊恩．歐文斯是個戰士、是個英雄，雖死猶榮——他為對抗恐怖主義、保衛家園而戰。」他特別向凱玲致意說：「謝謝您。」

全場掌聲雷動。凱玲起先壓抑著眼淚，當掌聲持續，她的淚水開始流下。她起身，合起雙掌祈禱，仰天吐出：「我愛你。」

川普接著說：「聖經教導我們，沒有比為朋友犧牲性命更偉大的愛。萊恩．歐文斯為他的朋友、他的國家和我們的自由犧牲性命——我們永遠不會忘記他。」國會和聽眾的掌聲以及起立致敬持續約兩分鐘。即便是左派的、持無神論立場的國會議員和民眾，也沒有無動於衷。當時，在電視機前的我不禁熱淚盈眶。

另一個例子是，二〇一九年「九一一」紀念日，川普在白宮和五角大廈的紀念活動中，重申美國將繼續為自由而戰：

今天和每一天，我們保證紀念我們的歷史，珍惜我們的自由，提升我們的社群，實現我們的價值觀，證明我們的英雄的價值，最重要的是，美國比以往任何時候都更強大，永遠不會忘記（逝者）。

與此同時，敵視基督教價值的、作為穆斯林的國會眾議員奧馬爾在其社交媒體上輕描淡寫地寫道：「這一天，有一些美國人，因為某種原因被殺了。」這就是左派跟右派的分歧。翌日，民主黨十名總統候選人在休斯頓的初選電視辯論會，現場居然一幅國旗都沒有掛出來——他們確實以美國國旗為恥。

川普在演講中向這些遇難者家屬保證說：

我們今天在這裡重申我們不會忘記。恐怖分子發動襲擊，意圖挑戰我們的生活方式，他們試圖打垮我們的精神。但他們的目的從來沒有得逞。那一天使我們團結起來，變得更為堅定地保衛我們的國家，保衛我們的立國之本。

在如何對待傳統這一點上，左派和恐怖分子有相似之處，他們都認為，美國的立國之本是過時的、反動的傳統，可以用新的價值取而代之；而以川普為首的右派卻認為，美國的立國之本是《五月花號公約》、《獨立宣言》和美國憲法，永遠神聖不可侵犯，正如曾任最高法院大法官的艾爾．華倫（Earl Warren）所說：「我認為一個人若不明白《聖經》和救主的精神從一開始就引領著我們，他就無法真正理解我們國家的歷史。」

◎川普當選，驚見被遮蔽的「福音派基督徒美國」

左派媒體和東西兩岸的菁英階層盡情地醜化川普，毫無羞恥感地跨越了種族歧視的界線。二〇一九年四月二十七日，猶太教逾越節的最後一天，《紐約時報》為其日前刊登的一幅漫畫認錯，並心不甘情不願地撤稿。

在這幅引起軒然大波的漫畫中，以色列總理納坦雅胡被畫成一隻導盲犬，脖子上戴著象徵猶太教和以色列的大衛之星，川普則變成一個頭戴猶太小帽的盲人，手裡拿著牽引繩。《紐約時報》輕描淡寫地承認這幅漫畫具有「反猶」的意味，發表它是一個錯誤。此前，有右派媒體發表文章形容歐巴馬是大猩猩，《紐約時報》對此怒氣衝天，口誅筆伐，即便對方賠禮道歉也不肯善罷甘休。然而，它今天的所作所為，卻是有過之而無不及。

美國駐德國大使理察．格雷內爾（Richard Grenell）形容這幅漫畫「用心卑鄙」，美國政治評論家帕梅拉．蓋勒（Pamela Geller）批評《紐約時報》是「新納粹分子」。《耶路撒冷郵報》的記者、猶太人弗蘭茨曼（Seth Frantzman）寫道：「納粹把我們描繪成動物，把大衛之星放在我們身上，反猶主義者也曾將我們比作狗、豬、猴子。但現在我們看到，把世界問題歸咎於猶太人和以色列已經成為主流。」《波士頓先驅論壇報》指出，如果這張漫畫針對有色人種和穆斯林，它就永遠不可能通過審查，由此可見，「反猶主義在美國越來越多的地區已經成了可接受的種族主義趨勢」。

這則漫畫事件再次表明，左派媒體的政治正確是無比虛偽。他們肆意傳播種族主義的資訊，卻把種族主義者的帽子扣到並非種族主義者的川普頭上。而在左派的意識型態中，反對猶太教、猶太人跟反對基督徒是一體兩面——猶太教和基督教同屬希伯來文明的產物。因此，對待以色列的態度，也是左右分野的一大標誌。川普執政以來，採取了一系列親以色列的政策，比如結束此前多年自欺欺人的做法，將美國大使館遷往耶路撒冷，進一步承認耶路撒冷為以色列的首都。

對猶太教的攻擊，從某種意義上就是對基督教的攻擊。從二十世紀下半期開始，美國的保守主義者使用「猶太教・基督教價值觀」（Judeo-Christian Value）這一旗幟與無神論的共產主義意識爭戰。一九七〇年代，美南浸信會牧師、「道德多數派運動」領袖及自由大學創辦人傑瑞・福爾韋爾（Jerry Falwell）呼籲美國重返「猶太教・基督教價值觀」為基準的傳統價值觀。這一呼聲至今仍是保守主義者的理想。

毫無疑問，讓川普入主白宮的，絕不僅僅是被左派視為「愚夫愚婦」的工農大眾。在川普當選之際，不能忘記有一群已經逝去的保守派精神領袖們的潛在影響：《保守派的良心》（*The Conscience of a Conservative*）的作者、保守主義政治運動的先行者高華德；雷根入主白宮的重要推手、《國家評論》雜誌創辦人及政治評論家巴克利（William Frank Buckley Jr.）；像馬克斯・韋伯（Maximilian Emil Weber）那樣堅信「宗教是一切事物——政治的、社會的、人格的——的根源」的思想家、芝加哥大學教授艾倫・布魯姆；前眾議院議長、歷史學家、《與美國的合約》一書的作者以及川普的熱情支持者金里奇——如果不知道這些人的名字、不知道這些人的信仰，就無法理解川普以及此前的雷根為何能當選，並以右派理念治理國家。

在競選期間，川普到已經變藍的維吉尼亞州舉辦一場罕見的造勢活動，會址選擇在中維吉尼亞林奇堡的自由大學。自由大學是一所基督教大學，是少數接納和歡迎川普舉辦造勢活動的大學，也是少數堅守右派價值的大學。我親自參加了這場多達數萬人與會的盛大造勢活動，現場氣氛熱火朝天，人們提前數小時從幾百英里外趕來亦不以為苦。維吉尼亞中部和南部的保守派選民對川普的熱情可見一斑。

左派以為，他們在東西兩岸和大城市成功地對民眾實現了洗腦，就可以無視從哈德遜河到帕薩迪納荒野之間一望無垠的、保守主義的、福音派的和「聖經帶」（Bible Belt）的美國——在二〇一六年的大選中，後者狠狠地教訓了像把頭埋在沙堆中的鴕鳥一樣的左派們。

在中部和南方的美國，有一群基數巨大的民眾，把他們的投票視為一場價值觀的戰爭和信仰的戰爭。長期以來，他們被主流媒體「消音」。他們是占美國總人口近三分之一的福音派基督徒，主要分布在「聖經帶」上。在美國，「聖經帶」這個原本帶有負面含義的稱呼，特指以美南浸信會為主流的南部各州及周邊地區。「聖經帶」的具體範圍有三種講法：其一，包括美國東南部及中西部各個州。大致上是西北至堪薩斯州、西南至德克薩斯州，東北至維吉尼亞州、東南至佛羅里達州。其二，南北戰爭時期所有南方州分及其西面的延伸，但加州除外。其三，連加拿大的亞伯達省及卑詩省的菲沙河谷亦包括在內。「聖經帶」這個名詞的來源是，這些地區的人特別注重從福音派這一新教宗派的立場來詮釋《聖經》，與自由派或「不信派」的東北部和西部形成鮮明對比。例如：西北部的華盛頓州不信宗教者占百分之二十七，而在聖經帶的阿拉巴馬州，不信宗教者僅百分之六。

在二〇一二年的選舉中，相當多的福音派基督徒不願投票給時任共和黨候選人羅姆尼（Willard Mitt Romney），因為羅姆尼是摩門教教徒。摩門教被美國主流基督教宗派視為四大異端教派之一，雖然取得了合法地位，但基督徒並不將摩門教教徒視為同教弟兄，他們對羅姆尼敬而遠之。羅姆尼也是共和黨建制派中最反對川普的政客之一，他聲稱在二〇二〇年大選中不會支持川普。

在二〇〇八年的選舉中，共和黨候選人馬侃（John Sidney McCain III）也未能喚起福音派選民的熱情。福音派選民普遍認為馬侃的立場不夠保守，馬侃支持了一些共和黨反對、民主黨卻積極推動的社會議題，如認同氣候變化是人為因素造成、支持幹細胞研究等。馬侃也被美國媒體稱為共和黨內部的「異議分子」——川普當選後，馬侃是黨內最激烈反對川普的參議員，一直到其患癌症而死，兩人的關係都未有好轉。馬侃甚至特別留下遺囑，拒絕川普參加其葬禮。馬侃未能成功整合保守派的力量，故而被年輕氣盛的歐巴馬打敗。

然而，由於歐巴馬八年執政實施激進的「非基督教政策」，以及希拉蕊與其緊密傳承的政綱，給福音派基督徒帶來極大的危機感。川普的出現讓福音派選民眼睛為之一亮，川普幾乎所有的政綱都符合他們的信仰。因此，在二〇一六年的選舉中，福音派選民廣泛動員，大力支持川普，投票率空前的高。

據公共宗教研究院（Public Religion Research Institute）的調查顯示，約百分之七十五的白人福音派基督徒表示支持川普。根據《大西洋》雜誌在二〇一六年總統大選結束後做的分析，作為美國新教重要的保守派別，有五分之四的美國白人福音派基督徒把票投給川普。據皮尤研究中心（Pew Research Center）統計，有百分之八十一的白人福音派基督徒把票投給川普，這個比例超過雷根，也超過在個人信仰上表現得比川普更敬虔的小布希（George Walker Bush）。

川普很早就開始經營福音派的選票。他剛剛決定參選時，在接受基督徒廣播網（CBN）訪問時，如此說道：「基督徒受到非常惡劣的對待，因為沒有人代表他們。相信我，如果競選勝利，我將是基督徒長久以來最偉大的代表。」川普曾不止一次表示：「我熱愛福音派，他們也愛我！」除了CBN以外，川普也得到一批福音派領袖的熱烈支持，其中包括現任自由大學校長的小霍威爾（Jerry Falwell Jr）、超大型教會達拉斯第一浸信會資深牧師羅勃特．傑夫里斯（Robert Jeffress）以及葛培理布道團的主席葛福臨牧師（Franklin Graham）。

曾參與共和黨總統候選人提名競爭的卡森（Benjamin Solomon Carson）後來也成為川普的支持者。卡森是非裔神經科專家、虔誠的基督徒，成長於底特律貧民區，靠不懈努力得以有所成就，他是第一位成功分離頭部連體雙胞胎的外科醫生。卡森致力於公共服務，建立圖書館和閱覽室，幫助出身貧寒的青年發揮自律、刻苦和虔誠等傳統美德，走上類似於他所走過的成功之路。他在二〇〇八年獲小布希授予總統自由勳章。二〇一三年二月「全美早餐禱告會」於華府舉辦，卡森在會上當著總統歐巴馬、副總統拜登的面，批評政府在教育、預算、稅收、全民醫療保險等重大國策的錯失，輿論為之譁然。二〇一五年，卡森投身總統大選，在非裔美國人支持者相對較少的共和黨內脫穎而出，一度獲得百分之七的支持率，進入初選人十強。退選後，又擔任無黨派組織「我的信仰之票」（My Faith Votes）主席，該組織致力於呼籲基督徒選民參與投票。卡森在一份聲明中說：「沒有什麼比我個人的信仰更重要，我認為美國的基督教徒能輕易地決定美國的下一任總統以及其他領導者，只要他們前往投票站。」不打不相識，跟川普唇槍舌戰後，兩人成了好友。川普當選之後，卡森應邀履職住房與城市發展部部長。川普邀請卡森加入內閣，表明他對非裔美國人並無種族歧視，他看重的是個人的品質而非族裔；而卡森欣然加入川普政府，也說明他並不像很多非裔美國人那樣對川普充滿成見，他信任川普，且能幫助非裔美國人扭轉對川普的成見。

基督徒在投票之前，一般會詳細對比候選人在一些重要道德倫理和社會議題上的立場。美國主流教會有一份指導會友投票的參考資料，儘管它沒有明確號召信徒投票給哪一位候選人，卻清晰地呈現出候選人尖銳對立的價值觀：

重要的內政、外交及道德倫理問題	川普	希拉蕊
任命保護未出生胎兒生命權利的大法官	○	
與威脅以色列及世界安全的伊朗簽訂核協定		○
尊重美國憲法第二修正案（公民的持槍權）	○	
公立學校中，自認為是女生的男生，可以使用女生的浴室和廁所		○
削減計劃生育經費	○	
廢除家庭遺產稅	○	
保護聖經賦予的宗教良知	○	
減少對開採煤炭和石油的限制	○	
實行歐巴馬健保		○
保護傳統婚姻價值（反對同性戀婚姻合法化）	○	
選擇學校（包括私立學校）的自由	○	

暫時停止敘利亞難民到美國政治庇護	○	
禁止國稅局利用非營利組織免稅條款限制教會的言論自由	○	
實現美國能源獨立	○	

表註：「○」表示支持該項要求，空格表示不支持。

我發現，川普的每一項回答，都跟我的回答一樣。川普的立場顯然更接近主流福音派教會。不同的政策立場的背後是不同的價值觀，而價值觀中最深層的部分乃是宗教信仰。

◎為什麼福音派基督徒投票給有道德瑕疵的川普？

大選之後，社會學家和媒體分析師弗朗西絲卡·特里波迪（Francesca Tripodi）探討了一個有趣的問題：為什麼這麼多福音派基督徒支持川普？

跟小布希相比，川普看上去並不虔誠：他結過三次婚，曾公開誇耀自己占女人便宜，捲入各種桃色新聞，曾經開過賭場，在商場上奉行冷酷的勝者全取（Winners Take All）規則。

研究者認為，一些福音派基督徒似乎寄望於川普會在政策上造福他們，因而願意對他的個人行為睜一隻眼閉一隻眼。這與另一個理論有關：福音派基督徒支持川普是因為害怕失去政治影響力。同性婚姻等問題讓他們在公共空間中處於不利境地，自稱是福音派基督徒的人口比例逐年下降，如今不足美國總人口的三成。

左派專家還提出另一種頗受歡迎的理論：假新聞。在為資料與社會研究所（Data &

Society Research Institute）撰寫的評論文章中，特里波迪提出：「有一種說法是：川普總統的支持者是『受欺騙』而投票給他的，因為俄羅斯人利用社交媒體向他們灌輸源源不斷的錯誤資訊。」然而，特里波迪發現，這種說法對白人福音派基督徒並不適用。透過對維吉尼亞等東南部州的中產階級社區進行的人種志研究發現，福音派基督徒不是「不看新聞」的人。相反，他們非常認真地閱讀新聞報導，但有一個重要的不同：他們不依賴主流媒體的轉述，而是閱讀原始資料（比如川普的演講稿和推文）並討論和解讀它們。

由此可見，福音派基督徒並不是歐巴馬和希拉蕊口中的「可憐蟲」——因為不相信進化論，於是抱持反科學和反智主義立場的「蠢人」。福音派基督徒仔細衡量候選人的信仰表達，然後根據良心做出投票給誰的決定。

歐巴馬的信仰表達無法取信於福音派基督徒。據歐巴馬本人陳述，他是二十多年前在芝加哥從事社區幹事工作時，認識耶穌基督並接受耶穌基督為救主的。但是，由於他的親生父母都不是基督徒，而且他從小在印尼這個伊斯蘭教的環境下長大，他的基督教信仰始終遭到人們的質疑。一項民調顯示，五個美國人當中，就有一人認為歐巴馬的真正身分是穆斯林。

歐巴馬說，他從小在一個缺乏正規宗教薰陶的家庭環境中長大，但是他受到很多包括宗教人士的民權運動領袖的鼓舞而有機會發展自己的信仰——他接受的是一套政治理念，而不是以耶穌基督為救主、以聖經為終極真理。當歐巴馬談及其母親的信仰時說：「她是我認識的最屬靈的人之一。」然而，歐巴馬的母親生前一直對所有教會組織持懷疑態度，其屬靈狀況跟歐巴馬的描述大相徑庭。青年時代對歐巴馬影響最大的人物是他們家庭的密友、非洲裔美國人記者、美國共產黨黨員戴維斯（Frank Marshall Davis）。因此，歐巴馬的思想中，伊斯蘭教和馬克思主義的成分多於基督教傳統。

歐巴馬在談到宗教組織時說，雖然它們大多數時候與商界及政府各司其職，但它們有時候必須同商界或政府合作來實現其目標：「一個教會幫助有需要的家庭的能力是有限的，比如說支付房貸，避免破產，或是讓貧困家庭的孩子上大學。……這就是為什麼我相信，在一個有愛心和正義的社會中，政府必須扮演重要的角色。」可見，歐巴馬是大政府主義者，認為政府比教會重要，政府可以越俎代庖，做很多原本由教會做的事情；反之，教會的工作必須依賴政府。

歐巴馬將自己塑造成毫無瑕疵的正人君子，即便不去教會，也是為了「不打擾其他信徒」。但是，以基督教觀念來看，自以為「好人」甚至「義人」的人，非常容易產生取代上帝的野心，以「被造物」之身而僭越位階，最後淪為暴君和獨裁者。歐巴馬給福音派基督徒的第一印象是偽善和傲慢，這兩種作為總統的負面品質給美國帶來災難。二〇一六年的選舉中，歐巴馬向非洲裔美國人發出呼籲：「不投票給希拉蕊，就是對我的人身侮辱。」這種說法儼然就是將自己當成美國的救世主，是極其遭人反感的，他本人卻絲毫沒有意識到這一點。

跟歐巴馬相比，川普公開表達的生命見證既真實又感人。川普說：「我在基督教家庭長大，被教導要尊重他人的信仰。」川普特別提及他的母親，他的宗教價值觀來自於母親從小教導的「真心相信上帝，真實對待自己」。他的母親對他信仰的影響，有如教父奧古斯丁（Augustine of Hippo）的母親之於奧古斯丁。川普說，他去的第一間教堂是紐約皇后區的第一基督教長老教會，他每個禮拜天都去聽牧師講道。後來他去皮爾牧師（Norman Vincent

Peale）的大理石教堂。在佛羅里達棕櫚灘時，就去貝塞斯達海濱教堂。川普說，他特別愛聽皮爾牧師講道，「他每次都傳達出一種很正面的感覺，讓我對上帝、對自己都充滿了信心。」

川普認可宗教信仰在人生命中的重要性：「有某種深度信仰的人往往比較踏實，也比較有生產力。他們擁有無法被摧毀的理念，而且不會輕易地懷憂喪志。宗教提供人生方向與精神寄託，這是商業分析辦不到的。」他也說：「宗教會影響一個人的幸福指數，在生命中找到上帝的人通常因為這份信仰而獲得很多快樂和滿足。」

川普敢於糾正基督徒中廣泛存在的某種對於財富的偏見：

「人們聽說我是信仰虔誠的基督徒時候好像很驚訝；他們看到我身邊的財富，有時候就是不會把這些和宗教信仰連結起來。這種想法並不正確——我會上教堂，我深愛上帝，我也深愛我和祂之間的聯繫。」

其實，喀爾文神學（Calvinistic Doctrine）早已糾正了天主教中將貧窮與敬虔劃等號、認為財富意味著罪惡的觀念。喀爾文認為，財富是上帝對人的祝福，只要是取之有道、用之有道，由此引發的宗教改革催生了現代資本主義。

與自戀虛偽的歐巴馬不同，川普在表達信仰時真誠而謙卑，敢於面對自身的罪孽和黑暗面。川普相信，無論他在商業上的成就還是當選總統，都不是靠自己就能做到，「世界上有一股比人更偉大的力量，也就是信念，它使你信心滿滿地走下去，也使你保持謙卑」。川普說：「人們常寄聖經給我，有時因為他們認為我是老師（川普在電視上傳授理財之道），有時則因為他們認為我需要。」他多次坦率地承認，「我知道我違背了一些教誨」、「我犯過很多錯誤」。川普說，聖經中的一句智慧之語是他非常喜歡且奉行不渝的：「聰明如蛇，溫柔如鴿子。」（馬太福音十章十六節）這句話使他「經常反省自己的性情，並增進了智慧」。

這些細節正是川普贏得福音派基督徒信任的重要原因。唯有認罪悔改的人，才能重生得救。聖經中有一個「浪子回頭」的故事——是的，福音派基督徒知道川普的某些言行違背了聖經教義，但人人都是罪人，川普也不例外。若非聖靈的感動，川普不會認罪悔改。然而，在歐巴馬和希拉蕊的公開表現中，人們既看不到聖靈與他們同在的跡象，也看不到兩人認罪悔改的經歷。福音派組織家庭研究委員會（Family Research Council）主席托尼・珀金斯（Tony Perkins）對《政客》（*Politico*）雜誌說，人非聖賢，孰能無過，對基督徒來說，重要的是「你有一個改過的機會」，而川普把握住了改過的機會，所以他的信仰是真實的。

第二節　反擊「宗教正確」和「非基督教運動」

◎信仰上帝不應當是一種恥辱的印記

羅斯福新政及二戰之後，左派思想在美國蔚為大觀。雖然麥卡錫主義暫時遏制了蘇聯對美國政治和其他領域無孔不入的滲透，但左派意識型態繼續在媒體和學界蔓延。那個時代，基督徒令人遺憾地退出媒體和學校，縮回教會過安穩日子。再經過一九六〇年代的民權運動、反越戰運動和嬉皮運動，美國的傳統道德倫理崩壞，建國之初的清教徒傳統遭到腐蝕、蛀空。柯林頓和歐巴馬加起來長達十六年的執政，使得美國的「宗教正確」發展成一場瘋狂的「非基督教運動」。

二〇一九年九月十日，在北卡羅萊納州的一次國會眾議員補選中，共和黨人丹・畢曉普（Dan Bishop）以微弱優勢，擊敗民主黨候選人丹・麥克里德（Dan McCready）。川普的助選是畢曉普勝選的關鍵。就在數週之前，畢曉普的民調還落後對手十多個百分點，他不得不找川普幫忙，而川普成功地幫助其實現逆轉勝。

這場選舉被視為二〇二〇年總統大選的前哨戰。敗選的民主黨候選人丹・麥克里德說：「這次選舉絕對不是黨派之爭，而是價值觀之爭。」看來，即便是普遍喪失基督教信仰的民主黨人，也知道這場競爭的實質是價值觀之爭——他們要以左派和無神論的意識型態，挑戰美國的清教徒傳統。

歐巴馬執政期間，致力於從公共生活中抹去基督教的色彩。歐巴馬的妻子蜜雪兒（Michelle Obama）故意在白宮的聖誕樹上掛上毛澤東的頭像，以此顛覆聖誕節「救主降臨」的期盼。人們開始羞於在社交場合說出自己是基督徒的事實。不願意為同性戀者的婚禮製作慶典蛋糕的店主被訴訟弄到傾家盪產。這是一場蓄勢已久、來勢洶洶的去基督教思潮。

川普早就發現了這場「非基督教運動」的危害。他在競選中說：

> 真正讓我不舒服的，是我們的宗教信仰在公眾場合遭受的對待。你在公開場合可以說的話、不可以說的話，還有可以在美麗公共場所建造的東西，這些都是有限制的。……我不了

解，為什麼那些口口聲聲要別人尊重他們信仰的人，卻不會去尊重別人的信仰，感覺每個禮拜都有某個和基督教有關的議題被否決。

川普承諾，他當選後一定致力於改變這種打壓基督徒的社會氛圍。

二〇一八年八月二十七日，川普在白宮接見全美各地福音派領袖，重申會捍衛宗教自由權利。他明確表示，全世界各地宗教迫害頻繁發生，身為美國總統，絕對捍衛宗教自由權利：「每天，我們都支持宗教信仰者。因為我們知道，信仰和家庭，才是美國人生活的中心。我們都知道，自由是創造主所賜予的禮物。」川普表示，他發送給美國所有行政部門，關於保護宗教自由的準則，並把《關於宗教自由的行政命令》（Faith and Opportunity Initiative）帶到白宮。川普強調，本屆政府正讓宗教自由成為首要考量，其中包括讓美國人能再一次說出「上帝」和「聖誕快樂」。

此前，左派千方百計在公共生活中抹煞基督信仰的印記，就連「聖誕節」這個詞都變得有問題了。人們不被允許使用「聖誕快樂」這樣的詞，甚至在有些情況下，在商店裡用這樣的詞會遭到羞辱，人們只能說「節日快樂」。

川普自豪地宣布：

> 那是四年前了。看看你現在身邊的商店吧。到處又都是「聖誕快樂」了。人們為此而驕傲。我一直強調，人們會重新說「聖誕快樂」的，現在就是了。……人們正自豪地使用那美好的詞「上帝」。他們不需要藏著掖著，他們不再被告知要隱瞞此事。他們不再說，我們不

能公開尊敬上帝。

二〇一七年五月四日，「全美禱告日」當天，當數百萬人聚集在一起為國家禱告的特別時刻，川普簽署了《關於宗教自由的行政命令》（*Presidential Executive Order Promoting Free Speech and Religious Liberty*）。該行政命令放寬了國稅局（IRS）對宗教或非營利組織參與政治活動的限制，有效地減弱了IRS干預教會等免稅團體參與政治的程度。此前，在一九五四年由時任參議員、其後成為總統的詹森（Lyndon B. Johnson）提出並通過的「詹森修正案」（Johnson Amendment）規定，取得免稅資格的教會和其他非營利組織，不得直接或間接參與或干預政治競選活動，也不得明確支持或反對某位政治候選人，否則將失去免稅資格。

川普宣稱，他終止（或限縮）了「詹森修正案」。川普將「詹森修正案」視為對宗教團體言論自由權的限制。雖然牧師在宗教非營利機構的官方角色之外，可以自由地支持候選人，但是長期以來國稅局利用「詹森修正案」來威脅傳道人在教會的講台上「說什麼」與「不說什麼」。換言之，這是國稅局強迫個人在憲法保障權利或信仰之間做選擇，迫使教會或非營利組織放棄憲法保障的言論自由。

川普在簽署該行政命令時指出：

這種用稅務規定來威脅有信仰之人的做法已經結束了。這些有信仰的人們，現在可以說出心裡想說的話。……審查講道內容或調查牧師的行為是不應該的。……他們奪走了我們在政治上的聲音，但這樣的事情不會再發生了。我們終止了「詹森修正案」。這是個大勝利。

他接著宣稱：「我對基督教和其他宗教的最大貢獻是，允許人們在談論宗教自由時，可以公開地講話，如果你喜歡某位候選人或是想要支持某位候選人，你應該有權這樣做……」基督徒（包括牧師）終於有了跟非基督徒一樣的言論自由——言論自由對於全體公民來說，本來就應該是人人平等享有的。

◎讓白宮成為查經和禱告之地

川普的內閣被形容為「美國有史以來最具福音派色彩的內閣」。川普執政以來，白宮先後建立了查經班和禱告小組，這個美國最高權力機構開始按照上帝的話語來行使其權力。

設在華盛頓特區、專向政府公僕傳福音的非營利機構「國會宣教中心」（Capitol Ministries）創辦人拉爾夫．德洛林格（Ralph Drollinger）接受媒體訪問時表示，在白宮開設查經班是「開創先河之舉」。此前，他以為至少在一百年內，向行政內閣成員開設正式的聖經研究課程是不可能的事情，如今卻奇蹟般成就了。

德洛林格過去是全美籃球聯盟（NBA）的職業籃球運動員，曾在一九七八年NBA選拔賽中被西雅圖「超音速隊」選中，之後領受上帝更大的呼召，放棄職業運動員的輝煌生涯，成為傳道人。他深信，若能改變專責立法的國會議員的心，使他們擁有基督教的世界觀，便可引領他們制定出好的政策，因此他在華府成立「國會宣教中心」。

先前，德洛林格已在參眾兩院，為四十位議員開設查經班，每週定期研讀聖經，如今更上層樓，受彭斯（Mike Pence）副總統邀請，進入最高權力中心白宮，每週帶領川普總統等大約十二位內閣成員學習聖經。

其中，衛生部長湯姆・普萊斯（Tom Price）、能源部長瑞克・派瑞（Rick Perry）、教育部長貝琪・戴弗斯（Betsy Devos）、農業部長桑尼・佩杜（Sunny Perdue）以及國務卿麥克・蓬佩奧（Mike Pompeo）都是定期參加研經班的成員。檢察總長傑夫・塞申斯（Jeff Sessions）也加入了研經課程，若查經班開課的那天，塞申斯另有要事在外，便透過視訊與大家同步研讀。

政務繁忙的川普總統也受邀參加研經課，即便無法抽空上課，每週都可收到德洛林斯當週聖經教導內容錄影。至於敬虔愛主的副總統彭斯，作為促成該研經課開設的支持者，只要時間允許，也會加入查經班。

自彭斯身上，德洛林斯看到其與聖經人物約瑟（〈出埃及記〉）、末底改（〈以斯帖記〉）和但以理（〈但以理書〉）的相近性，這些人物都在不同時代的歷史中，被抬升到僅次於君王的第二高位。德洛林斯根據近距離觀察，列舉出四點彭斯的特質：首先，彭斯受到白宮辦公室成員的尊敬，穿著得體，行事端正，如同約瑟在服事法老之前，先潔淨自己一般。其次，彭斯擁有絕不妥協的韌性。第三，彭斯對上帝的愛真實而強烈。第四，彭斯對於美國以及川普總統來說都具有極大價值。

白宮也成立了多個禱告小組，很多員工聚集在一起，不分職位高低，手牽手地懇切為國家禱告，跟歐巴馬時代相比，白宮的氣氛煥然一新。

川普將「全美禱告日」提升到一個更重要的位置上。川普上任後的第一個「全美禱告日」的主題是「彼此相愛」，引用自約翰福音十三章三十四節：「我賜給你們一條新命令，乃是叫你們彼此相愛；我怎樣愛你們，你們也要怎樣相愛。」在白宮玫瑰園舉行的儀式上，川普在演講中強調「我們自豪地作為『上帝之下的一個國度』聯合在一起」。這就是美國立國的基礎。副總統彭斯也發表講話，稱該典禮為「偉大的傳統」，「從這個國家建立以來，美國人都相信禱告的力量，禱告不絕如縷貫穿著美國歷史的每個時代。」彭斯說：「我向你們保證，在宗教信仰常常被邊緣化甚至被嘲笑的時代，在這個白宮，在這任總統的領導下，我們都會堅持禱告。」

美國最大的福音派教會美南浸信會的領導人羅尼・佛洛伊德（Ronnie Floyd）是現任「全美禱告日」委員會主席，他在演講中說，他相信「愛能改變美國」，「我們需要由聖靈而來的愛的洗禮，這能讓美國所有屬於耶穌基督的教會沉浸其中，用愛的洗禮來讓全美國沉浸其中」。他更強調說：「從教會的家庭，到州的層面，一直到白宮層面，我們都需要學會彼此相愛。」左派崇尚仇恨和鬥爭，基督教的核心價值卻是愛與公義。

◎讓聖經成為公立學校課程的一部分

白宮發言人莎拉・桑德斯（Sarah Sanders）曾對媒體說：「川普當總統是上帝的意願。」這句話讓左派們感到憤怒，並群起而攻之。但她確實說出了真相：若非上帝的許可，作為政治素人的川普怎麼可能在一場看上去實力對比如此懸殊的大選中勝出？

川普執政以來，上帝在美國社會的榮光得以恢復，在「宗教正確」旗幟之下的「非基督教運動」，終於趨於偃旗息鼓。

自二〇一八年以來，包括佛羅里達、印第安納、密蘇里、北達科他、維吉尼亞和西維吉尼亞等六個州陸續將「聖經讀寫」引入公立學校課程中。據《今日美國》報導，除上述各州外，肯塔基和田納西州也已通過類似議案。

早在殖民地時期，從英國和歐洲來到北美的清教徒就引用聖經，將新英格蘭地區比喻為「山巔之城」（City Upon a Hill），這一比喻之後被引申到整個美國。寫於美國獨立戰爭時期、後來成為美國國歌的〈星條旗〉的歌詞，第二段中多次歌頌「上帝的力量」，由這段歌詞引申出的「我們信仰上帝」更成為美國的國家格言（美元上印刷著這句話）——左派不喜歡國歌，尤其不喜歡這段歌詞。

美國社會中有一個特定稱謂「WASP」（White Anglo-Saxon Protestant，盎格魯・撒克遜裔白人新教徒），是指最早來到北美的清教徒及其後裔。率領五月花號到達新大陸、後來長期出任普利茅斯殖民地總督的布拉福德（William Bradford）在《普利茅斯開拓史》（*Of Plymouth Plantation*）一書中記載，清教徒移居新大陸前有過一番爭論。反對意見說，新大陸是蠻荒之地，長路漫漫，前途未卜。贊同的一方則回應說，所有偉大和光榮的行動都伴隨著巨大的困難，必須以願擔重任的勇氣來面對，並戰勝困難。這是一段上帝引領的天路客之旅：

> 的確，如果沒有良好的初衷和正當的理由，這樣的嘗試不可能輕易付諸實踐，更不可能輕鬆獲得成功；或者，也不像以往很多人曾經做的那樣，只是出於好奇心或追逐名利的心去做。但他們的品格不同尋常，他們的目標崇高而光榮，他們的事業合乎上帝的律法而且如此

緊迫，所以可以尋求上帝祝福他們的行動。是的，雖然會因此失去生命，但也會從中大得安慰，他們知道這一切的努力配得上帝的榮耀。這就是美國歷史的真正起點。

福音派媒體《基督教郵報》的專欄作家麥可．布朗（Michael Brown）在一篇支持公立學校教授聖經課程的文章中提到，從一六九〇年新英格蘭地區出版了第一本使用聖經內容來教授幼兒啟蒙知識的教材起，與聖經有關的內容在此後兩百年間對美國教育產生了深遠影響。這種影響直到十九世紀後期才隨著美國社會日趨多元化而逐漸消退。

一九六三年，左派主導的最高法院在「阿賓頓學區訴申普案」（Abington School District v. Schempp）中裁定，賓夕法尼亞州「要求該州所有公立學校每天上課前必須由老師帶領學生朗誦十行聖經」的政策違反美國憲法第一修正案。自此之後，聖經在美國公共教育中的重要地位走向終結。麥可．布朗將這一判決稱為「體現時代特色的激進判決」。

在川普勝選之後，一個由數個基督教保守團體創立、名為「閃電計劃」（Project Blitz），旨在「保護宗教自由和美國的猶太．基督教傳統」的倡議出現了。實現該倡議的手段之一，就是推動各州立法機構通過法案，讓基督教價值觀成為公立學校教育的一部分。二〇一八年，「閃電計劃」推動十二個州通過法案，要求公立學校在校園內張貼「我們信仰上帝」的格言，並在世界宗教課程中加入聖經學習內容。支持這類法案的、與彭斯副總統一樣來自保守派占主流的印第安納州的參議員鄧尼斯．克魯斯（Dennis Kruse）表示，「提醒人們我們的國家格言以及『上帝是唯一值得的信仰』是好的，而這也是我們的立國之本。」

左派人士稱，「閃電計劃」正在試圖用把基督教內容塞進公共教育的方式來「重塑」美國。根據《衛報》報導，僅在二〇一七年至二〇一八年間，美國的二十多個州出現了七十五項反對「宗教與國家徹底分離」原則的法案，保守派不再完全處於被動挨打的地位。早在雷根時代，路德派牧師和受人尊敬的作家紐豪斯（Richard J. Neuhaus）就警告說，在一個自由民主的社會中，福音派有權表達自己的公共政治取向，不要試圖把虔誠的道德信仰趕出公共生活。公立學校裡的讀經和禱告是宗教信仰自由不可分割的一部分。雷根沒有完成的事情，川普繼承了他的遺志。

◎人權之可貴，在於人權為上帝所賦予

在川普政府中，信仰最虔誠的兩個人分別是副總統彭斯和國務卿蓬佩奧。蓬佩奧在接受基督徒廣播網採訪時稱：「我所承擔的任務是基於對自身信仰的理解，我相信耶穌基督是救世主，我認為這是很重要的決定因素。」這樣的言論當然會招致主流媒體和左派知識分子的冷嘲熱諷，但蓬佩奧毫不猶豫地說出心裡話。

當美國退出聯合國人權委員會一年之後，蓬佩奧宣布，美國國務院將成立「天賦權利委員會」（Commission on Unalienable Rights），以仔細審視人權在美國外交政策中的作用，以及哪些權利應該被「尊重」。

「天賦權利委員會」將由哲學家、人權專家、社運人士、兩黨議員和不同背景與信仰的無黨派人士組成。該委員會將向國務卿提供有關人權的建議，這些人權將根植於美國建國原則和《世界人權宣言》。「天賦權利委員會」是顧問形式，其工作重點是「原則」而非「政

策」。委員會的主席葛蘭登（Mary Ann Glendon）是蓬佩奧在哈佛法學院的導師，也是小布希時期的美國駐梵蒂岡大使，以反對墮胎、支持嬰孩的生命權而聞名。

鑒於聯合國人權理事會運作的失敗，蓬佩奧說，隨著人權要求的擴散，各國在什麼是人權、什麼權利應當被尊重以及是否合理的問題上變得困惑。美國必須警惕人權話語不被腐蝕、劫持或被用於可疑或有害的目的。因此，「天賦人權委員會」會將進行一九四八年聯合國大會通過《世界人權宣言》以來「最深刻的人權複審之一」，「所有美國人將以此為豪」。

左派反對者認為，「天賦人權委員會」在描述其性質時使用了「不同尋常的語言」——也就是充滿基督教神學色彩的語言，試圖造成「美國數十年人權願景的倒退，並創造新的願景」。左派批評說，蓬佩奧使用「天賦權利」等新術語，而這是「極右翼極端分子會使用的手段」。

左派分子偏偏忘記了，「天賦人權」的概念，不是川普和蓬佩奧發明的，而扎根於美國歷史當中，是《獨立宣言》和美國憲法中貫穿始終的觀念——他們難道要廢除《獨立宣言》和美國憲法嗎？

艾倫・布魯姆強調說：「一切與價值選擇有關的事情都是源自宗教，人們無須探究別的東西，因為基督教是我們歷史的必要而充分的條件。」毫無疑問（儘管左派人士拒絕承認），所謂「天賦人權」，就是人權是上帝所賦予的，這裡的「天」不是中國文化中不具位格（Personality）的「老天爺」，而是三位一體、以聖子道成肉身的上帝。

美國建國先賢在《獨立宣言》中開宗明義地宣稱：「我們認為如下這些真理是不證自明的：人人生而平等，造物者賦予人們若干不可剝奪的權利，其中包括生命的權利、自由的權利和追求幸福的權利。」其中的原文「All men are created equal」實際上應該翻譯成「人人因被造而平等」，它在英文中屬於明確的被動時態。

當初，傑佛遜在完成宣言的初稿後，交由德高望重的富蘭克林（Benjamin Franklin）審閱。富蘭克林看到「人人被造而平等」時，提筆為這句話的前置導入語做了一個修改，將傑佛遜原文中略顯拖沓冗長的「我們認為這些真理是神聖和不可否認的……」改為「我們認為這些真理是不言自明的……」。「人人被造而平等」因與「不言自明」搭配，具備了先驗的色彩、神啟的威儀。

美國大部分開國先賢的政治信念與宗教信仰之間存在著內在聯繫。華盛頓說過，沒有宗教的原則，國家的道德就不可能建立。刻在華府傑佛遜紀念堂內的碑文，更直白地闡述了《獨立宣言》所蘊含的價值觀：「賜予我們生命的上帝，同時也給了我們自由。這些自由是上帝的恩賜。如果我們將人們心中對此的確信除去，這個國家的自由還有保障嗎？」聖經所說的「人都為上帝所造」和「上帝不偏待人」，以及「上帝就照著自己的形象造人，乃是照著祂的形象造男造女」，又如「無論何事，你們願意人怎樣待你們，你們也要怎樣待人，因為這就是律法和先知的道理」，為基督教的平等觀提供了「神裁」的基礎。

作為基督教平等觀在新大陸的實踐，《獨立宣言》在兩個方面繼承了清教徒的世界觀：其一，《獨立宣言》所宣揚的平等觀是「神本主義」的平等觀，每個人受造於上帝，人唯有在上帝面前平等，才能實現在人面前平等；其二，《獨立宣言》所表達的平等是所有人的平等，在上帝的俯瞰下，無論貴富貧賤、無論統治者還是被統治者、無論是國王還是草民甚至奴隸，都不可輕慢和忽視，都有權因救恩而進入天國。

所以，「天賦人權委員會」不是川普和蓬佩奧的新發明，而是向美國的清教徒傳統的回歸，也是向《獨立宣言》和美國憲法的致敬。這個機構或許可以開啟美國當代人權史乃至全球人權史的新篇章。

第三節　拯救牧師布倫森

◎一個美國人的自由，就是所有美國人的自由

觀察美國總統如何對待每一個公民的自由和人權，可以彰顯其執政能力、價值觀念和終極信仰。比如，卡特、歐巴馬等左派總統，對被獨裁國家綁架為人質的公民冷漠無情，拿不出或不願拿出有力的政策和手段幫助人質脫困。反之，川普是最重視每一個公民的自由和人權的總統之一，他不像卡特和歐巴馬那樣只是滔滔不絕地對媒體重複「人權外交」的空言套話，而採取切實有效的手段拯救危難中的美國人。

據英國《每日電訊報》報導，中國湖南省的維權律師謝陽在「七〇九事件」中被抓捕之後，其妻子陳桂秋及兩個女兒因不堪「國保」（中國的祕密警察）騷擾而逃亡泰國。二〇一七年三月初，陳桂秋和兩名分別為十五歲及四歲的女兒被關在曼谷監獄，而泰國移民官員指著監獄內的監視器告訴她，十幾名中共公安正在外面等著將她們抓回中國。因為他們有一個女兒出生在美國、是美國公民，美國駐泰國大使館迅速伸出援手。美國大使將母女三人接

到大使官邸，特別騰出二樓的房間供她們居住，甚至派專人到中國購買孩子學習所需的中文課本。

就在美國使館將母女三人送往曼谷機場，準備飛往美國之際，中共的國安人員獲悉此資訊，派出多輛外交牌照的專車攔截。美方派出海軍陸戰隊和防彈專車護送，一路上演了槍戰電影中常常出現的追逐鏡頭。在曼谷機場，出現美國外交官和海軍陸戰隊官兵、中共國安人員以及泰國移民局三方，緊張對峙數小時的場面，美方與中方人員一度爆發肢體衝突，情勢一觸即發。主管亞洲事務的國安會資深主任博明（Matt Pottinger）進入橢圓辦公室，請示川普總統如何處理此事。川普只說了一句話：「不惜任何代價也要救出她們！」最後，在美國強大的壓力之下，泰國警察驅離中國特工，陳桂秋和兩個女兒順利登機，並於三月十七日平安抵達美國。川普政府強有力的救援行動，既是保護美國公民，也是對中國的人權捍衛者的支持。

川普是一位偉大的導演，他在現實生活中執導完成了多起類似《搶救雷恩大兵》（*Saving Private Ryan*）的精彩戲劇——這是一部於一九九八年上映的戰爭片，描述諾曼第登陸後，雷恩家四名於前線參戰的兒子中，三個兒子在海外各戰區陸續陣亡，其母親在一天內接到三個兒子的死訊。隸屬第一〇一空降師的小兒子雷恩在諾曼第空降行動中下落不明。馬歇爾上將得知此事後，特令陸軍遊騎兵組織一支八人小隊深入敵後，在槍林彈雨中找出生死未卜的雷恩，將其平安送回後方。

川普將美國的國力、總統的權威、商人的謀略發揮到淋漓盡致的地步，曾讓歐巴馬束手無策的若干國際難題也得以迎刃而解。北韓核武問題雖未突破堅冰，但川普透過籌劃與金正恩的峰會，促使被北韓扣押為人質的三名韓裔美國公民獲釋。

金東哲（Kim Dong-Chul）為韓裔美籍傳教士，於二〇一五年十月在平壤被捕，隔年四月被北韓最高法院以「密謀顛覆罪」與「間諜罪」兩罪，判處十年勞改，以北韓勞改營的地獄式生活條件，他很難有活著出獄的一天。

金東尼（Tony Kim）本名金相德（Kim Sang-Duk），為韓裔美籍會計學教授，此前在平壤科學技術大學（PUST）擔任客座教授。該所大學是北韓唯一一所私立學校，由南韓的基督教團體資助成立。金東尼被北韓指控「進行企圖顛覆北韓政權的犯罪行為」，在平壤機場被捕。

金學成（Kim Hak-Song）是中國出生、一九九〇年代移民美國的韓裔美籍牧師，也在平壤科學技術大學任職，協助執行農業發展計劃。他因疑似「做出敵意行為」而被北韓逮捕。

蓬佩奧訪問平壤之後，北韓宣布釋放這三名被扣押的美國人質。蓬佩奧表示，這三名人質健康狀況良好，他們返回華府後將接受更完善的醫療檢查與照護。蓬佩奧認為，這是金正恩試圖為兩國峰會創造良好條件所釋出的善意。

在國務院所發布的聲明稿中，三名獲釋人質誠摯感謝美國政府、川普總統、蓬佩奧國務卿與不斷努力將他們救出的美國人民。美國副總統彭斯讚賞說，是川普總統「意志堅強的、現實的」外交政策，將三名人質平安帶回美國。

具體負責拯救美國在世界各國被扣留為人質的公民這一事務的，是美國國務院人質事務總統特使羅勃特・奧布萊恩（Robert O'Brien）。奧布萊恩為此風塵僕僕奔走於列國之間，並與美國人質家庭保持密切聯繫，就人質問題給總統、國務卿及其他政府高官提供諮詢。川普對此一工作高度重視，程度甚於之前歷屆總統。

或許正是因為奧布萊恩的傑出工作，川普任命其接替波頓（John Robert Bolton）出任國家安全事務顧問。川普表示：「在人質問題上，我們兩人共事了很久，我們在這方面取得了卓越的成果……羅勃特太棒了，我們彼此很了解。」前密蘇里州參議員吉姆・塔倫特（Jim Talent）是奧布萊恩多年的好友，塔倫特形容奧布萊恩性格堅韌，擁有頂尖學歷，精力充沛，不會在壓力下屈服。

◎「我從來不為人質做交易」

另一場更加艱巨的人質拯救行動，是營救被土耳其政府扣押的布倫森牧師（Andrew Brunson）。

二〇一六年，土耳其發生針對總統艾爾多安（Recep Tayyip Erdo an）的未遂政變後，艾爾多安大肆搜捕政變軍人等相關人士，肅清反對他的官員、政黨、大學及新聞機構。土耳其逐步變成艾爾多安一人獨裁的國家，也向伊斯蘭原教旨主義大幅倒退。二〇一八年六月，艾爾多安連任總統，在「自編自導」的新憲法下，還可連任十五年，這跟廢除國家主席任期制的習近平不相伯仲。

生於一九六八年的布倫森，是美國的福音派牧師，長年住在土耳其伊茲密爾市，主持伊茲密爾復活教堂。二〇一六年發生未遂政變後，土耳其警察將布倫森逮捕，指控他進行恐怖主義活動，包括與被土耳其定義為「恐怖組織」的庫德工人黨（Partiya Karkerên Kurdistan）有聯繫。若該罪名成立，布倫森最高可被判處三十五年監禁。

布倫森多次否認指控，土耳其又指他與美國情報機關有聯繫，以圖破壞土耳其主權。雖然布倫森未被法庭裁定任何罪名，卻被關進牢獄中，隨後遭到無限期軟禁。布倫森在庭上表示：「沒有任何證據證明我有罪。在這項控罪中，我是無辜的。我知道我為何在這裡，我是奉耶穌之命而受苦。」

布倫森被捕後，歐巴馬政府除了口頭上的外交抗議之外，毫無作為。歐巴馬對於救援布倫森一事並不積極，就其世界觀來說是理所當然的。原因至少有三：其一，歐巴馬疏離於美國的基督教傳統和基督教價值，對牧師和基督徒的海外宣教活動不以為然，認為布倫森等人是在給美國政府製造麻煩。其二，歐巴馬極其重視聯合國和北約等國際組織，視這些組織的榮譽高於美國本身的榮譽，不願為了一個美國公民而跟作為北約盟友的土耳其翻臉。其三，歐巴馬出於現實主義的世界觀，將抗衡俄國作為外交策略的重心，害怕土耳其跟美國疏遠、轉而投入俄國懷抱。此前土耳其特別從俄國購買導彈以顯示對美國的不滿，歐巴馬更不敢因為布倫森事件跟土耳其攤牌。

這樣，因為歐巴馬政府的冷淡態度，土耳其不僅拒絕解除對布倫森的監禁，態度反而越發強硬。有輿論認為，布倫森實質為土耳其手上掌握的人質，土耳其真正的目的是另有所圖。艾爾多安早前暗示，若美國政府交出住在賓夕法尼亞州的土耳其宗教領袖古倫（Fethullah Gulen），便會釋放布倫森。古倫被土耳其政府通緝，指控其在境外與反對派人士策動政變，但古倫予以否認。

川普執政以後，土耳其曾提出有條件釋放布倫森，遭川普政府拒絕。白宮表示，在布倫森獲釋前，不會討論兩國之間存在爭議的問題，包括土耳其國有銀行「人民銀行」

（Halkbank）所面臨的巨額罰款——這家土耳其銀行因涉嫌違反美國對伊朗制裁條款而面臨數十億美元罰款。

艾爾多安自以為是地推測，川普跟歐巴馬差不多，不敢拿土耳其怎麼樣，於是繼續我行我素、玩火自焚。為了拯救一位美國公民，可以跟一個作為區域強國的北約盟國為敵嗎？歐巴馬不敢這樣做，川普卻大刀闊斧：二〇一八年八月十日，川普在推特上表示，「我剛剛授權對土耳其鋼材加倍開徵關稅，土耳其里拉兌換強勢的美元將會大幅貶值。我們與土耳其關係並不好！」

川普的經濟制裁一聲令下，土耳其貨幣里拉應聲而跌，土耳其經濟面臨崩潰邊緣。艾爾多安不得不改變強硬態度，向美國「求饒」。八月十三日，國家安全顧問波頓接見土耳其駐美大使基力克（Serdar Kilic），專門討論布倫森問題。白宮發言人桑德斯表示：「在土耳其的要求下，波頓已與土耳其大使見面，討論了布倫森被拘禁的問題，以及布倫森事件所帶來的美土緊張關係。」川普的經濟顧問之一、白宮經濟委員會主席凱文·哈塞特（Kevin Hassett）也表示，川普政府在里拉兌美元牌價跌至紀錄新低後，正密切關注土耳其的財政狀況，一副穩坐釣魚台的悠閒姿態。

同一天，土耳其一家法院做出判決，判決布倫森有罪，但只判處三年一個月監禁。而此前布倫森已被拘押多時，法庭同意他以拘押抵刑期，因此他立即獲釋並被允許離開土耳其。這是土耳其當局既保持顏面，又滿足美國要求的方式。

在法庭聽證中，三名檢方證人撤回早先的證詞。其中一人說他不知道布倫森是誰，另外兩人聲稱法庭誤解了他們之前的陳述。土耳其的法治，像是孫悟空的金箍棒，可伸可縮，可大可小，可嚴可寬。這樣的國家有何法治可言？

川普隨後發推文稱：「布倫森牧師被釋放了。很快就要回家了！」川普還表示：「我們沒有和土耳其為布倫森的釋放和歸還進行交易。我從來不為人質做交易。」據美聯社消息，布倫森被釋放後搭乘一架私人飛機離開土耳其，首先前往德國，然後再轉機返美。

回到美國後，布倫森牧師的第一站是白宮橢圓形辦公室，川普給了他熱情的擁抱。布倫森現場表達了對川普總統的感謝，意味深長地說：「你真的為我們而戰！」同時，布倫森還感謝美國國會兩黨議員為他獲釋所做的努力，「我們非常感謝國會中與我們站在一起的許多人，他們為我們祈禱，為我們戰鬥。」

在這個「戲劇性」的時刻，布倫森跪在地上，和川普一起祈禱，他祈求上帝給予總統「超自然的智慧」。事後川普在推特上說：「二十四小時內就從土耳其監獄到了白宮。這還不錯。」川普在另一則推文中寫道：「親自見到他真是太棒了。他是一位了不起的基督徒，很少人經歷過如此艱難的考驗。」

第四節　讓美國最高法院成為保守派堡壘

◎美國最高法院：守護憲法的權力

民主黨二〇二〇年總統候選人拜登揚言說，如果他當選總統，將任命前總統歐巴馬為最高法院大法官——最高法院最年長的自由派大法官金斯伯格（Ruth Bader Ginsburg）如果能夠活到那一天，大概會樂於讓位？

拜登所夢寐以求的這一任命，是赤裸裸的政治酬庸，是對最高法院傳統的破壞。法學家羅勃特・麥克洛斯基（Robert C. McCloskey）在《美國最高法院》（*The American Supreme Court*）一書中指出：「自一九七一年劉易斯・鮑威爾（Lewis Franklin Powell, Jr.）被任命以來，每個最高法院大法官的提名人選都有著服務於司法機構的經歷；事實上，除了歐康納（Sandra Day O'Connor）是在亞利桑那州法院任職外，其他人都是從聯邦上訴法院的法官隊列當中選拔出來的。」相對於這一傳統，歐巴馬雖然有法學學位和任教於大學法學院的經歷，但從未有過在司法系統特別是聯邦層級的法院任職的經歷。如果歐巴馬進入最高法院，必定是美國憲政史的莫大災難。

在二〇一六年投票給川普的選民和在二〇二〇年可能投票給川普的選民中，有一部分人並不認同川普；但他們仍「含淚」投票給川普。他們給出的解釋是：他們表面上是在選總統，實際上是在選最高法院大法官。他們不喜歡川普，但相信川普的承諾——他一定會任命保守派的、忠於憲法精神的最高法院大法官。

在美國三大權力分支機構中，作為執掌司法系統最高權力的最高法院，是規模最小的部門，也被國父之一的漢密爾頓（Alexander Hamilton）看作「危險性最小」的部門，但美國法學家亞歷山大・M・比克爾（Alexander M. Bickel）在《危險最小的部門》（*The Least Dangerous Branch: The Supreme Court at the Bar of Politics*）一書中指出：

> 美國政府中危險最小的部門，卻是人類所知道的那家權力異乎尋常巨大的法院。合眾國最高法院最引人注目的權力，乃是其對政府——包括聯邦和各州——之行為進行合憲性審查（Constitutional Review）的權力。

就解釋憲法而言，最高法院的權力高於總統和國會。而如何解釋憲法，將對美國社會產生實質性的影響。法學家阿奇博爾德．考斯（Archibald Cox）在《法院與憲法》（*The Court and the Constitution*）一書中指出：「最高法院的憲法判決經常形塑著我們國家的歷史進程。」在此意義上，最高法院與「憲法」和「歷史」這兩個神聖概念的關係，超過了總統與國會。最高法院以「守護憲法」的方式「創造歷史」。

最高法院大廈的科林斯古典建築風格，通常能夠喚起參觀的人們如同進入大教堂一般的莊嚴感。大廈前門鐫刻著聖經裡的那句名言：「世人，耶和華已指示你何為善。他向你所要的是什麼呢？他要的是你行公義、好憐憫、存謙卑心、與你的上帝同行。」（彌迦書六章八節）。美國法學家伯納德．舒瓦茲（Bernard Schwartz）在《美國最高法院史》（*A History of the Supreme Court*）一書中描述說，美國最偉大的大法官之一的路易斯．D．布蘭代斯（Louis D.Brandeis）對最高法院有一種近乎神祕的崇敬，「對他來說，最高法院的傳統不僅賦予其自身成員一種神聖的地位，而且讓所有不同程度分擔其工作的人銘記其神聖的使命。」

最高法院的神聖感絕不只來自其建築風格，更因其判決的案件多半涉及「價值」議題，這些價值又與美國未來發展方向息息相關。正如麥克洛斯基所說：「最高法院承襲了一種幫助指導這個國家的責任，特別是在涉及那些長期的『價值問題』時，這些問題對維持一個公正的政治秩序至關重要。」換言之，最高法院以「解釋憲法」和「確立判例」的方式參與了對國家和人民的治理，比克爾在討論了最高法院判決的一些著名案例之後得出結論：

在一個致力於原則之統治，也忠於多數主義民主制度的國家中，沒有人會低估觀念的支配地位。承認原則的統治之限度及越過這些限度之後的脆弱性，絕不應使人低估原則的重要性。

觀念的力量，超過金錢、技術和軍隊，不可等閒視之。當然，最高法院絕非不食人間煙火，也從未擺脫現實的政治鬥爭。美國法學家戴維·M·奧布萊恩（David M. O'Brien）在《風暴眼：美國政治中的最高法院》（*Storm Center: The Supreme Court in American Politics*）一書中，引用霍姆斯大法官（Oliver Wendell Holmes, Jr.）的話，指出最高法院是美國政治爭議的「風暴眼」。作為法律的聖殿，最高法院是政治爭議的仲裁者，是法律解釋的權威機構，是美國「法治而非人治的政府」之理想的表達者。但是，最高法院基本上仍是一個政治機構，在大理石裝飾背後，大法官競相對政治施加影響；最高法院本身也受制於社會上更大範圍的權力鬥爭。另一方面，最高法院雖有一隊專門為其服務的警察，卻既無軍隊又無財權，必須培植自己的制度威望。最高法院的權力來自自身判決的說服力，並最終有賴於其他政治機構與輿論的認可。

左派占多數的最高法院，其判例常常引用美國以外的普通法律例，將美國帶向價值多元主義和無神論的方向，偏離了國父們確立的建國根基；右派占多數的最高法院，則恪守憲法原則，奉行「消極的美德」，如同比克爾所說：「他們將會排除純屬個人、集團或階層的利益和偏見，而在人類力所能及的範圍內，採取一種更為超然、也更具有包容性的關於公共問題的立場。」保守派大法官希望在憲法之下「垂拱而治」，很多時候，「不作為」就是最好的作為；自由派的大法官則希望自己的判決享有跟憲法文本一樣的榮耀地位，要以「司法能動主義」讓憲法更好的「適應」當今的時代。保守派大法官相信，法律的根基是宗教，由此才能具有宗教般的地位；自由派的大法官則認為，法律應當與宗教隔離，法律自身能成為一種「新宗教」。對這兩種思路，美國法學家伯爾曼（Harold J. Berman）在《法律與宗教之互動》（*The Interaction of Law and Religion*）一書中指出：

有些人，尤其是知識分子，認為即使沒有宗教或準宗教基礎，只須依靠適宜的政治控制和經濟控制，憑著一種人道主義哲學，基本法律原則——無論是民主主義還是社會主義的——依然能存續下去。然而，歷史，包括當代史所證明的恰好相反：人們不會自發擁戴一種政治制度和經濟制度，更不用說一種哲學，除非這種制度或哲學代表著某種高尚的、神聖的真理。

換言之，若真理被抽空，則法律不被敬畏；若法律不被敬畏，則它形同一張廢紙。保守派與自由派的分歧與鬥爭，即由此展開。

歐巴馬時代的最高法院，在九名大法官中，自由派占四名，保守派占四名，中間派一人，兩邊平分秋色。二〇一六年，最高法院中立場最右的大法官、被譽為保守主義法律運動之「旗手」的安東寧・史卡利亞（Antonin Gregory Scalia）意外去世。歐巴馬任期即將結束，本應尊重下一屆總統，將提名的機會留給繼任者。但歐巴馬為了保護和擴大其政治遺產，強行提名自由派法官梅瑞克・賈蘭德（Merrick Brian Garland）接任史卡利亞。當時，占據參議院多數席位的共和黨人，以正在進行總統選舉為理由，拒絕舉行聽證會，從而中止確認任命程序。

二〇一七年一月三十一日，川普上任後，提名四十九歲的戈蘇奇（Neil McGill Gorsuch）出任最高法院大法官。戈蘇奇支持以文本主義詮釋法律及憲法，並提倡自然法哲學。早在總統選舉過程中，川普在一份二十一人的列表中就提到戈蘇奇，這份列表後來成為川普當選後準備提名的最高法院大法官的名單。再後來，一名總統顧問將戈蘇奇列入八人名單，川普最終選擇了戈蘇奇。之後，戈蘇奇以五十四票支持，四十五票反對，獲得參議院確認提名，並於四月十日正式就任，成為美國歷史上第一百一十三位最高法院大法官。

◎川普為什麼代表美國向卡瓦諾大法官道歉？

二〇一八年夏，立場為中間稍偏右的安東尼・甘迺迪（Anthony McLeod Kennedy）大法官因年老體衰請求退休。川普總統有了提名第二位最高法院大法官的機會。

二〇一八年七月九日，川普提名卡瓦諾（Brett Michael Kavanaugh）為最高法院大法官。卡瓦諾與前一年上任的戈蘇奇是喬治城中學的校友，兩人相差兩屆。兩個多月後，參議院司法委員會結束了長達四天的詳盡確認聽證，提名準備進入表決階段。

誰也不曾料到，比起戈蘇奇雖然壁壘分明但波瀾不驚的提名確認程序來，卡瓦諾的提名確認程序演變成一場慘烈的政治鬥爭。

卡瓦諾獲得提名後，突然有一位名叫福特（Christine Ford）的女士公開指控，在二十世紀八十年代初，她與卡瓦諾都是高中生時，卡瓦諾對她實施了性侵犯。卡瓦諾堅決否認此事。在接下來幾天裡，另有兩名女性指控卡瓦諾品行不端。卡瓦諾明確否認所有指控，稱這些說法是民主黨、柯林頓夫婦和左翼團體在二〇一六年選舉敗選後策劃的「政治報復」。此後，經歷聯邦調查局詳盡而周密的調查，認定有關指控未能提供實質證據，顯示卡瓦諾曾性侵他人，於是提名程序繼續進行。

九月二十七日，參議院司法委員會再度召集聽證會。我全程觀看了這場沒有硝煙卻勝似戰場的聽證會。

此前，卡瓦諾已經歷六次ＦＢＩ背景調查，外加多次國會聽證，從來沒有發現任何汙點。但在這次聽證會上，十個民主黨議員輪番上陣，要求他自證清白，完全違背美國司法體系中「無罪推定」原則。

福特女士來到參議院提供證詞，但這件發生在三十六年前的所謂性侵案，沒有任何實質證據，其證人（包括福特的一名閨蜜）全部否認發生過此事。作為心理學教授的福特承認，她不記得事情發生在哪月、哪天；不記得發生在誰家；不記得怎麼去的；不記得怎麼回家的；不記得到底幾個人在場。但她偏偏記得行兇者是卡瓦諾。

在聽證會上，福特女士的證詞破綻百出：她和律師一拖再拖，一個重要理由就是她不敢坐飛機，要從加州開車橫穿美國去華府。但她又承認喜歡環球旅行，曾飛去夏威夷渡假，上個月也飛去馬里蘭，而平時看望父母，以及出差等等，都經常坐飛機。

卡瓦諾法官看上去文質彬彬、書生意氣，但這次他的開場白，卻幾度哽咽。那是一個無故蒙冤的人應有的悲傷和憤怒。他談到自己的母親、妻子和兩個女兒在此事件中所受到的傷害，更談到年僅十歲的小女兒為福特女士禱告的細節，真情流露，屢屢揮淚。但他毫不畏懼地表示：「你們可以投票把我否決，但想逼迫我退出任命程序，想都別想！」

整個聽證會最精彩的一段，是司法委員會主席、共和黨參議員葛瑞姆（Lindsey Olin Graham）的總結發言。葛瑞姆並非鐵桿保守派，他一度支持對非法移民實行大赦，也是經常譴責川普的共和黨建制派議員之一。但當多數人明哲保身，不敢替卡瓦諾辯護時，他挺身而出，多次發聲，揭露那些荒謬的指控是無恥的政治迫害。

葛瑞姆對與會的民主黨議員說：「你們早就知道這個指控，卻一直瞞著。這不是面試，這是地獄！如果你們真想調查，早就可以來找我們合作。但你們真正想要的，是毀了這個人的一生，空著這個大法官席位，然後盼著二〇二〇年你們贏！」他嚴詞譴責說：「我希望美國人民能看穿你們的騙局，你們想要這個大法官席位？我希望你們永遠得不到。」

然後，葛瑞姆直接看著最有可能投反對票的共和黨參議員弗拉克（Jeff Flake）說：「我想對我的共和黨同事們說，如果你投反對票，你就把我在政治生涯中看過的最卑鄙的手段合法化了。」

最後，葛瑞姆對卡瓦諾說：「我希望你進到最高法院，那就是你該去的地方。我祝福你，我會投票給你，我希望每個公正的人都會投票給你。」

多名民主黨參議員仍然嬉皮笑臉，百般刁難——他們對卡瓦諾不會手下留情，對聲稱受害人的福特女士也毫無憐憫和同情，福特對他們來說就是一枚棋子而已。這一幕，是美國當代政治史上的恥辱，比昔日托馬斯（Clarence Thomas）大法官在任命過程中被無端指控性騷擾他人還要醜惡、下流和卑劣。

十月六日，參議院以五十一對四十九票通過程序性投票，意味提名進入最後階段。又經過一整天的討論和辯論，以及多名游離議員的表態，參議院最終以五十對四十八票通過卡瓦諾的最高法院大法官提名。西維吉尼亞州民主黨參議員曼欽（Joe Manchin）是唯一投贊成票的民主黨議員——他大概是民主黨內僅存的良心了；阿拉斯加州共和黨參議員麗莎・穆爾科斯基（Lisa Ann Murkowski）投下中立票——她被視為混入共和黨的民主黨人；而蒙大拿州共和黨參議員史蒂夫・戴恩斯（Steven Daines）因參加女兒婚禮未能出席投票。

同日，卡瓦諾在最高法院宣誓就職，成為川普任內第二位就職的大法官，以及美國歷史上第一百一十四位最高法院大法官。

小羅斯福逝世後，美國憲法第二十二修正案規定，總統最多連任兩屆共八年。而總統提名、參議院通過的最高法院大法官卻仍是終身制。川普任命的戈蘇奇（就任時四十九歲）和卡瓦諾（就任時五十三歲）這兩位正值盛年的最高法院新任大法官，未來可以在最高法院服務三十年左右，使得最高法院保守派大法官的人數優勢可長期維持。由此，美國的立國價值穩住了。耶魯大學電腦系教授大衛・蓋蘭特（David Gelernter）評論說：「對於未來的左派世代來說，大法官卡瓦諾的任命之戰成為民主黨策略破產的持久標誌，如同汽車儀錶盤上的紅燈顯示的是『油箱空了』，左派被打敗了。」

卡瓦諾的最高法院大法官宣誓就職儀式在白宮舉行，川普總統在會上說，民主黨和左派對其發動醜陋的抹黑戰，為此他要向卡瓦諾致歉。他對卡瓦諾說：「經過了歷史性的嚴格檢視之後，你的清白已經獲得證明。」然後，川普慷慨激昂地說：

我代表我們國家向卡瓦諾以及他的所有家人道歉，他們承受了可怕的痛苦，被迫經歷百般折磨。為我們國家服務的人應該得到公正的、有尊嚴的評價，而不是以謊言為基礎的政治騙局和個人聲譽受損。卡瓦諾家族的遭遇違背了公平、正派和正當的美國精神。在我們國家，除非有確鑿證據證實其有罪之外，公民應被視為無罪。

卡瓦諾的妻子、父母和他的兩個女兒都出席了就職儀式，川普特別邀請他們一家上台接受掌聲。

卡瓦諾本人在宣誓儀式上發表簡短感言，他表示：「我以感恩、毫無苦澀的心態就任這一職位。我們所有九名大法官都尊重憲法，聯邦最高法院是獨立的法律機構，不是一個黨派或政治機構。最高法院是一個九人組成的團隊，我將永遠是這個團隊中的一員。」

具有諷刺意味的是，極左派大法官金斯伯格也赫然在座。金斯伯格已年近九旬，體弱多病，動過多次癌症手術。年紀比金斯伯格還小、身體狀況也比金斯伯格更好的甘迺迪大法官主動請辭以安享晚年，金斯伯格卻堅決戀棧到底。

早在歐巴馬當政期間，歐巴馬曾勸說金斯伯格退休，這樣歐巴馬就可任命一名年輕的自由派大法官，以穩住自由派所占據的人數優勢。然而，金斯伯格迷戀榮位，且堅信希拉蕊一定能當選，她要等到希拉蕊上任後才退休。

在二〇一六年的總統大選期間，金斯伯格公開為希拉蕊助選，發表批評川普的言論，違背了最高法院大法官持守政治中立的原則。其後她在輿論壓力下被迫公開道歉，但已讓最高法院大法官的超然地位受損。

人算不如天算。金斯伯格沒有想到的是，川普擊敗了希拉蕊。這樣，金斯伯格更不能在川普的任期內提出退休——那不等於將多任命一名保守派大法官的機會拱手讓給川普？自己的繼任者是保守派法官，這是金斯伯格無論如何不願看到的情形。

但是，金斯伯格的意志能超越人體規律嗎？即便挺過川普的第一個任期，若川普競選連任成功，她還能撐完下一個四年嗎？金斯伯格實際上幾乎喪失了工作能力，繼續尸位素餐，難道不是辜負美國人民的信任嗎？

在此次卡瓦諾的任命爭議中，金斯伯格曾發表一番「未審先判」的言論，「我不願跟強姦犯在同一棟大樓裡工作」。但是，當卡瓦諾最終澄清潑在其身上的汙水，透過合法程序成為新任大法官之後，金斯伯格也不得不跟卡瓦諾共處一堂，這不是搬起石頭砸自己的腳嗎？

在白宮的卡瓦諾宣誓儀式上，金斯伯格一直歪著頭作沉睡狀，不知是自然的生理反應，或是作絕望的抗議，還是暗示其內心有愧？

川普任命兩位保守派大法官只是開始。「作為總統，沒有理由不『填塞』法院——不將那些贊同自己政治與哲學原則的人任命到最高法院。」在回答民主黨人指責雷根總統改變最高法院政策方向時，倫奎斯特（William Hubbs Rehnquist）大法官如是說。的確，終身任職的大法官為總統提供歷史機遇，可以影響超越總統自己任期的國策方向。

以常識而論，若川普在二〇二〇年競選連任成功，他在第二個任期內還有機會任命新的大法官。一九三〇年代出生的兩名高齡大法官都是自由派：一九三三年出生的金斯伯格和一九三八年出生的布雷耶（Stephen Breyer）。若他們去世或退休，川普必然任命保守派的繼任者，那麼最高法院保守派的席位將出現戰後最高比例的多數，最高法院因而成為固若金湯的保守派堡壘。

第三章

「右派商人」治國與「左派律師」治國

社會科學與其他文科學系多以批判性而見長，因此易培養出左派。右派善於做大蛋糕（賺錢），保守治國；左派善於分配蛋糕（分錢），喜歡顛覆秩序（如歐巴馬時代劃分出多種心理性別、男女同廁，毒品除罪化、性別歸屬以心理自我認同為基礎等等）。治理社會時，應該是右派在朝，左派在野，前者保證正常施政，後者的建設性批評可以幫助改善社會。

——何清漣，旅美學人

一般而言，共和黨人比民主黨人更善於處理經濟問題。少有的一次例外是，挑戰在任總統老布希的年輕州長柯林頓（William Jefferson Clinton）甩出一句響亮的競選口號：「笨蛋，（要害是）是經濟！」（It's economy, stupid!）其實，那只是因為老布希沒有那麼右，而柯林頓也沒有那麼左——柯林頓打敗老布希入主白宮之後，振興經濟的妙方也是右派的撇步——減稅。

柯林頓的左，大致局限在社會道德議題上，他在經濟上還是尊重自由市場經濟的運作原理。而歐巴馬的左讓柯林頓相形見絀，歐巴馬的左是全方位的、社會主義式的，這就決定了其八年執政「始於新奇，終於絕望」。

美國道德與公共政策中心高級研究員彼得·溫萊（Peter Wehner）在《紐約時報》發表了一篇題為〈歐巴馬的八年為川普鋪路〉的評論文章。這篇文章一針見血地指出：

> 八年前，帶著改變美國的承諾，歐巴馬贏得了總統大選。作為一個極為自信的政治家，歐巴馬培育和鼓勵了希望，而他本人也正是這種不切實際希望的載體。……歐巴馬是我們見過的最有天賦的競選運動領導者之一。但作為總統，他失敗了，他失敗的方式和規模對他所在的政黨造成了損害，破壞了人們對政府機構的信任，讓國家比他上任時更加四分五裂。

經過希拉蕊慘敗的震撼與失語階段後，一向將歐巴馬視為救世主的左派旗艦媒體《紐約時報》，居然發表這篇由共和黨人撰寫的全面聲討歐巴馬的文章，可見左翼也開始視歐巴馬為「負資產」了。

當歐巴馬將美國的政治鐘擺推上自小羅斯福以來左傾最高點之後，歷史就呼喚一位撥亂反正、將鐘擺回推到右翼最高點的「美國隊長」出現。「左翼律師」的敗局和殘局，需要一位與之截然不同的「右翼商人」來收拾和復興。

第一節　歐巴馬的極左政策對美國造成傷害

歐巴馬尚未卸任時，蓋洛普公司發布了一份〈美國最失敗總統排行榜〉，歐巴馬榜上有名，位居第五。排在他前面的四名「失敗總統」先後為：尼克森、小布希、卡特、福特（Gerald Rudolph Ford）。但我認為，這個排行榜對歐巴馬太過仁慈，歐巴馬應當取代尼克森名列榜首。歐巴馬的八年任期，推出一系列貌似「進步」的極左政策，給美國造成難以癒合的傷害，其危害性超過因「水門事件」而提前結束總統任期的尼克森。

◎歐巴馬讓美國社會陷入分裂

歐巴馬是雷根以後最會演講的政客，幾乎就是靠口才和膚色獲得無數選票。然而，他說的話和做事所達致的效果，完全背道而馳。

二〇〇八年，在超級星期二（Super Tuesday）取得初選勝利之後，歐巴馬說，他開創的運動將「作為一首癒合這個國家、修復這個世界、使這個時代獨一無二的讚美詩，響徹整個美國大地」。他將減緩海平面的上升、結束國外的戰爭，彌合國內的政治分裂。對於歐巴馬的支持者來說，他幾乎是一個可與林肯相提並論的神話人物。在他總統大選獲勝時，似乎沒有他力所不能及的事情。

然而，在歐巴馬兩屆總統任期之後，民主黨處於二十世紀二十年代以來最為弱勢的地位。為了維持其政治遺產，歐巴馬多次呼籲支持者把票投給希拉蕊，卻未能讓後者贏得大位。這個為其所在政黨赤膊上陣的人，最終讓它遭遇慘敗。大潮退去，沙灘上一片狼藉。

歐巴馬最大的失敗，是在許多人認為他非常擅長的領域。歐巴馬二〇〇八年競選活動的核心是承諾要結束「那種滋生分裂與衝突、令人憤世嫉俗的政治」。具有諷刺意味的是，他離任總統時，美國比他上任時更不知所措、更憤世嫉俗。有百分之七十以上的美國人認為這個國家比二〇〇九年時更為分裂。種族關係是幾十年來最糟糕的，國家的兩極分化也是美國自二戰以來最為嚴重的。

歐巴馬不是全世界民眾選出來的「世界帝國」的總統，但他對外國人的權利和自由的關心，超過了對美國公民的權利和自由的關心。歐巴馬主張敞開國門接納難民，主張大筆援助貧弱的未開發國家，卻對美國本土基礎建設的滯後視而不見——就在我居住的華府郊區，經濟發達、平均家庭收入名列全美前茅的維吉尼亞州費郡（Fairfax County），還有大部分居住區尚未實現電線地下化，屢屢發生路邊的電線桿被汽車撞倒而導致數萬戶人家停電的事情——我家也常常是受害者之一。諸位大概很難想像，這種情況居然能發生在離白宮只有三、四十公里的地方。

歐巴馬政府的種族政策的特徵是：對非裔美國人和西班牙裔（Hispanic）美國人進行「保

護性優待」，對亞裔及部分白人實施「反向種族歧視」，在教育領域表現得尤為突出。種族平等的努力是必要的，但不能以厚此薄彼的方式、以國家強制力量來達成。而且，平等的實質是起點的平等，是競爭規則的平等，而不是結果的平等。當所謂的平等傷害乃至顛覆自由和公正時，平等就成了納粹和共產主義的同義詞。這種平等無助於解決非裔美國人和西班牙裔美國人自身的結構性問題，反倒讓那些根深蒂固的問題趨於惡化。

歐巴馬的父親是來自非洲國家肯亞的穆斯林，他的童年時代曾在印度尼西亞接受過伊斯蘭教育。為進入美國主流社會，歐巴馬青年時代假裝皈依基督教，據一份對美國牧師的民調顯示，不足四成的牧師相信歐巴馬是基督徒。歐巴馬在芝加哥認識的教會牧師懷特（Jeremiah Wright）是南美馬克思主義影響下的「解放神學」的信奉者，歐巴馬視懷特為其精神之父，第一本自傳《夢想之路》就是懷特幫助取的書名。「九一一」事件後，懷特多次在講道中抨擊美國和以色列推行「恐怖主義」，號召非洲裔改唱「上帝詛咒美國」，並宣稱愛滋病是美國政府故意散播的、「九一一」是中央情報局自編自導的。這些言論引發眾怒，歐巴馬被迫與之割席。但是，歐巴馬力挺在世貿遺址建清真寺，通過行政命令大量引入穆斯林難民，這些行為清晰地顯示了他的宗教立場。

在歐巴馬的任期裡，基督徒遭到各種打壓和歧視。歐巴馬輕蔑地將未投票給他的選民稱為依戀「槍或宗教」的、「憤憤不平」的美國人——這裡的「宗教」特指基督教。

正如溫萊所說，歐巴馬似乎從來不以與自己看法相左的角度來反思事情，他對其對手展現出蔑視，總是對他們的動機表示懷疑，而不懷疑自己動機的純潔性。所以，讓歐巴馬失敗的原因之一正是其傲慢，「歐巴馬對那些不同意他的人不屑一提，就像一位教授被迫與頭腦簡單的任性學生打交道似的。」

◎以歐巴馬健保為核心的國內政策是刻舟求劍

在歐巴馬任期的頭兩年裡，由於民主黨人穩固地控制著眾議院和參議院，他得以讓自己大範圍的立法議程得到通過，包括《平價醫療費用法案》、經濟刺激計劃、金融監管、延長失業救濟金發放期等。

歐巴馬在處理經濟問題上是外行，他不知道自由市場經濟是如何運作的。歐巴馬執政期間，由於高稅收和嚴格監管的政策，美國經濟從未從二〇〇八年金融風暴的打擊中恢復，經濟復甦一直異常疲軟，年增長率從未超過百分之三。在歐巴馬之前，從赫伯特・胡佛（Herbert Clark Hoover）起，每位總統在任期內至少有一年的經濟增長率在百分之三。歐巴馬執政那幾年，美國的勞動力參與率是自二十世紀七十年代以來最低的。自二〇〇八年以來，對百分之二十的最底層人民來說，實際工資沒有增長、反而下降了。歐巴馬企圖讓美國成為歐洲那樣的福利國家，結果讓政府日漸臃腫不堪，經濟始終萎靡不振。

更糟糕的是，治國無能這個致命傷成為歐巴馬任期從一而終的特徵。這在歐巴馬醫改尤為明顯。醫改網站的發布是一場災難——歐巴馬委派其朋友的公司承擔網站製作，為此甚至耗費數千萬美元的政府預算，結果網站剛剛上線就崩潰了。歐巴馬承諾說，如果人們願意，可以保留原來的醫生和健保計劃，但實情並非如此。歐巴馬保證醫改將降低家庭的保險費用，降低納稅人的健康費用，但費用反而大幅上升了百分之二十五至百分之五十。原本存在競爭的保險市場變得封閉而壟斷，中產階級家庭的負擔大大增加。幾個由州政府經營的健保交易所趨於崩潰。

川普在總統競選中吸引人心的一個承諾是廢除歐巴馬健保。二〇一七年十二月二十二日，川普簽署減稅法案，正式廢除歐巴馬健保中有關強制納保的規定。從二〇一九年開始，美國民眾再不會為沒有購買健保而被迫繳納罰金。川普的這項法案廢除了歐記健保的核心核心——強迫保險，從而宣告歐記健保在總體上的失敗。

有評論人指出，三個因素致使歐巴馬健保失敗。首先，理念上的水土不服。長期以來，美國健保是以市場機制為中心。政府與民眾之間不是父母與子女之間的無限責任連帶關係，最多只是一種有限責任的契約關係。民眾通常以其勞動收入到市場上購買健保服務。這與大多數歐洲國家的「福利國家」理念根本不同。歐巴馬醫改之前，百分之八十四的人有健保，百分之六的年輕人不願買，百分之十的人買不起。歐巴馬顛覆了傳統健保的邏輯，把「福利國家」理念引入私營企業主導的保險體制，通過聯邦政府補助，讓買不起保險的人去市場上買健保，如同透過保險向國民發福利，同時強迫不願買的人買健保。全民保險在一定程度覆蓋了原來百分之十六的非保領域，但違背了大多數美國人世代傳承的以個人選擇為中心、以市場調節為根本的理念。歐記健保引起廣泛不滿，不僅共和黨反對，連民主黨精神領袖柯林頓也認為歐記健保的核心原則是行不通的。

其次，歐記健保的設計方案過於粗糙。比如，歐記健保簡單武斷地規定，保險公司不可以用事前條件（Pre-existing Condition）拒保。這種規定違背了保險業廣泛應用的基本計算方法，任何一種保費都是基於事前條件來計算風險。高風險組承擔高保費，低風險組承擔低保費。當事前條件被排除，結果是健康差的人得好處，健康好的人反而多付錢。而保險公司通常以最壞條件設置保費，結果是大家的保費都得上漲。柯林頓曾批評這個讓保費增加一倍、健保覆蓋面減少一半的歐巴馬健保是「世界上最瘋狂的事情」。

第三，日新月異的醫療科技進步使歐記健保更顯過時。醫學科技創新使很多絕症可以得到治療，人類的壽命因而延長。但另一方面，新技術的應用會極大增加治病救人的成本和以成本為基礎的保費。近年來，美國醫療費用增長率特別高。據美國政府預測，二〇一四年至二〇二四年間，每年醫療支出增長百分之五點八，高於經濟增長率。當聯邦政府的全部預算占其GDP的百分之二十四之時，醫療費用已占百分之十七。若低效、浪費、官僚的政府染指如此龐大的產業，既導致資源的錯誤配置，又讓政府過度膨脹，還讓政府因此而財政破產。

所以，歐巴馬以政府為主導的健保必然難以為繼，必然遭到廢除。歐巴馬醫改失敗的啟示在於，健保改革和其他改革一樣，必須符合本國國情，任何急功近利的做法，效果可能適得其反。

歐巴馬的其他各項國內政策，也跟歐記健保一樣，以貌似善良的願望，達成最惡劣的結果。這不正是共產主義烏托邦的特質嗎？

◎歐巴馬讓美國的國際地位降至二戰後最低點

歷任美國總統中，有人擅長處理內政問題，卻拙於處理外交問題；有人相反，在國際上享有極高聲望，卻不為本國民眾信賴和愛戴。能在國內和國際政策上都取得卓越成就的總統，屈指可數；而在內政和外交兩個領域都一敗塗地的，似乎也不多，歐巴馬算是其中非常突出的一人。

歐巴馬剛一上台，就獲瑞典諾貝爾基金會頒發諾貝爾和平獎。該獎頒發給尚未有任何政績的歐巴馬，名不正、言不順，只能算是歐洲左派頒發的「反小布希獎」——反對伊拉克戰爭和阿富汗戰爭的歐洲左派，企圖以此顯示其反戰立場，鼓勵歐巴馬走和平主義道路。然而，這位史上最輕鬆獲得諾貝爾和平獎的政治領袖，真的給動盪的世界帶來和平與安寧嗎？

在海外，混亂的擴大化與無序化已成為歐巴馬時代的定義，特別是在中東和北非，國家面臨崩潰，邊界正在消失。

以敘利亞為例，敘利亞內戰在歐巴馬時代愈演愈烈，歐巴馬前後矛盾、進退失據的敘利亞政策，讓數十萬平民慘遭獨裁者屠殺。

曾在歐巴馬政府擔任國務卿的希拉蕊，在一篇專訪中批評歐巴馬以「不做蠢事」為信條的外交政策。她說，美國未及早干預敘利亞內戰是「失敗」決策，導致伊斯蘭聖戰組織「伊斯蘭國」（IS）崛起，如果她做總統，她將改變這一不作為政策。

民主黨鐵桿支持者、《華盛頓郵報》副總編輯鮑勃·伍華德（Bob Woodward）在批判川普的專著《恐懼：川普入主白宮》中，還是有誠實地支持川普命令美軍以導彈襲擊敘利亞軍事目標，並且否定歐巴馬無所作為的中東政策。書中寫道，二〇一二年，歐巴馬宣布，敘利亞獨裁者阿薩德（Bashar Hafez al-Assad）若對平民動用化學武器，就是跨越美國的紅線。翌年，阿薩德果然動用化學武器，殺死一千四百名平民。歐巴馬下令軍方提出攻擊計劃，最後卻退縮了。結果是俄國總統普亭（Vladimir Putin）介入調停，促使阿薩德答應移除一千三百噸化學武器。歐巴馬以為這是自己「不戰而屈人之兵」的成功，宣布已經「百分之百消除了敘利亞公布的化學武器庫存」。然而，兩年後，全國情報總監克拉普（James Clapper）公開打臉說：「敘利亞沒有銷毀其全部的化學武器。」對此，伍華德哀嘆說：「敘利亞內戰持續不休之下，歐巴馬被貼上戰略失敗者的標籤。內戰造成四十多萬人喪生，也製造數百萬名難民。」

歐巴馬執政期間，俄羅斯和中國變得更加明目張膽，他們的地緣政治勢力範圍也明顯有所擴展。歐巴馬使得美國的敵人肆無忌憚地蔑視美國，許多盟國不信任美國。俄國對烏克蘭的武力侵略，從未遇到美國的有力回擊；中國在南海的擴展，歐巴馬坐視不管，其「亞洲再平衡戰略」空有架式，讓亞洲若干中小國家對美國離心離德，甚至無可奈何地向中國輸誠。

中國向來欺軟怕硬，既然認定歐巴馬軟弱無能，就連基本的外交禮貌都不再顧及。二〇一六年，歐巴馬訪問中國時，中國故意不為空軍一號安置舷梯和紅地毯，歐巴馬狼狽地從飛機艙裡走出來，國家安全顧問蘇珊·萊斯（Susan Elizabeth Rice）被中方強制隔離在其隨行人員之外——萊斯是非裔女性，這是很明顯的種族（膚色）歧視和性別歧視。中國的安全官員對美國官員粗魯地大吼道：「這是我們的國家，這是我們的機場。」歐巴馬忍氣吞聲，繼續行程。可以設想，若當時的美國總統是川普，川普一定會命令空軍一號就此返航，不會忍受此種赤裸裸的胯下之辱。

歐巴馬執政八年，讓美國國力衰退，美國在國際上的聲望跌至二戰之後的最低點。美國似乎無法維持其二戰之後創建的國際政治經濟秩序。在此意義上，歐巴馬是罪不可赦的「美國罪人」。

◎左派執政的城市都充滿危機

二〇一三年七月十八日，歐巴馬剛剛開始第二個任期，民主黨執政的底特律市政府因負債一百八十五億美元，宣布申請破產保護，成為美國歷史上最大的市政府破產事件。底特律曾被譽為美國「汽車之都」，作為五大湖地區僅次於芝加哥的第二大工業城市，通用、福特、克萊斯勒等美國三大汽車公司總部聚集於此，曾令全世界的汽車製造業者頂禮膜拜。

然而，由於長期在底特律執政的民主黨未能意識到產業轉型對城市的衝擊，且在政治正確的意識型態之下，不敢對非裔美國人的高犯罪率進行治理，城市逐漸走向衰敗。一九六七年的第二場騷亂導致大量中產階級白人遷出底特律，受此影響，底特律市中心變成了一個九成居民為非裔的「福利深淵」。在二十五個美國大型城市中，底特律的犯罪率排名第六。據社區前哨者（Neighborhoodscout）的調查顯示，平均每一千人中，有六十二人涉及財產相關犯罪，有十六人涉及暴力相關犯罪。而且，底特律市政府被批評「數十年來」長期表現無能和管理不善，政客和官員貪汙成風。其中一例是從二〇〇二年至二〇〇八年擔任市長的基爾派瑞克（Kwame Kilpatrick），於二〇一三年因欺詐和敲詐等罪名被判入獄二十八年。

另外一座因民主黨長期執政而充滿危機的城市是巴爾的摩。《巴爾的摩太陽報》曾發表一篇題為〈危機席捲了整個城市〉的文章指出：二〇一八年，巴爾的摩發生了三百零九起兇殺案，比紐約的兩百八十九起還多，而紐約的人口是巴爾的摩的十四倍；巴爾的摩也在同一年被聯邦調查局評為全美最危險的城市，城市的街道旁有一萬七千座廢棄的建築。全市有三十九所高中，只有百分之一的學生數學成績是合格的。

跟底特律相映成趣的是，二〇一九年五月二日，巴爾的摩的民主黨非裔女市長凱瑟琳・普格（Catherine Pugh）在遭到聯邦調查局的受賄調查之後被迫宣布辭職。聯邦調查局確認巴爾的摩市府與國稅局之間存在不當往來，於是聯邦探員突擊搜查普格的住宅和她在市政廳的辦公室，以蒐集證據確定她是否大量出售自己出版的兒童書籍，來掩飾收取回扣的自肥行為。腐敗不是民主黨人獨有，但卻以民主黨人為甚。就巴爾的摩而言，自從一九六七年以來，這座城市再也沒有過共和黨的市長。民主黨人在政治和經濟上牢牢控制這個城市，這個美麗的海濱城市逐漸成為犯罪天堂，可謂是「枯萎之花」。

底特律和巴爾的摩並非「唯二」被民主黨拖累的城市。據摩根大通發布的一份研究報告，由於稅收不足以給付各項財政支出，芝加哥、洛杉磯、亞特蘭大、休斯頓等數個大城市都面臨破產風險。

研究人員岑博智（Michael Cembalest）及其團隊按照每年支付債務（債券、租賃費用等）、養老金及退休人員健保占全年預算的比例，對美國各大城市的破產風險進行排名。芝加哥斬獲頭名，其六成以上的稅收都被用於償還債務與支付養老金，同時破產風險最高，負債風險指標達到百分之一百二十一。破產風險第二、第三高的則是鳳凰城和匹茲堡。

從摩根大通列出的前十二大破產城市來看，有十一個城市的市長都是民主黨人。這些區域屬於深藍，其中有九個更是難民庇護城市（Sanctuary City）。

名列榜首的芝加哥，是美國第三大城市，靠鋼鐵行業、製造業起家，產業轉型嚴重衝擊了這座城市。近年來，芝加哥市政府除了財政入不敷出、巨額赤字難以填補之外，一度被國際三大評級機構之一的穆迪（Moody）下調債務評級為「垃圾級」。

與此同時，芝加哥的政治發展一路往左，大有誓不回頭之勢。一九八二年，芝加哥的非裔市長華盛頓（Harold Washington）提出芝加哥成為庇護城市。二〇一二年起擔任市長至今的伊曼紐（Rahm Emanuel）更把移民政策往左推，規定該市執法部門只有在非法移民被定罪後或出示刑事逮捕令時，才把其個人資訊交給聯邦移民與海關執法局。伊曼紐曾是歐巴馬的幕僚長，外界認為，他的勝選得益於歐巴馬效應，他幾乎席捲了芝加哥市內非裔和西班牙裔選民的投票。

芝加哥是歐巴馬的政治發跡地，從州參議員、聯邦參議員到總統，芝加哥都是其主要後援地。二〇〇八年、二〇一二年，歐巴馬的總統勝選演講都在這開講，連卸任前的最後一次公開演說也是選擇在這裡。然而，歐巴馬卻坐視芝加哥經濟崩潰、治安惡化，就在他本人居住過的街區，毒販在白天公然販毒。他除了空談「改變」（Change has come to America）以外，並沒有為這座城市裡掙扎求生的人們做過什麼實事。

而且，歐巴馬卸任後並沒有回到芝加哥定居，他在華府購置千萬豪宅並修築高牆（他在自己家門口修牆，卻反對川普在國境修牆），計劃留在華府跟川普打「持久戰」，他也是最近幾十年來罕有的卸任後繼續居住在首都華盛頓、成為繼任者的「麻煩製造者」（Troublemaker）的前任總統。

第二節 「商人川普」是美國資本主義精神的代表

川普執政第三年向國會發布的白宮人事年度報告中，包括所有三百七十七名白宮雇員的姓名、身分、工資和職務。對比之下，中國中央政府的官員和雇員恐怕有數十萬人之多，台灣總統府的員工也多達五百二十九人，白宮真可稱為雀小臟全。川普領導下的白宮年薪總額為三千五百八十萬美元，歐巴馬任期，則為六千零九十萬美元，川普政府比歐巴馬政府每年節省兩千五百一十萬美元。在川普任內，白宮工作人員比歐巴馬任期少一百四十人——裁掉這些人，白宮照樣順暢運作。其中，服務於第一夫人的工作人員減少三十九人，梅蘭妮亞．川普只用五名工作人員，蜜雪兒．歐巴馬卻用四十四人——這位史上最貪婪的第一夫人居然特別給其母親設置一個每年領取十八萬薪水的職位，其職責是照顧兩名白宮的「第一公主」——蜜雪兒的女兒們。

川普決定個人薪水分文不取，全部捐給慈善事業或政府部門。川普在推特上秀出一張捐款支票說：「媒體不喜歡報導這些，我也不需要他們這樣寫。我每年四十萬美元總統工資，都捐給不同機構。這張（支票）是給國土安全部的。假如我沒有這樣做，難道那些假新聞媒體會為此捐錢嗎？」此前，川普曾將薪水捐給內政部，用於軍事墓地的建設和維修；也曾捐給退伍軍人組織，用於退伍軍人的職業培訓，以及幫助陣亡官兵的家人。歐巴馬從來沒有做過這樣的事情。誰是大公無私者？誰是自私自利者？

◎美國富豪與中國富豪的區別

川普的內閣名單出爐後，明眼人發現最大特點是「富商加軍人」。川普內閣成員有一半是商人，堪稱「商人內閣」——川普本人就是一名成功的商人，也是美國有史以來最富有的總統。

川普內閣中的富豪，資產超過一億美元者比比皆是。「韋斯新聞網站」報導，川普內閣是一九八九年國會通過《公職人員利益衝突法》（*Ethics Reform Act of 1989*）以來最富有的內閣。掌商務部的是私募基金投資家羅斯（Wilbur Louis Ross Jr.），《富比士》估計他有二十九億美元身家。羅斯的副手芮基茲（Todd Rickets）是投資公司老闆及職棒大聯盟芝加哥小熊隊老闆，擁有十八億美元資產。教育部長戴弗斯（Elisabeth Dee DeVos）是科技公司老闆，其公公理察・戴弗斯（Richard DeVos）是家族資產五十一億美元的安利集團共同創辦人和NBA奧蘭多魔術隊老闆。財政部長梅努欽（Steven Terner Mnuchin）為前高盛集團合夥人，在CIT集團持股近一億美元。這屆內閣二十三個人的資產總額超過三百五十億美元，等於擁有七百七十二萬人的剛果共和國的國內生產總值，也超過世界上一百個國家的國內生產總值之和。

雖然很多富豪反對川普，但川普不計前嫌，上任後不久，即召集科技業巨頭到白宮，商談如何產業興國。與會者包括甲骨文執行長、亞馬遜執行長、蘋果執行長、英特爾執行長、思科執行長、IBM執行長、臉書營運長、微軟執行長——這些人的財富加起來可構成美國、歐盟、中國、日本、俄羅斯之外世界第六大經濟體。在會談之後，若干科技巨頭對川普讚不絕口，多人表示將加入川普的策略與政治論壇，此後也經常與川普會面，提供策略建議。

中共一廂情願地認為，既然商人愛財，就可用收買的方法對付川普——川普剛當選，北京的法院立即判定川普的公司在一起糾纏數年的商業訴訟中勝出。習近平認為，川普會用「商人圖利」的方式處理中美關係，中國若「傾中華之物力，結與國之歡心」，不愁不能「鎖定」川普。

反之，如果川普「不聽話」，也可從商業利益上懲罰他——最有趣的一則新聞是，據《富比士》雜誌報導，蟬聯多年中國首富的地產和娛樂業富豪王健林，在北京的一場企業家會議上警告川普，美國本土有許多投資項目與企業，其金主皆來自中國，以萬達集團為例，有約一百億美元投資案在美國本土，旗下更有兩萬多名美籍員工。王健林委請美國電影協會主席轉告川普，「別與中國為敵」。

中共不敢直接對川普嗆聲，借官商和「土豪」王健林之口威脅川普，只能弄巧成拙。王健林對好萊塢的投資，已引發美國朝野高度警覺，美國學者、媒體和國會開始討論和審查萬達的投資。這不是單純的投資，而是中共「赤化」好萊塢的龐大計劃之一部分，甚至還要借王健林在美國收購各影院而來的「王記院線」傳播「中國式病毒」。好萊塢是美國的文化重鎮，如果未來的美國觀眾，可以看什麼電影，不可以看什麼電影，要由王健林及其背後的中國共產黨決定，豈不是將《一九八四》的情節全盤搬到美國？美國對萬達的限制乃至制裁，已蓄勢待發，王健林卻自以為是美國人的衣食父母，對美國內政指手畫腳，真是愚不可及。川普怎麼會被王健林嚇到呢？王健林的威脅，只會讓川普和美國官方發現，中國是一個不誠實、不守規則的「流氓國家」。

果然，美國注意到了中國在好萊塢攻城略地的危險。二〇一九年九月十四日，國務卿蓬佩奧應邀在美國電影協會發表演說，讚揚好萊塢是美國自由與創意的象徵，同時呼籲製片公司不再屈服於北京對美國電影的審查。蓬佩奧說，屈服於中國審查，無法揭露中共專制政權的真相，並有助於中國的資訊操作和軟實力活動。蓬佩奧質疑，像《火線大逃亡》（*Seven Years in Tibet*）這樣的電影，今天可能拍不成。這部一九九七年的電影，透過由布萊德·彼特扮演的奧地利登山客的眼睛，描述一九五〇年代中國占領西藏的歷史。蓬佩奧在演講中呼籲，好萊塢應當做好言論自由代言人的角色，而國務院也計劃提高公眾對中國影響美國電影和電視節目的意識，並與電影業合作應對與中國相關的挑戰。

川普明確反對中國的「偽市場經濟模式」。在中國加入世貿組織十五年後，美國、歐盟和日本一致否定中國的市場經濟地位。中國的經濟特徵是國家壟斷，近年來變本加厲地實施「國進民退」政策——某家賣狗肉的鋪子，並不會因為掛起羊頭，人們就相信它改賣羊肉了。

川普是一名商人，但不是中共定義的那種「可用錢收買的商人」。川普的世界觀在自由市場經濟中鍾鍊而成：與中國「官商勾結」的商場（造就馬雲、王健林、任正非等「怪胎富豪」的土壤）不同，美國的商場遵循以下價值和原則——個人主義、勞動至上、契約精神、自由貿易、保護私有產權（包括智慧產權）……它們是近代西方文明尤其是英美文明的核心模式。英美社會的中堅力量是商人——美國第一流的學生大都選擇就讀商學院，畢業後服務於私人企業而非政府部門；反之，東方的一流人才大都湧向政府部門，夢想擔任公務員，吃定鐵飯碗。

英國和美國的崛起，代表著近代商業文明的崛起。英國歷史學家艾倫·麥克法蘭（Alan

Macfarlane）在《現代世界的誕生》（*The Invention of the Modern World*）一書中，分析了資本主義為何在不列顛這個小島興起。麥克法蘭曾以此為題，應邀到北京的清華大學做系列演講。麥克法蘭認為，英國人具有韋伯所說的「新教倫理」，「正是這種倫理，在樸素的、撙節的、錙銖必較的英格蘭清教主義世界找到了表現管道」，這種倫理充當引擎，驅動著資本積累，促使人們為了利潤再投資，最終將國家逐漸引向富裕。美國幸運地繼承英國的資本主義傳統，法國思想家托克維爾在美國旅行時觀察到，美國的民主制度與資本主義精神完美融合、激盪並形塑出新大陸特有的精神氣質。

可惜，習近平不肯屈尊回母校傾聽其演講。如果習近平聽過麥氏的演講，就不至於誤判「商人川普」了。

◎歧視商人是西方左派和中國儒家的致命傷

西方左派和中國儒家有一個共同點，就是蔑視甚至敵視商人。

西方左派信奉馬克思的名言「資本主義來到世間，從頭到腳，每個毛孔都滴著血和骯髒的東西」，但他們又言行脫節、自相矛盾：馬克思聲稱仇視資本主義，卻從不拒絕從繼承家族遺產的好朋友、資本家恩格斯那裡得到豐厚資助；與之相似，西方左派享受著學院和媒體的優厚待遇，過著高度資本主義化的生活，茶餘飯後再高談闊論、假裝清高。

中國傳統社會，資源配置是壟斷性和掠奪性的。政治制度是中央集權的君主專制，價值觀是「一人得道，雞犬升天」的官本位。最有效獲得資源的辦法，不是從事生產或流通事業，而是直接掠奪。掠奪的方式，在「不能坐穩奴隸的時代」，是「槍桿子裡出政權」，是農民起義和工人暴動，以武力奪取天下；在「暫時坐穩奴隸的時代」，是「一部《論語》治天下」——士大夫寒窗苦讀，通過科舉考試獲得文官職位，「吃得苦中苦，方為人上人」，「三年清知府，十萬雪花銀」。

中國的核心價值觀是「官本位」，儒家學說支持「官本位」，鼓勵「學而優則仕」。新儒家代表人物錢穆總結說，從中國兩千年的歷史中，可以對傳統政治找出幾條大趨勢，其中有兩條是「集權」與「抑商」，即中央政府有逐步集權的傾向；以及從漢到清，中國傳統政治都沿襲著「節制資本」的政策。錢穆對此給予正面評價，殊不知這正是中國落後的關鍵原因。數千年來，中國的統治階級無不施行「重農抑商」政策，以及鹽鐵專賣的國家統制經濟，「把人民限制在土地上」，建立詳細的戶籍資料，如此便於納稅及徵兵。中國自古缺乏保護私有財產和尊重契約的觀念，商人即便暫時取得富可敵國的財富，其財產和生命亦隨時可能遭到朝廷剝奪。由於政府對商業和商人實施種種限制和打壓政策，現代資本主義無法在中國興起。

儒家文化視商業文明為寇讎。儒家以「士農工商」等「四民」劃分社會等級，商人位居最末一等，是不言自明的賤民。《禮記・王制》曰，工商「出鄉不與士齒」，這就是說，工商業者離開居住地不得與士大夫交談。劉邦在他統治的第八年下令：「賈人毋得衣錦繡綺縠䌷。」明確規定商人不能穿帶有圖案花紋的細綾細葛料子衣服，只能穿沒有花紋的低品質服裝。唐太宗曾說，「工商雜類不預士伍」，即商人不得跟士大夫為伍。就連嫁給商人的歌女也被白居易取笑說「老大嫁作商人婦」、「商人重利輕別離」。無論多麼有錢的人，皇帝或官員只需一句話，就能將其抄家滅族。明朝的沈萬山、清朝的胡雪巖，哪個不是「金滿箱、銀滿箱，轉眼乞丐人皆謗」？

正是輕視商人的固化思維模式，使華人世界在選前普遍不看好川普，在選後對川普的治國方略也不以為然。在意識型態和國家利益上跟美國對立的獨裁中國，當然在官方文宣裡對商人川普嬉笑怒罵、口誅筆伐；即便作為美國的盟友、政治民主且新聞自由皆備的台灣也是如此——在台灣當道的是左派意識型態和儒家文化，媒體幾乎全都受美國左派媒體《紐約時報》和CNN誤導。選前，台灣媒體斬釘截鐵地宣稱川普不可能當選；川普當選之後，又說川普可能會將台灣當作「棄子」；誰知，川普政府是雷根政府之後對台灣最友善的美國政府，通過對台軍售案，簽署《台灣旅行法》和《台灣再保障法》——即便如此，台灣的政界、媒體和學界大部分人繼續嘲笑川普，無人向川普致謝並道歉。

商人的身分不是恥辱。在美國這個由清教徒創建的國家，人們對商人和財富的看法與東方的官僚式價值觀截然不同。英國學者阿利斯特．麥格斯（Alister E. McGrath）在《喀爾文傳：現代西方文化的塑造者》（*A Life of John Calvin: A Study in the Shaping of Western Culture*）一書中指出：「喀爾文的工作倫理影響了清教徒的經濟觀，在清教徒殖民的第一個一百年間，這些經濟觀促使了新英格蘭的擴張。……資本主義與企業文化之所以能產生新動力，主要還是因為喀爾文的思想。」喀爾文主義清除了商人和財富的汙名，賦予工作以侍奉上帝的神聖價值。思想家艾倫．布魯姆也認為，「像喀爾文這樣的人是價值的創造者，所以也是歷史中的行動者。」美國社會學家羅勃特．貝拉（Robert N. Bellah）在其個人主義與投身現代美國生活的研究中也表明，「天職或呼召的概念再造」是美國文化轉型的關鍵。

如同美國鋼鐵大王洛克菲勒二世（Steven C. Rockefeller Jr.）所說，由於他的信心，上帝就賜予財富作為他的賞賜；也如同另一位鋼鐵業大亨卡內基（Andrew Carnegie）所說，個人及國家的財富是上帝特別恩待的記號；川普本人也用感性的話回顧他的創業之路：

擁有自己的事業就像種樹，那是活的有機體，經歷一年四季和狂風暴雨，度過美麗的夏日和冷冽的冬季卻還繼續生長，幾乎就是你自己的寫照。所以我才會這樣小心翼翼控制我做的事情的品質。如果某件事物代表你，你會希望它成為你所能找到的同類事物當中最好的代表，然後你甚至可以提高自己的標準。

◎中共害怕「商人問政」

中國與美國之不同，就在於中國不可能出現川普式的人物，成功的商人更不可能透過選舉成為國家領袖。這是獨裁制度與民主制度的差別，也是左翼與右翼兩種觀念秩序的差別。

中共非常害怕「商人問政」。在中國國務院發展研究中心主辦的中國發展高層論壇上，中央紀委副書記、監察部部長楊曉渡警告民營企業家，「希望掌握經濟權力之後謀取政治權力，這是十分危險的思想」。

在這場主題為「政商關係與反腐敗」的論壇上，楊曉渡強調，隨著中國經濟的發展，新型的政企關係正在日益成熟，政企關係應該保持「又親又清」的狀態。所謂「親」就是「團結、協同、共同尊重」，所謂「清」就是要「清白、乾淨、政府廉潔、企業規矩」。他嚴厲地指出，中國企業擁有巨大的物質財富，但這種財富只能用來造福於民、造福社會，絕不允許成為腐蝕官員和社會的工具，用於圍獵官員和謀取企業私利。

中紀委是權勢熏天的當代錦衣衛，中紀委副書記的話誰敢不聽？楊曉渡表面上是在警告企業家不要腐蝕官場，話外之音是：權力是紅二代、官二代的禁臠。文革之後，中共元老陳雲有言：「還是我們的孩子可靠，不會掘自己的祖墳。」據此，陳雲向鄧小平提出一項提議：「江山是我們打下來的，因此繼承這個江山也應該是我們的後代。」他提出「一個家庭至少出一個人」，出一個人的意思是擔任部長以上職位、掌握實際權力。鄧小平默許了這個提議──故而形成今天以習近平為首的太子黨執政的局面。

反之，中國商人縱然腰纏萬貫、揮金如土，卻不能「覬覦」權力。縱使可以騎鶴下揚州，也不要奢望與太子黨平起平坐。可擔任人大代表和政協委員，卻只能行禮如儀、沉默是金。商人一定要弄清楚自己「奴才」的身分，悶聲發財，按時進貢，才能保有平安。若對權力有「非分之想」，必定死無葬身之地。更通俗地說就是：中國不會出下一個川普，中國企業家不要「做春秋大夢」。近年來，已有若干參與權力鬥爭的大富豪淪為階下囚乃至死於非命：徐明、肖建華、葉簡明、吳曉暉……這張名單越來越長。支持「新公民運動」的投資家王功權，更是被捕入獄、受盡折磨，中國政府害怕資本與民間維權運動結合，進而形成某種顛覆性的力量。

然而，楊曉渡的言論違背了中國的憲法和法律。參與政治活動是公民的基本人權，為什麼企業家和商人單獨被挑選出來、剝奪政治參與權，只能低眉順首地專注於本業呢？

中共政權融合馬克思主義和儒家文化，在不受制約的權力之下，商人或資本家表面上富可敵國、風光無限，實際上既無尊嚴、也不安全。有一位民營企業家說過：「在官的眼裡，我們什麼也不是，就是一隻蟑螂。他想把你打死就打死，想讓你活就活。讓你活是他賞賜你，讓你死是重視你。」BBC記者採訪逃亡富豪郭文貴時提問說：「你認為國內的腐敗、黑暗，可以用官商勾結來形容嗎？」郭氏回答說：「不存在官商勾結。說官商勾結，太看得起中國的商人了。中國的官商關係，更準確的描述，應該是一個夜總會裡面的老鴇和小姐的關係！」對此，旅美經濟學人何清漣評論說：「我相信這不是郭文貴一時氣憤之言，而是他對民營企業（包括自己）與政府官員這些年來的恩恩怨怨認真思考過後的評價。」

在私有產權得不到法律保障，也沒有契約和法治觀念的中國，商人的財富沒有安全保障、甚至不可傳承。在中國，首富黃光裕身陷牢獄，薄熙來昔日的金主徐明暴死獄中，太子黨的白手套肖建華被綁架回中國，曾兼有國安人員身分的富豪郭文貴亡命天涯。馬雲、馬化騰等風雲人物也紛紛提前退休，以躲避中共新一輪的「公私合營」運動。這些一度富可敵國的富豪，很難說是完全無辜的——他們與狼共舞，就得承擔被狼吞噬的代價。但他們的榮辱沉浮表明，無論檯面上如何風光綺麗，他們在當權者眼中，仍卑賤如螞蟻。

中國出不了川普這樣以商人身分成功問鼎總統大位的傳奇人物，連晚清張謇式的有理念、有格調的商人都難以重現。張謇十五歲參加科舉角逐，四十二歲成為狀元，達到舊體制下讀書人的巔峰。他看到龐大的清帝國岌岌可危，傳統農業社會即將在工業文明的衝擊下不復存在，遂揮手告別官場，走上實業救國之路。創辦企業成功之後，張謇進一步推進地方自治，將江蘇南通改造為現代化城市，造福一方百姓。這種有政治抱負、有經世濟民能力的商人政治家，若是在民主社會，一定如魚得水、大放異彩。可惜，在裙帶資本主義的今日中國，根本沒有半點生存空間。未來，中國若要實現大轉型，需要以「右派商人」取代「左派政客」，帶領國家走向政治民主化、經濟自由化和社會公民化。

就美國歷史而言，川普在羅斯福新政中看到的是失敗和謊言，是政府的擴張和對自由的損害；他在雷根新政中看到的卻是成功和榮耀，是美國精神的回歸和信心的重建。

第三節　川普的窮人選民以及扶貧政策

◎川普是「有錢的藍領階級」

川普對自己的商人身分有著充沛的自信，同時又強調自己不是那種「為富不仁」的富人和「無商不奸」的商人：

我知道，人們想到我這個人，就常想到：喔，那位身價數十億美元的富豪啊。但這種想法就像讓我吃閉門羹似的。我兒子小唐納說過，我就像有錢的藍領階級。或許這個說法能讓人們比較了解我的個性。

川普的傳記作者漢森教授披露說，川普在紐約曼哈頓可以說是個「社會邊緣人」，很多上流人士都看不上他，對他的外表打扮、個人生活等說三道四——如果你讀過小說《大亨小傳》（*The Great Gatsby*），就知道那是一個什麼樣的「上流社會」圈子。但他們不明白的是，川普這個億萬富翁比一個工薪階級，還更有對工薪階級的同情心。

川普對中低階級的民眾很有同情心，很多紐約人都知道，川普在做房地產時，常常跑到工地跟工人交談。川普的這一切表現都不是做假的。有趣的是，有些中低產階層出身的共和黨候選人反倒不如川普更能吸引中低階層選民。前國務卿約翰・凱瑞（John Kerry）和前總統柯林頓都必須裝模作樣才能跟窮人稍微套得上關係，儘管柯林頓本人成長於貧寒家庭。

另外，川普的飲食習慣確實就跟中下層人士甚至貧民一樣，川普會在競選活動中吃麥當勞速食，或用漢堡王等速食招待來白宮的橄欖球冠軍隊，這是上流社會的人們始終想不通的地方——川普的飲食太不健康，也太沒有品味了。

那種菁英的優雅風範確實不是川普所要追求的東西。藍領有什麼不好呢？川普很有同情心，也很實在，這是大部分政客所沒有的素質。相對於川普本人的人生經歷、個人的財富而言，能擁有這種同情心是很讓人吃驚的。川普在大選期間，去俄亥俄、賓夕法尼亞等中部州分的衰敗村鎮與選民直接見面，這是此前沒有任何一個總統候選人做過的事情。川普比中低階層人士對中低階層更富同情心，且不是虛有其表而已。

川普在講話時，從來不會像民主黨政客那樣說「那些工人們」、「你們退伍軍人們」；相反，他是說「我們的」，例如他擔心「我們的農民」、「我們的機械製造工人」、「我們的退伍軍人」，這顯示出川普深切的同情心。這些人是共和黨其他候選人放棄的選民，他們認為這些人通常不去投票，因此沒有宣傳價值。但川普不這麼認為，他認為這些人不投票是因為政府在全球化過程中、在不公平的貿易協定中出賣了他們，只要承諾糾正此類錯誤、讓他們重返工作崗位，就能得到這些淳樸的民眾的選票。川普得到了這些人的選票，川普也兌現了給他們工作機會的承諾。

川普畢業於常春藤大學之一的賓州大學華頓商學院，但他的身上卻沒有常春藤畢業生的清高和傲慢，以及用名校學歷來判斷人的價值的習慣。漢森說，他認為川普有一種非常本能的能力。一般人總是以學位高低來定義人的智慧，漢森說自己擁有博士學位，同時又是一個農夫，很多農夫沒有博士學位，但擁有接近於本能的、優秀的認知能力。川普擁有某些特殊的技能，包括談判、與人交談和應對，但他跟傳統的上等階層格格不入。川普的經商才能是他從父親那裡、以及自己在商業運作中一點點地學到和總結出來的。

川普的基本選民大約占美國總人口的百分之三十八至百分之四十一，這些選民被希拉蕊侮辱性地稱之為「可悲的人」、「不可救藥的人」，或被歐巴馬輕蔑地稱之為「依賴於槍枝和宗教的人」。他們很多都是失去工作的藍領工人，覺得沒有什麼可再失去的了，他們是全球化經濟和美國龐大貿易赤字的犧牲品，不管川普怎麼做，他們都會支持他。

◎茶黨跟川普的支持者是「在家鄉的異鄉人」

內華達大學拉斯維加斯分校政治系助理教授王宏恩在一篇書評中，透視了川普的鐵桿支持者們究竟是誰，以及他們的所思所想。

茶黨運動興起之後，美國最左的大學——加州大學柏克萊分校，校內立場最左的系科社會學系的教授霍奇士喬德（Arlie R. Hochschild）對此無法理解，她選擇去東南邊密西西比河流域的路易斯安那居住五年，完成了《在家鄉的異邦人》（*Strangers in Their Own Land: Anger and Mourning on the American Right*）一書，該書的副標題為「美國右派的憤怒和悲痛」。此書第一版於川普當選前的二〇一六年九月出版，獲得二〇一六年美國書籍獎非小說類的大獎，也在二〇一六年大選後被《紐約時報》選入「要了解美國總統選舉結果的最重要的六本書」書單當中——其中另一本是傑德·凡斯（J.D. Vance）的《絕望者之歌》。

以地方經濟來說，路易斯安那的發展程度是美國倒數第二，當地政府有將近一半預算來自聯邦補助。路易斯安那卻有大量「茶黨」支持者——茶黨是要求削減社會福利、減少環境保護、反對管制大企業、追求「超級小政府」的一群人，其支持的候選人大多在共和黨內。為什麼？這些政策與主張不是都對一般民眾、尤其是低收入且需要福利的選民非常「不利」嗎？

在路易斯安那居住和田野調查的五年裡，霍奇士喬德試著去了解每一位茶黨支持者的人生經歷。她不直接詢問「你支持或反對誰」，而是讓這些人們講述他或她是怎麼長大的、爸媽教了什麼、國小和國中在哪裡就讀、喜歡吃哪一家餐廳、上哪間教堂、週末跟哪些鄰居聚餐。她也會詳盡描述每一位受訪者的衣著、髮型、車款、起居擺置、喜歡吃什麼、家園學校附近有什麼看板、家裡有幾個成員、第幾次結婚、跟家族成員聊天時的氣氛等等。政治態度與投票選擇，是這一切生活之下的產物。

霍奇士喬德很快發現一件事：這些人看起來並不像意識型態偏執狂，都是好客、和善、虔誠、熱愛工作更熱愛自然的水電工、電鍍工、地方歌手、農夫、郵差。每一個人都注意到，也感嘆石化業進駐當地之後自然環境的損害。但他們為什麼選擇跟破壞環境的大企業與政黨站在一起？

繼續深入往下聊，霍奇士喬德逐漸理解這些人的生命敘事與整套價值觀邏輯。這些居民大多很窮，許多沒有受過大學以上教育。然而，他們相信「美國夢」。「美國夢」告訴他們忍耐——只要一個人認真、專心工作，總有慢慢往上爬的機會、最終達到出人頭地那一天。他們虔誠信仰的聖經也是這樣應許的，聖經告訴人們，只要辛勤勞動就會有所得。只要好手好腳就該去工作，揮灑汗水、養活自己與家人，這是天經地義的事情。

然而，這樣的「美國夢」，隨著民權運動以來的自由派風潮大盛而逐漸被破壞。對於這些居民來說，他們看到的是不同團體不斷在「美國夢」的輪候隊伍裡「插隊」。黑人插隊、女人插隊、外國移民插隊、同性戀插隊。他們不禁追問說：

> 為什麼他們不跟我們一樣忍耐、自己努力付出、等到「美國夢」實現的那一天？為什麼他們選擇靠左派政府直接給社會福利跟失業補助、法規強制薪水或婚姻平等，而不是讓自己認真工作來實現這些結果？而且補助都是來自我們努力工作而繳納的稅金！

霍奇士喬德把這個「插隊理論」跟每一位受訪的茶黨支持者講，每一位都點頭如搗蒜，說教授終於了解我們的心聲了。

最重要的是，霍奇士喬德發現：這些州民覺得這輩子沒有做錯任何事，一輩子都在好好忍耐，如今卻處處被人指責，讓他們在不同面向的每一種身分都缺乏榮耀。他們反問：

熱愛工作為什麼是種族歧視？熱愛婚姻為什麼是性別歧視？熱愛宗教又錯在哪裡了？熱愛槍枝是防止犯罪氾濫！我這輩子都在忍耐、做各種粗重危險的工作、努力養活一家老小，政府從來沒幫過我、我都是自己努力的，憑什麼自由派隨便就說我對不起其他少數團體？我沒有做錯任何事！就算你們想改變社會，那是你們的事！不要打擾到我！不要損害到經濟成長！你們為什麼不去拚經濟，反而在街上幫那些不去工作的懶人抗議、籠絡政府來偷我們的稅金、規範我們的老闆？憑什麼？

絕大多數州民從來沒有離開過出生長大的地方。但社會價值觀變了，政治變了，環境變了，他們在社會上的地位也改變了。人在家鄉，但不認得這個家鄉，成了異邦人，卻無處訴苦，因為連訴苦都是政治不正確，只能在心裡憤恨。在這樣的憤恨情緒下，導致茶黨以及川普崛起的最佳土壤得以育成。

◎川普的「精準扶貧」計劃

川普是共和黨中最右的政治人物，卻得到大多數美國工人和農民的支持；希拉蕊是民主黨中號稱代表工農庶民利益的左派政治人物（左派知識分子因此才愛戴她並且投票給她），偏偏被工人和農民唾棄。川普是億萬富豪，他的政策有一部分是真誠地致力於改善貧困人口的境遇；希拉蕊和歐巴馬出身貧寒家庭，卻與華爾街、大老闆、全球化思潮翩翩起舞，雖然給窮人發福利，卻不努力創造工作崗位及增加職業培訓，從源頭上減少貧困問題。左派的虛偽和右派的真誠，形成充滿諷刺意味的對照。

歐巴馬執政八年，除了不斷追加福利之外，並未在美國推動振興社區的「扶貧」計劃。結果，福利越發越多，窮人卻越來越窮。「授人以魚，不如授人以漁」，川普的做法相反，當選後不久，即公布「機遇區」（Opportunity Zone）計劃，鼓勵私有企業和投資者向八千七百個低收入社區投資，帶動當地經濟發展，同時可以獲得減稅。

「美國的經濟繁榮屬於所有美國人」，川普在詮釋這項計劃時說，聯邦政府已協同五十個州及海外屬地的政府，將八千七百個低收入區規劃為「機遇區」，這些地方的居民收入水準比該州的中位數收入低百分之三十七。政府與私人資本一起努力興建新校舍、工廠、公路、橋梁、醫院和公園，建造美觀的住宅、安全的社區和寬敞的街道。最終，讓每一戶家庭都有機會實現美國夢。

川普在白宮舉行的「機遇區」會議中說，讓低收入區擺脫滯後的發展被談論了很久，卻未能實施。「『機遇區』將切實為這些社區帶來改變，讓當地居民和其他美國人一樣，在新稅改政策中受益。……將有三千五百萬居民因此受惠。」面對來自州、地方政府、部落和社區的上百名領袖，川普承諾說，「我們將為這裡的長期投資者提供極為優惠的稅務政策，直到將稅率降為零。」他進而鼓勵商家、企業主和投資者向這些社區投資，從中將獲得豐厚的金融回報和稅務減免政策。

川普在白宮成立了常設性的「機會和振興委員會」（Opportunity and Revitalization Council），負責這項新計劃的是住房和城市發展部部長卡森及財政部部長梅努欽。卡森與梅努欽領導的這個新機構將協調十六個聯邦部門與「機遇區」之間的工作，全力向當地提供幫助，包括落實資金、培訓勞動力、發展企業及社區安全。梅努欽預計，很快會有更多私有企業向「機遇區」投資一千億美元。

在白宮召集的專門會議上，來自密西西比州維卡斯伯格（Vicksburg）市的市長弗萊格斯（George Flaggs）說，作為具有二十五年立法經驗的人，他從未見過像「機遇區」這樣的能有效協調聯邦、州和地方各級政府展開和推進項目的計劃。

「受益於『機遇區』計劃，如今僅在維卡斯伯格，我們就增加了百分之五十四的就業機會。拿這裡的一家老工廠舉例，它成立於一八八九年，由於『機遇區』項目，我們可以迅速地與地方、州乃至白宮達成挽救工廠的文件，讓資金到位，讓計劃得以執行，使維卡斯伯格市的兩萬四千名居民直接受益。」弗萊格斯市長說，「這些數字對家庭來說，意味著桌子上有麵包、廚房裡有熟肉。我們做到了。所以，總統先生，謝謝你。」

川普表示，「機遇區」計劃已讓低收入區獲得前所未有的投資水準和發展速度，使當地工資水準普遍增長百分之八，預計之後增幅還會提高。同時，當地房地產銷售價格提高逾百分之二十。川普說：

我們為這些社區的承諾很明確：你們的政府將百分之百地保證將工作和安全帶給你們。許多時候，這意味著你們將能夠自由地選擇在哪裡居住，而不必再為擔心社區安全而猶豫不決。你們將重新愛上那裡、鄰居和環境。諸如此類的事正在發生。

卡森在題為〈機遇區：經濟機遇的新曙光〉的文章中指出：「作為一名（前）醫生，我了解許多治療方案都面臨兩難的選擇：快速見效還是起長期作用。『機遇區』的最大優勢就是它能夠最大限度地解決時間限制與持久效益之間的矛盾。」

卡森說，為了達到長期和穩定的發展，只有承諾向機遇區進行五年、七年或十年投資的商家或個人，才能獲得可觀的金融利益和投資回報。「這意味著新的經濟增長將成為持續的增長，新的就業機會將成為穩定的工作崗位。這種長期的發展觀將結束『今天來，明天走』的模式、結束居民對未來的不確定性，代之以穩定的生活前景，讓更多人可以買房和留在當地定居。」

川普指出，經濟繁榮不僅屬於富裕階層，同樣要惠及藍領工人和低收入者。歐巴馬刻意操作階級和族群對立議題，從中撈取個人的虛名和選票，卻從未想過真正幫助弱勢群體和族裔解決問題；川普努力讓問題從根本上得以解決，雖然他被左派汙名化，但他用在做實事上的時間遠多於自我辯護的時間，而他果然兌現了減少貧困人口的競選承諾。

第四節　左派不說的川普執政之驚人成就

◎執政二十個月的成績單

川普就任總統二十個月之際，《華盛頓觀察家報》為之統計出一張亮麗的成績單，川普達成兩百八十九項競選政見承諾。

經濟成長：二〇一八年第二季經濟成長率達到百分之四點二。

就業：就任以來創造了三百五十萬個就業機會。就業總人口數，史上最高。申請失業救濟人數，近五十年來新低。職缺總數破歷史紀錄，且史上第一次職缺總數大於求職人口總數。領取失業保險理賠人數，近五十年來新低。非裔失業率百分之五點九，西班牙裔失業率百分之四點五，亞裔失業率百分之二，都為歷史新低。女性失業率百分之三點六，自一九五三年以來新低。青年失業率百分之九點二，是一九九六年以來新低。退伍軍人失業率百分之三，是二〇〇一年以來新低。低學歷者（無高中畢業證書）失業率，歷史新低。殘疾人士失業率，歷史新低。藍領階層工作增加率，是近三十年來新高。全國百分之八十五的藍領階層勞工認為「生活在正確的方向」。全國百分之六十八的藍領階層勞工在過去一年中有加薪。全國近百分之六十六的勞工對就業環境樂觀，認為目前適合找到好工作。製造業就業成長率，近二十年來新高。

薪資所得：家庭所得中位數達到六萬一千三百七十二美元，歷史新高。過去一年來薪資成長率百分之三點三，自二〇〇九年以來新高。三百九十萬人無須再領取食物券等補助。西班牙裔薪資所得中位數成長百分之三點七，超過五萬美元，史上最高。西班牙裔自有居所率，近十年來新高。非裔及西班牙裔貧窮率，歷史新低。

景氣樂觀：中小企業景氣樂觀指數，創歷史新高。百分之九十五製造業者對景氣樂觀，歷史新高。消費者信心指數，是二〇〇〇年以來新高。百分之五十一的國民認為經濟景氣良好或極佳，是近二十年來新高。

商業成長：超過四千五百億美元資金回流美國，其中三千億美元集中於二〇一八年第一季。製造業成長率，近十四年來新高。鋼鐵及鋁製造業重新開張。道瓊、標普五百、那斯達克指數，皆達歷史新高。

解除制度管制：就任第一年，解除管制相對於新增管制的比例為二十二比一。廢除「陶德—法蘭克法案」（Dodd-Frank Act），讓金融業放貸及消費者貸款皆受限更少。減少聯邦機構金融監管淨支出，達八十億美元。大量運用國會審查法，成功廢除多項管制。

減稅：簽署《二〇一七年減稅與就業法案》，達成史上規模最大稅改。全國減稅總額達五點五兆美元，其中有百分之六十轉為家庭可支配金額。個人及家庭於報稅時的標準扣除額皆倍增。簡化聯邦稅申報表格，絕大多數家庭只需要填寫一頁報表。報稅時的撫養兒童扣除額倍增，降低青年成家的財務負擔。大幅降低公司營業稅（原稅率是已發展國家當中最高的），讓公司更具競爭力。中小企業免稅額增加至百分之二十。廢除數十項特殊減稅條款，讓富人無法再避稅。超過一百家公用事業公司在減稅法案通過後，直接調降水費、電費、天然氣費。百分之八十九的公司因稅改方案而給員工加薪。規劃低稅收的「機遇區」，讓資金優先進入發展遲緩地區。

協商並簽訂更好的貿易協定，達成自由、公平且對美國有利的目標：與歐盟合作，目標達成零關稅、零非關稅壁壘、零補貼，增加能源輸出至歐洲。對WTO多項不公平的貿易措施提起訴訟，以保護美國利益。與韓國簽訂新版貿易協定，其中包含增加出口美國製汽車至韓國。達成「美墨加貿易協定」，取代原有的北美自由貿易協定。與日本展開美日貿易協定談判。英國脫歐後，與英國簽訂新的貿易及投資協定。對進口鋼鐵、鋁課徵關稅，以保障國內相關產業及增加國家安全。退出傷害國內產業的「跨太平洋夥伴關係協定」（ＴＰＰ）。

保護美國農業市場：與墨西哥達成新協定，確保公平的食品及農產品貿易環境。與歐盟達成新協定，減少貿易壁壘，並增加輸出大豆至歐洲。撥款一百二十億美元，補貼因國際貿易而收入減少的農民。

能源產業：二〇一七年，煤炭出口量增加百分之六十。廢除歐巴馬的傷害煤炭產業的「潔淨電力計劃」，並以「平價潔淨能源」取代。退出傷害美國產業的巴黎氣候協定，避免造成六兆美元額外支出及六百五十萬人失業。美國石油產量達到歷史新高，成為世界最大原油生產國。美國成為天然氣淨出口國，是近六十年來首次。

以上每一項成績，都有實打實的數據支撐，大都是美國民眾切身感受到的。如果當初歐巴馬取得其中一成左右的成就，他不知要吹噓多久。對川普來說，這些成就只是他邁出的第一步，等到完成四年任期，拿出的各項數據將更振奮人心。

◎川普的減稅計劃全民受益

二〇一八年一月三十日，川普在國會發表首次國情咨文，回顧本屆共和黨政府履新一年的執政歷程與兌現的競選承諾，並提出下一階段的施政重點。

川普強調說：「我們正在一起重新探索美國道路。在美國，我們知曉生活的核心是圍繞著信仰與家庭，而非政府與官僚。信仰上帝是我們恪守的箴言。」

川普的保守，不僅是經濟政策上奉行海耶克的自由市場經濟原則，更是在政治、外交、文化、宗教、教育等各個領域全方位的保守。保守，意味著回歸「常識」，用「常識」治國。比如，減稅能刺激產業發展，而過度的福利只能養成「不勞動也可得食」的錯誤觀念，這些都是「常識」。

左派的愚蠢就是罔顧「常識」。如漢森教授所說，對於川普，不管你怎麼看他，他不是社會主義者，但是民主黨和左派推出的總統候選人就是贊成社會主義者。看看民主黨現在推廣的議題，包括晚期墮胎問題、全民健保、針對富人的新稅項、綠色新政（Green New Deal）、不要建邊境牆，甚至要撤除邊防等，民主黨候選人可能被迫支持這些社會主義議題。這些議題與普通民眾的切身需要背道而馳。所以，二〇二〇年大選中，很多選民想必會因為實在不喜歡民主黨的社會主義政策而投川普一票。

二〇一七年聖誕節前夕，川普簽署了已在國會參眾兩院通過的減稅法案。這是美國複雜的稅法三十年來最大的改革以及三十年來最大規模的減稅。這項法案把美國在發達國家中最高的公司稅率百分之三十五調低到百分之二十一，把納稅人的稅率等級簡化。川普政府宣稱，其目的是令美國企業在全球具有最強競爭力，刺激美國經濟增長以及為中產階級帶來工作。

滑稽的是，美國國內的減稅計劃，偏偏讓中國大受刺激。五月一日，中共喉舌新華社下屬的《瞭望智庫》刊登了一篇題為〈特朗普剛宣布了件讓「中國難堪」的大事？你們歡呼得太早了〉的評論文章，百般詆毀川普的減稅計劃。該文批評減稅計劃對美國人不公平，得益者只是富人和大公司。然後指出，「在中國官方看來，這個計劃也在國際上製造著巨大的不公平和風險。」

文章又引述另一家中共喉舌《人民日報》的說法，批川普降低企業稅至百分之十五這種做法「很自私」，挑起國際稅務戰，「導致那些有實力的發達國家紛紛跟風加入大規模減稅的競爭中，最終不僅導致這些國家政府赤字高漲，債台高築，引發又一輪全球的經濟危機。」

長期以來，只要是中國官方詆毀和攻擊的對象，它必定代表正確和正義的方向。中共「粗暴干涉美國內政」的原因是：川普的減稅計劃如同一劑感冒藥，治癒歐巴馬執政八年所形成的、曠日持久的感冒頑疾。減稅計劃讓美國資本轉移回投資環境變好、營運成本降低的美國，中國覺得這是「動了自己的乳酪」——從某種意義來說中國確實有理由憤怒，因為毫無疑問，一旦美國恢復生機和活力，中國的經濟奇蹟就走到了盡頭。

◎川普執政是美國再度偉大的開端

對川普的「善意的無知」和「惡意的扭曲」，遍布美國內外。大部分人沒有切實研究過各項數據，而是從「媒體如是說」中得出並形成根深蒂固的成見，這是典型的「三人成虎」、「曾參殺人」。

川普當選之後，台灣政論家司馬文武在《蘋果日報》之「司馬觀點」專欄發表了〈上帝保佑美國〉一文。他認為，「川普的政策模糊，執政團隊一盤散沙」，川普當選「是美國歷史的分水嶺，美國將逐漸淡出世界領導角色」，「二戰以來，由美國所建立的國際秩序，開始走上終結之路」。

這一觀點可謂「醉裡看花」，看錯了川普，更看錯了美國。

美國在蘇聯崩潰之後形成的全球唯一「超級大國」地位，如今並非搖搖欲墜，而是相當鞏固。即便中國、俄國、日本、歐洲加起來對抗美國，都不可能打敗美國——更何況這幾大勢力之間矛盾重重，大都有求於美國。

美國將在未來數十年裡保持不可挑戰的老大地位。原因有六：

第一，美國立憲共和的政治制度優越而穩固。美國建國以來的兩百多年裡，除了一次南北戰爭之外，從未發生過憲政危機甚至軍事政變。即便經過二〇一六年這場美國社會最為撕裂的選戰，三權分立的聯邦制、共和制的根本架構仍未動搖。

第二，美國集中了全球第一流的人才，是全球高技術人才移民的首選之地。即便川普政府收緊移民政策，美國仍對高素質的、有創造力的、認同美國價值的人才敞開大門，他們為美國創造財富，也捍衛美國的國家利益。

第三，美國掌握了互聯網時代的最新技術，並據此制定全球標準。最具規模、也最有全球影響力的軟體及網路科技公司，幾乎都誕生並成長於美國，如微軟、蘋果、谷歌、臉書、推特、亞馬遜等。中國的阿里巴巴靠賣假貨致富，沒有技術含量，對中國之外的地方不具影響力。

第四，美國文化和教育的「軟實力」無與倫比。美國優質的高等教育讓全球學子趨之若鶩，全球排名前十名的大學幾乎都集中在美國。美國擁有世界上最多的諾貝爾科學獎得主。全世界觀眾都在觀看好萊塢電影，唯有好萊塢電影是用「全球票房」來計算的。

第五，美國頁岩油和頁岩氣的儲藏量驚人，開採技術取得關鍵性突破，成本大幅下降，營運效益大大提高。頁岩氣使美國自二〇一六年起成為天然氣出口國，頁岩油將使美國在最近幾年內從石油淨輸入國變成為淨輸出國。美國輸往歐洲的海底油氣管道正在醞釀之中，建成後，歐洲將擺脫對俄羅斯的能源依賴，而仰仗美國。

第六，美國的軍力是其他國家無法匹敵的。美國在一百五十個國家有駐軍，是唯一可以向全球任何地方投射兵力的國家。美國的國防預算高達六千多億美元，超過排名第二到第十的九個國家的總和。美國最大的傳統軍事優勢在於其十九支航空母艦編隊，其他國家全部加起來總共也才十二支。美軍擁有最多戰機及最尖端的技術，如海軍最新的電磁軌道炮、美國還有世界上最大的核武庫。

華文媒體向來以唱衰美國、尤其是唱衰川普為榮，就連睿智的司馬文武也犯錯了。不喜歡美國是一回事，正視美國將長期保持強大的事實又是另一回事。不喜歡川普的某些做派和言論是一回事，公正客觀地評價川普的政策又是另一回事。主觀情緒不能取代事實判斷。

如果說美國真有衰落的趨勢，那是在歐巴馬任內碌碌無為的八年間。歐巴馬企圖在美國推行社會主義，兜售各種「進步價值」，動搖了美國的立國之本。美國選民看到歐巴馬及民主黨極左派同僚對美國的危害，用選票拋棄了這個左傾官僚集團，選擇了讓美國重回正確軌道的「右派商人」川普。

川普強調「美國第一」或「美國優先」的執政，並不意味著美國走向閉關鎖國的孤立主義，而是說，讓美國恢復元氣，讓美國確立新的國際戰略，讓盟友分享其秩序紅利，讓敵人承受其打擊，既不揮霍其聲望，也不浪費其兵力，這當然意味著美國將更加開放和強大。

第四章

川普與美國菁英之戰

左派人士們都非常討厭川普的粗話、他的直率、他的不肯放棄戰鬥、他對美國偉大的堅信、他對知識分子的不信任、他對簡單實用想法的酷愛，以及他對男女互換性別的拒絕。最糟糕的是，川普除了把工作做好以外沒有別的理念。他的目標就是把面前的工作完成，拒絕推諉，然後就是享受生活。簡而言之，除了有點誇張以外，川普就是一個典型的美國人，他也沒有給自己設定任何限制。

——大衛．蓋蘭特，耶魯大學教授

表面上看，川普的支持者和反對者之間的「準戰爭」，是平民與菁英之戰；而就價值與信仰的維度來看，是右派與左派之戰，是猶太教・基督教傳統與無神論者（如果非得說他們有信仰的話，就是類似於「進步價值」和「政治正確」這樣的東西）之戰。

「進步主義者」（Progressive）、「自由派」（Liberal）、「左派」（The Left）這幾個名詞常被認為是指大致相似的一類人。這些人集中分布於東西海岸的各大都市，他們通常是社會菁英、好萊塢的明星、主流媒體的喉舌、華爾街的富豪、矽谷的老闆和科技業白領、民主黨的政客、高校教授和在讀學生，而且主要集中在文科學系——雖然並非所有文科系的師生都是進步主義者。他們掌握著媒體的話語權、經濟的操控權和政治的決策權。他們引領著美國社會的時尚和價值觀的走向。

進步主義者信奉「相對主義」（Relativism），而相對主義的理論基礎是「自然主義」（Naturalism）——自然主義是一種把自然世界看作封閉系統的世界觀，這種世界觀認為不存在自然世界之外的任何因素會對自然世界產生影響。因此，自然主義拒絕承認超自然的上帝的存在。否定了上帝的存在，也就否定了絕對真理和道德權威。因此，自然主義必然產生相對主義價值觀。

在此哲學背景之下，進步主義者認為，適用於所有人的絕對真理和普遍道德標準是不存在的。相對主義要求人們接受和容納不同的宗教信仰、道德原則和價值取向。進步主義者擁抱相對主義，並憑著「相對主義」的信仰，努力建構他們心目中多元化的「新美國」。

川普是近半個世紀以來第一個大膽戳破進步主義光環的人。左派的反擊是，「川普是人權和法治的破壞者」。在《華爾街日報》專欄作家佩姬・諾楠（Peggy Noonan）看來，由於無能和腐敗，美國菁英們已經沒有資格教育川普的支持者，什麼是個人權利和法治——而她所批判的美國菁英也包括共和黨的建制派：

保守主義運動中那些建制內的知識分子，仍然對川普先生即將獲得的黨內提名感到不安，他們聲稱自己會支持他，但是他們必須保證自己能夠心安。可是當以下事情發生時——兩場沒有取得勝利的戰爭，巨大的經濟衰退，共和黨、民主黨政府都拒絕打擊非法移民——他們都沒有感到什麼不安。

這將是一場曠日持久的戰鬥，它關係到美國的國運，也關係到世界的未來。

第一節　《紐約時報》和CNN：左派主流媒體的謊言

◎「主流媒體是美國人民的敵人」

二〇一八年一月，川普在推特上公布了「假新聞獎」，《紐約時報》名列榜首，美國有線電視新聞網（CNN）「獲獎」次數最多。川普評論說：「沒有什麼比我們國家實現新聞真正自由更讓我渴望了。然而事實是，媒體總是炮製假新聞，妄圖干擾政治或者傷害人民。誠實必勝！」

據報導，整份「假新聞獎」獲獎者名單被公布在一個共和黨網站上。組委會公布的「獲獎宣言」稱：「二〇一七年，我們見到了無數偏見、不公正的媒體報導，甚至是『假新聞』。研究表明，超過百分之九十的對總統川普的報導都是負面的。」

左派媒體如《紐約時報》、CNN等，在二〇一六年大選前連篇累牘地發表偽造民調：希拉蕊支持率高達九成，川普僅一成。開票當夜，在川普已獲得兩百七十六張、過半數的選舉人票而篤定當選之後，《紐約時報》的網站上仍顯示，川普的獲勝率是九成五，換言之，希拉蕊還有百分之五翻盤的機率——此數字停留幾天，仍不做更改，難道是紐時記者和編輯全都精神崩潰、無法繼續工作了？有百年歷史的大報《紐約時報》令人遺憾地走上不歸路，成為與台灣《中國時報》以及中國《環球時報》相同的「專業說謊者」。

這次選舉中，美國主流媒體及各種民調機構，全都名譽掃地、喪失了基本的公信力。反之，川普在社交媒體上可謂風生水起，擁有極高人氣。川普的勝利顯示，如今具有影響力和動員力的，不再是傳統媒體，而是網路社交媒體，「自媒體為王」的新時代已來臨。

傳統媒體進入日薄西山的黃昏期，經營困難，渴望由競選者注入大筆廣告費，由此大發競選財，似乎也是情有可原。希拉蕊投入數十億美金打競選廣告，川普卻著力於耗資甚少的網路社交媒體如推特、臉書等，讓傳統媒體對兩人親疏有別。再加上價值觀上的重大分歧，傳統媒體放棄了新聞業者的專業水準以及客觀中立原則，放開手腳吹捧希拉蕊、抹黑川普。在美國最大的一百家報紙中，只有兩家相挺川普，其餘全站在希拉蕊一邊，這在美國總統競選歷史上前所未聞。

從雙方陣營的競選經費尤其是廣告費就可以看出巨大差異：與以往美國總統競選費用相

比，川普的競選經費保持相當低的水準，完全無法與歐巴馬在二〇一二年的競選費用相比。二〇一六年八月，美國聯邦競選委員會發布的報告稱，川普的競選支出在六月分是七百八十萬美元，七月大幅增至一千八百五十萬美元，仍不到希拉蕊陣營的零頭。當月，川普陣營首次啟動電視廣告宣傳，花費五百萬美元。而希拉蕊一方早在兩個月前就啟動電視廣告宣傳，已花費超過六千萬美元。另外，希拉蕊的競選團隊人數約七百人，比川普的團隊人數多出十倍，僅負責媒體宣傳的人就超過了川普整個競選團隊。今天的媒體儼然是「拿人錢財，與人消災」的公關公司，當然對一毛不拔的川普恨之入骨，並成為希拉蕊的鐵桿支持者。

根據媒體觀察機構「媒體研究中心」（Media Research Center）發布的一份報告，主流媒體對川普有強烈的「敵意」。該中心分析川普獲得共和黨提名後，媒體對其競選活動的報導，發現百分之九十一是負面的。為何如此偏頗？維基解密透露一份名單，給出了答案：大選期間，暗助希拉蕊競選的主流媒體記者有六十五位，包括ＡＢＣ四位、ＣＮＮ九位、ＭＳＮＢＣ六位、《紐約時報》六位、《政客》雜誌三位、《衛報》三位。主流媒體偏袒希拉蕊，沒有平衡報導，一面倒的宣傳偏偏造成反效果，非但沒有保送希拉蕊上壘，反而讓川普揮出全壘打。

川普當選及就職以後，主流媒體繼續對其罵聲一片，跳過了傳統的「蜜月期」。「媒體研究中心」在川普上任第一個月錄下三大電視網（ＡＢＣ、ＣＢＳ與ＮＢＣ）晚間新聞的報導畫面，時數十六小時，約占相關報導總時數的百分之五十四，並對其進行內容分析，發現負面報導占百分之八十八，其中大部分來自評論員的反川普論述而不是新聞事件本身。

川普亦不示弱。當選後不久，川普在紐約川普大廈與近四十名媒體主管、著名記者會面，媒體以為川普要跟他們討論入主白宮後如何採訪，殊不知一進會場，川普隨即點名ＣＮＮ總裁祖克（Jeff Zucker），破口大罵：「我恨透了你的新聞網，ＣＮＮ所有的人都是騙子，你應該感到羞恥。」川普接著說：「我們正處在一間充滿騙子的房間裡，你們是一群不誠實的媒體。」

因報導二次波灣戰爭而聲名大噪的ＣＮＮ新聞網，大到任何政客都惹不起，祖克居然被當場羞辱，連屬下也跟著遭殃。二〇一七年一月十七日，川普舉行首次總統記者會，ＣＮＮ記者阿寇斯達（Jim Acosta）剛舉手要發問，川普硬是不給他機會，痛斥說，「你的公司爛透了，我不給你發問機會，因為你們做的是假新聞。」阿寇斯達灰頭土臉、無地自容。

川普內閣將原來在白宮的每日例行記者會，改在新聞祕書史派瑟（Sean Spicer）的辦公室舉行，大大降格。包括ＣＮＮ、ＢＢＣ、《紐約時報》、《華盛頓郵報》、《洛杉磯時報》、《衛報》、《政客》雜誌、網路媒體BuzzFeed等都沒獲得邀請。於是，媒體群起抗議，ＣＮＮ指責川普挾私怨報復並提起訴訟，《華盛頓郵報》則在其報頭底下增加了一行字：「民主在黑暗中死亡」（Democracy Dies in Darkness）。

主流媒體的反擊，雷聲隆隆，來勢洶洶。《波士頓環球報》牽頭聯絡將近四百家美國的大小媒體，同一天在頭版發表抗議川普「打壓新聞自由」的長篇社論。該報在網站頭條位置用黑底白字打出標題：「記者不是敵人」（Journalists are not the enemy），並滾動展示幾百家媒體的社論引文。然而，公眾對此一美國新聞界有史以來最大規模的共同行動反應冷淡，這場活動淪為新聞業者的孤芳自賞、自我安慰。

主流媒體不是被川普打敗的，是被自己打敗的。主流媒體的衰亡，部分原因是網路社群的衝擊，更重要的原因是媒體業者自取滅亡。在一九六〇、一九七〇年代，美國記者享有崇高的地位，總統及政府對記者予以相當禮遇，民眾對資深記者的信任度超過政治人物。根據一九七二年的一項調查，CBS主播華特．克朗凱（Walter Cronkite）享有高達百分之七十三的信任率，超過時任總統尼克森（百分之五十七）。一九七〇年代，電視新聞受到一半以上的民眾信任，美國總統大選常被稱之為「大眾媒體選舉」。

進入二十一世紀，昔日呼風喚雨的主流媒體，日漸走下坡路，風光不再。美國傳播學者達雷爾．韋斯特（Darrell M. West）在《傳媒體制之興衰》（*The Rise and Fall of the Media Establishment*）一書中指出，一九六〇年代，美國媒體均以立場客觀、公平報導、挖掘真相自詡，候選人受到媒體公平對待。然而，一九九一年以後，隨著有線電視興起，網路科技日漸普及，媒體競爭激烈。於是脫口秀大行其道，新聞報導逐漸綜藝娛樂化；最終媒體漸失公信力，記者聲譽也下降，收看三大電視網的觀眾比例由一九七六年的百分之九十大幅下降至一九九九年的百分之四十三。根據蓋洛普的追蹤調查，過去二十年美國民眾對主流媒體的信心年年下降，一九九七年為百分之五十三，二〇一六年僅為百分之三十二。

曾任《美國新聞與世界報導》總編輯的資深媒體人法羅斯（James Fallows）對媒體自身的問題有深刻反省。他指出，以往投身新聞行業的記者，都不是為了金錢；現在華府的政治記者則是追逐名利，身價百萬者比比皆是，自我膨脹，不受人歡迎。媒體缺乏責任感，政治新聞像娛樂新聞一樣，傷害了整個新聞業，社會大眾對新聞媒體失去信心。所以，川普說美國主流媒體淪為美國人民的敵人，這個說法並不誇張。

◎左派媒體受城市菁英階層之操控

美國民眾對主流媒體失去信任，另一個原因是財團掌控媒體。一九八〇年代，五十家公司控制美國主流媒體，現在則是六大集團（Newscorp、Disney、Viacom、Time Warner、CBS、Comcast）控制九成媒體。媒體經營權集中在少數人手裡，巨型媒體壟斷政治傳播，封鎖弱勢群體的發聲管道，妨礙民主進步，早已引起美國民眾反感。

過去，媒體常常批判共和黨與大財團結盟，代表華爾街的利益；而今，媒體巨頭幾乎全站在民主黨和希拉蕊一邊，美國一百強企業的CEO十有八九都反對川普，媒體對共和黨的批評變成了對自己的批評——主流媒體究竟是為公共利益服務，還是充當財團利益的代言人？川普在競選時告訴其藍領支持者，媒體巨頭主導的是有利於「他們」、也就是百分之一的大老闆的議題，而非「你們」、也就是百分之九十九的平民關心的議題。

耐人尋味的是，在華文社交媒體上，川普當選掀起了一片咒罵之聲和絕望的嘆息，宛如世界末日降臨。中國人不了解美國，自然在情理之中，因為中國沒有基本的新聞自由和資訊自由。但資訊自由流通的台灣和香港也是這樣，就值得為此做一些深入討論了。

當時，我在臉書上向辱罵川普為「法西斯」、「瘋子」、「怪物」的台灣朋友解釋這場選戰為何「出人意料」——雖然並未出乎我的意料之外，嘗試用這樣的比喻加以說明：美國民主黨如同中國國民黨，歐巴馬如同馬英九，希拉蕊如同洪秀柱，川普如同彭明敏——長期以來，彭明敏等黨外鬥士被台灣主流媒體妖魔化為「暴徒」，就如同川普被辱罵為法西斯、瘋子和怪物一樣。

反對川普的人們，聚焦於川普被媒體扭曲、誇大的一些言行，如涉嫌種族歧視和侮辱女性的言論、性騷擾事件等。其實，這些指控大都是捕風捉影或斷章取義的誤導。但是，一旦「川普不值得信任」的先入為主之見形成，人們就不再去關心川普的具體政治綱領，無論川普說什麼都嗤之以鼻。

川普的政治綱領正是罹患重病的美國社會亟需的解藥。今天，美國社會處於越戰之後最大的危機之中：國內經濟不振、種族矛盾重重、福利制度趨同於歐洲、「政治正確」扼殺創見和想像力，中俄聯盟和伊斯蘭恐怖主義的挑戰使得美國防不勝防，美國在國際社會逐漸不受尊重……這一切就是歐巴馬和希拉蕊帶來的所謂「改變」。

長期吹捧歐巴馬的《紐約時報》，在二〇一六年大選之後終於承認，歐巴馬的八年將希望變成沮喪，「有太多事情註定在還沒來得及變得更好之前變得更糟。人們失去了工作、儲蓄、房子。一些人看著總統，他們看到了冷漠、無能、能力的不足。而這其中的大多數人都不是徹頭徹尾的偏執狂。」對於很多普通選民來說，選擇希拉蕊就是選擇歐巴馬——甚至是「更壞的歐巴馬」。儘管希拉蕊在競選後期與「史上最強助選人」歐巴馬刻意保持距離，婉拒歐巴馬的助選，但仍然無法讓選民相信她不是「歐巴馬二世」。

希拉蕊得到媒體巨頭和華爾街大亨的一致支持，表明她是既得利益集團的代言人。若是與工農大眾「同呼吸，同命運」的真左翼，不會跟希拉蕊這樣的政客站在一邊。然而，大選結果出爐後，我在臉書上發現，很多平時看上去很聰明的中、港、台三地知識分子，卻為希拉蕊之落選而失魂落魄。台灣學者、左翼政治活動人士、社民黨創始人范雲在臉書上說，希拉蕊的失敗說明在美國女人參政難。我為這種遠離真相的看法大吃一驚：希拉蕊之所以被美國選民拋棄，不是因為她是女性，而是因為她是腐敗分子、是傲慢的菁英階層、是建制派政治的代表。主流媒體極少報導的一個黑幕是：與希拉蕊電郵門及柯林頓基金會來源不明的資金案有關的知情人和調查者，先後十多人神祕地死於非命。一旦這些案件的真相水落石出，一定比美劇《紙牌屋》（*House of Cards*）中的情節還要驚人。很多美國人認為，希拉蕊不應該成為總統候選人，而應當進監獄。但對左派知識分子來說，似乎「一左可遮百醜」。

主流媒體集中在城市，代表城市上層的利益。一般到美國旅行的外國人，包括在美國念過名校的外國人，只到過大城市，以為大城市是美國的全部，以為城市主流媒體代表廣大民意。其實，大城市的美國、主流媒體所反映的美國，只是小半個美國。美國的數十個都會區，占全國領土面積的三十分之一，居民不到美國總人口的一半，卻集中大部分政府機關、跨國公司、大學、媒體、金融業以及華爾街、好萊塢、迪士尼、亞馬遜、星巴克和差不多所有的互聯網巨頭。城市中上層人士形成菁英階層，希拉蕊就是他們選擇的「自己人」。他們擁抱全球化，是全球化的受益者。晚近三十年來，他們形塑了一套堅不可摧的「政治正確」文化，形成外人進不來的「圍城」。

受主流媒體洗腦嚴重的都會區，是民主黨的鐵票倉。美國前二十大都會統計地區（Primary Metropolitan Statistical Area）包括：紐約都會區、洛杉磯都會區、芝加哥都會區、華盛頓特區都會區、舊金山灣區都會區、波士頓都會區、達拉斯都會區、費城都會區、休斯頓都會區、邁阿密都會區、亞特蘭大都會區、底特律都會區、西雅圖都會區、明尼亞波利斯都會區、克里夫蘭都會區、丹佛都會區、聖地亞哥都會區、波特蘭都會區、奧蘭多都會區，占全美人口接近一半，民主黨幾乎是放顆西瓜都可勝選。

以我居住的維吉尼亞州費郡為例，維吉尼亞北部幾個鄰近華府的郡與馬里蘭南部幾個鄰近華府的郡，與華府共同構成華盛頓都會區。近年來，該地區每次的選舉都是民主黨獲勝。由於北維州幾個郡人口猛增，擁有很多新移民和聯邦政府雇員，以及科技業員工，基本偏向民主黨，甚至將傳統上傾向共和黨的維吉尼亞裏挾成民主黨的版圖（南部的農民雖偏向保守派，但人口較少）。

還有一個值得關注的現象，在主流媒體上活躍的多數影視、體育明星，都高調參加過希拉蕊的造勢活動，並發表攻擊川普的言論，以此顯示其擁抱「政治正確」和「進步價值」。他們中的某些人甚至發誓說，若川普當選，美國就不再是他們熱愛和效忠的祖國，他們計劃移民加拿大——當然不是墨西哥，雖然他們中有一些人是西班牙裔，左派在如何對待自己上還是很聰明的遵循常識。然而，川普當選之後，卻沒有幾個人真的離開美國、放棄美國國籍。

更有諷刺意味的是，這些明星宣稱關心弱勢群體、堅持平等理念，自己卻揮金如土、朱門繡戶、鮮衣怒馬。最典型的例子就是柯林頓時代的副總統高爾（Albert Arnold Gore, Jr.），淡出政壇後，他於二〇〇六年推出環保主題的紀錄片《不願面對的真相》（*An Inconvenient Truth*），該片獲得第七十九屆奧斯卡金像獎的最佳紀錄片獎與最佳電影歌曲獎。二〇〇七年，高爾和聯合國組織「政府間氣候變化專門委員會」一起獲得諾貝爾和平獎，理由是他「喚醒了由氣候變化所帶來的危險的意識」。高爾在媒體上不遺餘力地宣揚環保、綠能觀念，但在日常生活中奢華無度，家中擁有恆溫游泳池，出行搭乘私人商務飛機，個人能源消耗量是美國人平均水準的數百倍，堪稱言行脫節的偽君子。

沒有多少民眾將這些明星的政治言論當真，無論他們怎樣賣力地幫助希拉蕊助選，也無法催出更多票來、讓其入主白宮。川普勝出後，這些明星破口大罵說，這是「民粹的勝利」，暴露出他們心中根本不尊重普通民眾。

第二節　美國大學為何反對川普：「進步價值」的真相

◎川普勝選，大學停課

媒體和大學是城市的雙翼，也是左派思想的搖籃。沒有在共產國家受過專制暴政折磨的美國年輕一代，很難擺脫「左膠」（不切實際的左翼分子）的誘惑，他們以為「左」就天然的代表著理想主義、代表平等和正義，殊不知「往左走」正是海耶克所說的「一條走向奴役之路」。

希拉蕊敗選後的第二天早上，哈佛大學等常春藤名校內一片哀嚎。有將近一半學生表示受到心理傷害無法來上課，連老師都說「川普勝選一事像親人去世那樣令人難過與震驚，因此不能授課」。

這一天，全美很多大學的若干課程無法按照原計劃進行。有學生蹺課，而出現在課堂上的學生，也有很多人沮喪不安。不少課程取消原定內容，改由學生自由發言、討論。「至少我們可以在課堂上提供一個空間，讓他們訴說自己的情緒。」一位教授說。

波士頓公立學校給學生和家長發出公開信，表示將在大選後為患上「川普焦慮症」的學生提供心理輔導。針對情緒激動的學生，有些美國大學設置冥想課程，提供免費茶飲，甚至一些學校在大選後推遲了考試。

這一天，在川普的母校賓大，大部分師生的見面打招呼方式是搖頭和苦笑。對「How are you doing」（你感覺如何）的回答不再是「I'm doing great」（還不賴），而是「這可能是我這輩子最糟糕的幾天之一了」。有的教授注意到，本科生中的仇恨情緒在增長。在這所大學裡，有不到百分之十的學生把票投給川普，或者放棄投票機會，他們很容易成為仇恨對象。不同政治立場的學生之間，已無法正常交流。

作為川普的支持者，我勉強理解左派師生的哀痛、失望乃至絕望。但我對學生和老師在推特上發起「#Not My President」（川普不是我的總統）話題來表達對川普勝選的不滿，實在難以苟同。這種宣示，毫無民主素養，連原始人都知道「願賭服輸」的道理，這些號稱熟讀羅爾斯（John Rawls）《正義論》的菁英分子，難道連合法選舉的結果都不願接受嗎？在加州大學柏克萊分校、威斯康辛大學等左派傳統根深蒂固的大學，甚至還為此發生暴力騷亂。

有著台灣背景、任教於美國某大學的評論人「菜鳥教授」發現，美國大學聚集了充滿理想主義的年輕人和知識分子，這也是為什麼像是同性婚姻合法化、女性主義運動、黑人平權、最低工資，以及財富分配不均等關於公平正義的社會議題，都會在大學中獲得較多支持。每當在課堂上談到社會財富的分配不平均，或是美國政治發展中的公民運動議題，滿腔熱血的學生們反應總是特別熱烈。也因此，議題立場比較偏向自由派思維的民主黨，通常會獲得比較多支持，尤其是當候選人個人魅力十足時。從歐巴馬和二〇一六年民主黨初選期間席捲年輕族群的老人桑德斯（Bernard Sanders）身上，都可以看到自由派的議題是多麼能引起熱血青年的共鳴。

但是，川普勝選之後，大學校園裡出現的各種情緒反應，「說穿了不是真的面臨政府政策的劇變，是『假設』一種劇變即將會到來，而對這種假設之所以深信不疑，是因為大學師生認為，身為菁英，相信『自己的推斷一定是對的』。因此，選後出現的大學校園抗爭，其實不只是因為期待落空的沮喪，更可能是一種因為突然意識到自己的理性和智慧其實無足輕重的失望反應。」

這種異常的反應，有值得同情的一面，但它不應發展成對不同意見和不同政治傾向的打壓乃至暴力行為。

◎大學不尊重右派的言論自由

二〇一九年二月十九日，保守派活動人士威廉姆斯（Hayden Williams）在加州大學柏克萊分校幫助保守派組織「美國轉捩點」（Turning Point USA）招募成員時，遭到左派分子格林伯格（Zachary Greenberg）的暴力襲擊，威廉姆斯左眼受傷，格林伯格隨後揚長而去。整個過程被學生拍攝下來並上傳網路，引發全美關注。

在此事件中，柏克萊校方反應遲緩，似乎有意縱容暴力，而美國主流媒體也鮮少報導此事。「美國轉捩點」總裁奇里克（Charlie Kirk）發表聲明說，嫌犯在本案中的犯罪證據「無可爭辯」。「今天我們終於知道了襲擊者的身分，這個充滿暴力的人已經被捕……我們相信，錄影顯示的證據是無可爭辯的。我們希望，依照法律，二十八歲的格林伯格將被以『使用致命武器攻擊他人』起訴，這應被視作仇恨行為。」該聲明還指出：「希望這黑暗的一幕能成為一次警訊，喚醒人們對政治驅使的仇恨犯罪加以警惕。柏克萊和全美所有的校園應該是自由思想與個人選擇的安全港灣……」然而，柏克萊校方似乎置若罔聞。

威廉姆斯事件絕非單一個案，言論自由在全美的大學中都受到威脅。美國參議院司法委員會特別為大學的言論自由議題召集了一次聽證會。在會上，麻薩諸塞州威廉姆斯學院的學生札克．伍德（Zach Wood）作證說，他在一個名叫「不快樂學習」（Uncomfortable Learning）的小組擔任負責人，該小組經常邀請有爭議的嘉賓到學校演講，但校方多次阻攔這類活動，這些活動也常常受到左派學生組織的暴力騷擾。

聽證會舉行之前，美國大學校園已經發生七起引人注目的阻撓事件。受邀的保守派演講人被校方阻止進行演講，還有演講活動受到暴力抗議者的干擾。最近一個事件也發生在加州大學柏克萊分校，校方主動取消保守派評論員安．柯爾特（Ann Coulter）的演講計劃。校方說，他們無法控制因柯爾特演講而可能引發的暴力行為——這個理由是自欺欺人的。

在柯爾特事件發生前一個月，佛蒙特州米德爾伯里學院大約兩百名學生把保守派作家查爾斯．穆雷（Charles Murray）轟下講台，不讓他演講。穆雷在離開校園時，抗議者跳上他的汽車，毆打陪同他的一位教授。抗議者給穆雷貼的標籤是「白人種族主義者」，因為穆雷對種族與智力之間的潛在聯繫進行研究。左派人士認為，絕不能讓其在大學發表演講。

誰是言論自由的破壞者？只要正視事實，這不是一個難於作出回答的問題。就連在總統選舉中掀起左翼旋風、主張社會主義的民主黨參議員桑德斯，也反對不讓右派到校園演講的做法：「人們有在不受暴力和威脅的恐懼下發表演講的權利。」、「不讓她（柯爾特）說話，或者不讓她來，只是一種知識上的怯懦。……你們有什麼好怕的？她的理念嗎？那不如拿出困難的問題質問她，在知識層面對抗她。」

有反省能力的自由派知識分子、哥倫比亞大學教授馬克・里拉（Mark Lilla），在其著作《自由主義何去何從》（*The Once and Future Liberal: After Identity Politics*）中承認：「如今發生在校園的、尤其是在菁英層次展開的自由主義政治教育，無論在社會位階上還是在地理位置上，都基本與國家的其他人脫離關係。這不大可能發生改變，也就意味著自由主義的前景基本上取決於高等教育機構中的情勢演化。」他認為，自由派對大學的占領和控制，不是一場偉大的勝利，而是更大的失敗的開端。

二十世紀中葉以來，大學的影響力日漸增長。大學不再是孤立的學術領地，它成為美國經濟生活的核心，也是進入後工業產業的管道和認證機構，更是透過發表研究和成為政黨菁英而進入政治生活的途徑。早在一九六二年，《休倫港宣言》（*Port Huron Statement*）的作者寫道，「我們相信大學是被忽略的影響領域」，左派由此發起占領大學講台的運動，也確實成功地讓左派思想控制了包括基督教大學在內的絕大多數大學。之後，保守派在大學中只能像「地下黨」那樣偷偷摸摸地活動。

但是，左派的巔峰時刻很快轉化為急速的墜落。馬克・里拉指出，美國的大學城變得和美國其他地方越來越不同，是令人愉快的生活之地，是受過良好教育的新消費主義文化信徒的聖地，周圍是高科技辦公園區和租金昂貴的住宅區。在那裡，人們可以逛書店、看外國電影、買維他命和手工蠟燭，上高檔餐館吃飯，隨後是喝一杯濃咖啡，或許還可參加研討會讓情緒放鬆一下。大學及其周圍完全是資產階級的生活場景，沒有任何平民生活的跡象——他們卻宣稱代表工人和農民。馬克思主義從無產階級勞工的理論武器，轉變成大學裡面富家公子哥跟名媛千金的思想玩具，這不知是馬克思主義的驕傲，還是馬克思主義的悲哀？

這一次，川普的勝選是對大學這個《楚門的世界》（*The Truman Show*）的迎頭痛擊——在這部美國電影中，主人公楚門是史上播映最久、最受歡迎的紀錄片式肥皂劇的主角，他居住的海濱小鎮其實是一個龐大的攝影棚，他的親朋好友和每天碰到的人全都是職業演員。他生命中的一舉一動、分分秒秒都曝露在隱藏於各處的攝影鏡頭面前，但他自己卻長期被蒙在鼓裡。然而，和楚門相反的是，這些圍城裡的人不願醒過來，繼續裝睡，並且不准鬧鐘發出鳴叫。

◎美國大學為什麼越來越左？

最近半個世紀以來，大學越來越富有，卻越來越左傾。哈佛大學保守派的中流砥柱、總統自由勛章得主、政治學教授哈維．曼斯菲爾德（Harvey Mansfield）在接受媒體「校園聚焦」（Minding the Campus）的訪問時，痛陳左派自由主義（Left-Liberalism）在美國高校中的氾濫。我曾專門赴哈佛大學拜訪白髮蒼蒼、舉止優雅的曼斯菲爾德教授，對他在左派獨大的哈佛校園中「雖千萬人，吾往矣」的道德勇氣和學問素養深表欽佩。

曼斯菲爾德指出，今天美國擁有數量空前的公立和私立大學，但是大學教育缺乏實質內容，導致學歷變得空泛。正如理察．阿蘭姆（Richard Arum）和約斯帕．洛克薩（Josipa

Roksa）的著作《學術的散漫》（*Academically Adrift: Limited Learning on College Campuses*）所述，主要原因是大學不再以追求真理（Truth）為教育目的，學術界的專業人士不再相信或者懷疑世上有真理，「各行其是」的主張成為主流。

各行其是，或稱「相對主義」的觀念，導致學習失去重要意義。相對主義是左派自由主義最主要的政治觀點之一。自從「後現代主義思潮」展開以來，相對主義變得越來越具體和專門，深入各個層面。譬如「文化多元主義」，主張所有文化是平等的，沒有優劣之分，這一觀點容易誤導學生，因此無法專注地學習，失去捍衛西方文明的鬥志和信心。

曼斯菲爾德指出，當學生失去學習的樂趣、缺乏成就感時，代之而起的是學生運動（Student Activism）。學生將原本花在學業上的時間，轉而投入政治抗爭。學生參加政治行動，尤其是發起抗議，要求校方遵循自己的政治主張或政策等行為，導致思想和言行趨於專制獨斷，校園民主盪然無存。

校園風氣轉變的另一大趨勢是強調「被冒犯」的嚴重性，以及因「被冒犯」而發起反擊，以致到了無孔不入的地步，不斷製造言論禁區，言論自由不斷收窄。這也源於學生對教育目標的質疑：「到底有什麼可學？」如果學生發現沒有什麼值得學的實質內容，會選擇堅持己見，堅決維護感到「被冒犯」的人，而不是思考問題。今天的大學生容易變得「一觸即跳」（Touchy），輕易感到「被冒犯」。曼斯菲爾德認為，這和女權主義思潮分不開。「被冒犯」的概念是從女權主義得到啟發，早期女權主義者以性騷擾為名，提出「與女性為敵的環境」的主張，這個職場概念已蔓延到大學。事到如今，任何不同聲音、不同觀點，以及任何可能引起其他人不適的感受，都變成「有敵意的環境」。在這種風氣下，每個人都有義務監督和舉報「冒犯」，即使有所「冒犯」的人並非故意甚至純屬無辜，也會遭到批判。大學文化由此變得越來越單一，尤其是在社會科學和人文學科領域。

曼斯菲爾德表示，如今保守派或自由意志派的學者應徵哈佛教席變得相當困難，尤其是政治學以及相關的學科教席。立場不同的學者或意見領袖，在校園裡常常遭到抗議和襲擊。許多大學放棄了捍衛言論自由的政策。長期以來，大學邀請的「異見人士」大多是左派，亦即符合左派意識型態的「少數」、「小眾」或「邊緣」，導致虛假的「異見」變得與大學主流意見相吻合，而真正的異見聲音（如保守派的看法）卻遭到排斥。

這種情況導致大學出現專制色彩，不再相信理性辯論。推崇「多元化」是大學教育宗旨，但「多元化」似乎並不包括「接納不同意見和觀點」。由於大學教席是終身制，解聘教授是非常困難的事情，更遑論解散學院或實施改革。與此同時，高等教育專業的相關組織也在推波助瀾，這些組織的政治正確傾向比大學更為嚴重，譬如「美國政治學協會」（American Political Science Association），往往由活躍的社運分子負責營運。目前大學的這種氣氛已經引起批評，但聲音十分微弱。批評的聲音應該加強，以引起歷屆畢業生和資助者的注意才是。

曼斯菲爾德分析說，後現代主義是對真理和科學的反動，尤其是反對科學和技術所帶來的進步與益處。因為這一股思潮，大學興起了對西方文化的不滿甚至是鄙視的學術風氣，不斷尋求其他意識型態，譬如共產主義和伊斯蘭觀念，以至於無法辨別思想上的敵人，甚至飲鴆止渴。這就是思想家艾倫·布魯姆所說的「美國精神的封閉」，大學失去了對西方古典傳統的敬畏與傳授，因此成為無根的蘆葦，「人人都喜歡文化相對主義，但希望與自己相關的部分可例外。」

在此背景下，出現這樣的怪事也就不足為奇了：在左派思想籠罩下的美國大學，聲稱尊重言論自由，他們的言論自由當然包括伊朗前總統、獨裁者內賈德（Mahmoud Ahmadinejad）的言論自由——內賈德到紐約參加聯合國會議時，左派大本營哥倫比亞大學特別邀請其到校發表反美、反猶主題的演講；卻不包括保守派的言論自由，他們絕對不會邀請右翼的以色列總理納坦雅胡到校演講。也就是說，他們的言論自由是選擇性的，他們的「大愛包容」也是選擇性的。

◎川普簽署行政命令，保障大學校園言論自由

誰會想到，號稱開放的美國大學，卻是言論自由最受限制的地方？而且，越是第一流的大學（如常春藤名校），言論自由越少。這種情形已持續了幾十年，有可能加以改變嗎？

在保守派政治行動大會（Conservative Political Action Conference）上，川普特別邀請左翼「言論自由」的受害者威廉姆斯上台發言。「他為我們每個人挨了一拳，」川普這樣評價威廉姆斯。「我們絕不能讓那種事再發生。在與威廉姆斯近距離交流過後，我認為他會成為一位成功且富裕的年輕人。」

改變大學對言論自由的壓制，需要行政部門有所作為。「如果他們想要聯邦政府的錢，而聯邦政府給他們數十億美元，他們必須要讓威廉姆斯這樣的人，還有許許多多其他的年輕人和老人發聲，」川普說，「言論自由，如果他們不允許的話，將會付出高昂代價。保障大

學校園言論自由的行政命令很快就會簽署。」

保守派脫口秀主持人鄧尼斯・普拉格（Dennis Prager）在紀錄片《世間無淨土》（*No Safe Spaces*）中現身說法，他強調說：

> 可悲的是，在一個建立在自由之上的國家——將言論自由寫進建國文獻的國家——這樣的行政命令居然成為必要。但，這全是拜左派所賜。如果川普總統能停止大學校園對非左派的不寬容，做到撥亂反正，我們的未來可能還是有希望的。

曾經多次採訪過我的《紐約時報》專欄作家、普立茲獎得主紀思道（Nicholas Kristof），是川普及其政策的激烈反對者。但他承認，在大學和主流媒體中，「自由派的不寬容」已經到了必須加以糾正的地步。他寫道：「我們進步派崇尚多元，我們要與女性、黑人、拉丁美洲人、同性戀者和穆斯林同席——喔，只要他們不是保守派。」一方面這對保守派不公平，也不是真正尊重多元的價值；另一方面當這種排斥保守派的文化在大學盛行，會對教育品質產生不良的影響——當大學變為「一言堂」，既有立場（主要是左傾的）壟斷話語權，不再受到挑戰時，最終全部人都是輸家。

事實上，保守派在大學某些學系——如人類學、社會學、歷史和文學——已淪為「瀕危物種」：不同研究顯示，在人文學科的保守派教授介乎百分之六至百分之十一之間，在社會科學則僅占百分之七至百分之九，一項研究更發現只有百分之二的英文系教授是共和黨支持者。

大學缺乏保守派學者似乎跟歧視有關，譬如一項同儕評審的研究發現，三分之一受訪心理學家表示傾向不願聘請保守派教員。非洲裔社會學教授喬治．楊西（George Yancey）做的研究顯示，多達三成學者較不願聘請保守派助理研究員；如果申請人是福音派基督徒，受歧視的情況更嚴重，近六成人類學者及超過五成英文系教授較不願聘請他們為助理。

如果沒有言論自由和學術自由，大學就趨於枯萎。二〇一九年三月二十一日，川普果然遵守承諾，簽署了一項行政命令，旨在推廣大學校園內的言論自由，並撤銷那些不保護這些權利的大學的聯邦研究撥款。在簽署該行政命令時，川普說：「我們在這裡開啟一項歷史性的行動，來保護美國學生和美國價值觀。」簽署儀式是在保守派學生活動分子的陪伴下進行的。川普指出：「他們一直遭到圍攻。……在言論條例、安全空間（Safe Spaces）、觸發警告（Trigger Warnings）的幌子下，這些大學在試圖限制自由思想，強制思想統一，並禁止今天在這裡的傑出青年發聲。」

一位白宮高級官員說，根據這項命令，十二個發放經費的部門將與白宮管理與預算辦公室協調行使自己的權威，確保接受聯邦研究與教育經費資助的機構在推廣言論自由。這項命令涉及三百五十億美元的經費，尋求資金的公立大學需要證明他們遵守憲法第一修正案。第一修正案明確保護公民的言論自由或出版自由。川普指出：「儘管大學收到納稅人數以十億計的資助，但很多學校正在越來越敵視言論自由和第一修正案。」這項行政命令終結了這種情形，實施細節也在後續幾個月內陸續確定。

第三節　用常識治國的「真美國人」川普

◎「蓋茲堡政綱」就是要求回歸常識

在競選期間，川普在共和黨總統林肯曾發表演講的內戰戰場蓋茲堡（Gettysburg）發表了「十一條政綱」，左派一統天下的主流媒體基本不予報導。故川普在推特上發表此政綱，直接尋求選民的評判和支持。

這些政綱中，有幾條對華府權貴開刀的重要內容：起草一項憲法修正案，規定國會成員的任期上限；鑒於聯邦政府不斷膨脹（雇員多達四百多萬人），所有政府部門停止招聘新的員工以削減開支（軍隊、公共安全、公共健康部門除外）；所有白宮與國會官員離職後，五年之內不能擔任政治說客；所有白宮與國會官員終身不能擔任其他國家的政治說客；禁止其他國家的說客為美國大選籌款。這些政策讓那些長期利用體制漏洞謀取私利的政客寢食難安。川普是華府政治圈和既得利益集團的「圈外人」，川普是億萬富豪，不需要像柯林頓夫婦和歐巴馬夫婦以從政來致富，唯有他敢於掀起一場清除華府痼疾的「反腐戰役」。

川普承諾，他當選後將取消所有歐巴馬頒布的違憲的行政命令、備忘錄和法令，恢復被歐巴馬破壞的三權分立體制；任命保守派的最高法院大法官，維護和保障美國憲法；遣返兩百萬非法移民罪犯，倘若對方國家不願接收，則取消對方國家國民到美國的簽證；暫停從有恐怖主義傾向且移民審查失效的國家接受移民，所有來美國的移民必須接受嚴格審查；恢復國家安全法案，減少國際協防支出，增加軍事投入，重建軍力等。治重病要下猛藥，身在既得利益圈內的政治家不敢提倡改革，這正是川普在黨內初選中戰勝其他乏善可陳的建制派共和黨候選人的原因。

選舉是對這些政綱的最好檢驗。川普一口氣拿下多個關鍵搖擺州的選舉人票，如佛羅里達、俄亥俄、北卡羅萊納等，甚至一舉拿下民主黨苦心經營多年的鐵票倉，如賓夕法尼亞、威斯康辛、密西根、愛荷華等。威斯康辛於三十二年後重回共和黨手中；共和黨亦繼一九八八年美國總統選舉後首次贏得賓夕法尼亞以及密西根。

川普獲得三百零六張選舉人票，大勝希拉蕊的兩百三十二張選舉人票，其中一個重要原因在於，川普發現了城市的美國、菁英的美國之外的另一個美國：鄉鎮的美國、平民的美國、憤怒的美國、被傷害和羞辱的美國。在由《經濟學人》專欄作家、立場偏左的約翰・米克爾思韋特（John Micklethwait）和阿德里安・伍爾德里奇（Adrian Wooldridge）合著的《右翼美國：美國保守派的實力》（*The Right Nation: Conservative Power in America*）一書中，也注意到這個外界所知甚少的美國：「到美國的三分之二的訪客從沒有去過加州、紐約、新英格蘭、佛羅里達（準確來說是奧蘭多和邁阿密）以外的地方。在紅色州分裡，幾乎沒有歐洲的領事館，而來訪的政治家的足跡幾乎不會越過城市環形公路和曼哈頓的範圍。」長期以來，美國之外的國家、美國和其他國家的主流媒體以及知識界，對真實的美國或完整的美國存在嚴重誤讀。這一次，美國之外和城市之外的人們很難理解川普為什麼會勝選——對於他們不理解的東西，便統統用民粹主義否定之，這是一個方便法門。

大選前夕，《紐約時報》上有一篇很有趣的報導：出身於賓夕法尼亞一個藍領工人家庭的副總統拜登與夫人，來到衰敗中的鋼鐵工業重鎮匹茲堡地區，動員鋼鐵工會會員投票給希拉蕊。然而，到場的只有稀稀落落的一百多人。與此同時，川普在鐵鏽地帶的每場集會都有超過上萬名的工人參加。為什麼工人不再支持傳統上與工會關係緊密的民主黨呢？原因很簡單：是誰坐視中國的鋼鐵產品傾銷美國的？是誰讓美國工人失業的？是誰讓美國的工業城鎮變成「鐵鏽地帶」的？不正是柯林頓和支持全球化、自由貿易的民主黨政客們嗎？

這次大選對生活在鄉鎮和衰敗工業區的藍領工人來說，是一場生存權之戰。片面且不公正的全球化，讓他們成為受害者。產業外移，他們失去了傳統的生活方式，失去了工作的機會。民主黨寬鬆的移民政策，以及湧入美國的超過兩千萬非法移民，更讓本土的工農就業情況雪上加霜。他們無法透過主流媒體發聲，選票成了最後的抗爭手段，他們毫不猶豫地投票給川普。

◎左派們仇恨川普的真實原因：川普是「真美國人」

冒著遭到同僚孤立甚至學生的暴力威脅的危險，耶魯大學教授蓋蘭特在《華爾街日報》發表了一篇評論文章，分析左派們仇恨川普的真實原因，譴責川普的仇視者「真正仇恨的是美國」。在他看來，川普就是一個直率、單純、喜歡行動且不盲從於知識分子的「普通美國人」。

蓋蘭特身處的耶魯校園，彷彿是美國的「敵國」。蓋蘭特差不多是大學中碩果僅存的敢言者之一。他在文章中寫道，對他而言，每次選舉都饒有興味，但是二〇一八年的中期選舉尤其迷人。目前美國的經濟在蓬勃發展、國際地位變得更高。在國際事務中，美國人牢記五百年前義大利文藝復興時期作家、政治家馬基維利（Machiavelli）在其政治學論著《君主論》中的教導：「不求被人愛，只求被人怕。」（It is much safer to be feared than loved.）

蓋蘭特發現，對任何誠實的左派分子來說，目前美國的境況與歐巴馬時期相比，讓他們痛苦不堪——川普的支持率節節攀升、最高法院被保守派掌握、民主黨卻找不出強有力的領袖。民主黨以前也被打敗過，但其後金融危機來襲，讓其避免了覆滅的命運。今天，左派唯一的議題是「仇恨川普」，這種仇恨是被灌輸出來的。因為左派所仇恨的川普特質，就是他們所仇恨的美國精神。

蓋蘭特指出，他任職的大學中，充斥著一種怪異的「仇富心態」——大學教授並非窮人，他們卻認為富人天生就「為富不仁」、「強取豪奪」。大學師生討厭川普，首先是因為川普是富人：川普沒有給自己設限是因為他本人極其富有，而且一直富有。與其他的富人不同，他享受富有且從不覺得有必要為此道歉。他從不知道要掩藏自己的觀點，因為他從不需要這樣。他從不因為自己是男性、具有「正常男性的傾向」而覺得不好意思。蓋蘭特說，對川普的無拘無束和粗糙，他本人也感到不悅，但作為選民，重點是要選出一個能為美國盡力的人。

那麼，川普跟大學教授們相比，誰更像是傳統的「美國人」？如果讀一讀托克維爾的《民主在美國》，看看書中所描述的一百多年前的美國人，就能得出結論：是川普，而不是大學教授，更接近「美國人」之典範。美國的「反智主義」，其實是一種「常識主義」，川普呼應了這一美國傳統。蓋蘭特認為：

> 仇恨川普的人和能夠忍受川普的人，區別在於，他們對典型美國人的認知不同。左派知

識分子不喜歡保守派共和黨，就像他們不喜歡美國的農民、工人、修車工、機械工人、商店主、辦事員、軟體工程師、士兵、卡車司機、家庭主婦這些典型美國人一樣。希拉蕊和歐巴馬清楚知道那些典型美國人的問題，他們知道那些人有多少毛病，以及他們「愚蠢的槍和破舊的教堂」。這些美國人既沒有錢，也永遠不知足，他們跳過關於國際經濟論壇達沃斯的報導，只看福斯新聞。他們中最聰明絕頂的人，也比不上舒默（Chuck Schumer，參議院民主黨領袖），更不用說歐巴馬的夫人蜜雪兒了。但是，川普提醒了大家——誰才是「普通美國人」的代表。

蓋蘭特預測說，他幾乎可以肯定在二〇二〇年的總統大選中，知識分子們會錯愕於投票給川普的婦女和黑人的數量。而川普正在重塑政治版圖：普通美國人對決菁英美國人，前者再也無法忍受莫名其妙地被後者「代表」的狀態了，他們要爭取「我口說我心」。

左派菁英以為，現代高科技可以令卡車司機之類的傳統工作消失。但互聯網並不能透過螢幕傳輸食物、衣服，也不能代替丈夫擁抱自己的老婆孩子。川普並非天才，但如果掌握了顯而易見的道理，再加上一點常識，就有九成把握獲得成功。當年雷根當選總統時，也有一些美國人感到羞恥——我們竟然選了一個電影演員當總統？但雷根為美國選擇的方向是一條勝利之道，事實也證明雷根是一位偉大的總統。雷根證明這個國家可以由職業政客之外的人來經營管理，由普通公民、而不僅僅是律師和官僚來主導。

蓋蘭特指出，二〇一六年選擇了川普和二〇二〇年將再次選擇川普的選民們，他們關心的是這個國家的真實情況，而不是所謂的「國家形象」。川普總統應該得到人們的尊重，就像美國人應該得到尊重一樣——棄虛名而取實利這一基本人事原則，確實不是網路評論人、信奉社會主義的高中老師以及著名教授們會喜歡的花哨理論，但它曾經使美國變得偉大、而且將使美國永遠保持偉大。

蓋蘭特的這篇文章，是常春藤名校從被催眠的狀態中覺醒的一個重要信號。

第四節　川普在美國最大的敵人是社會主義

◎為什麼沒有社會主義的美國又有了社會主義

跟韋伯同時代的德國經濟學家和社會學家桑巴特（Werner Sombart）寫過一本名為《為什麼美國沒有社會主義》（*Why is there no Socialism in the United States?*）的名著。他發現，在二十世紀上半葉，社會主義席捲率先完成工業化的歐洲諸國，甚至也滲入還是農業國的若干亞非拉不發達國家，偏偏美國沒有強勁的社會主義思潮，美國人也普遍不接受社會主義理論。

美國是資本主義的黃金國度，資本主義發展充分、純粹的資本發展所需要的一切條件首先在這裡得到了滿足。任何別的國家、別的民族都沒有這樣優越的條件，能使資本主義發展到最發達的狀態。馬克思主義的理論是，無產階級革命將率先在發達資本主義國家實現。那麼，為什麼美國沒有社會主義？或者說，為什麼美國具備了抵抗社會主義毒素的抗體？桑巴特對這個「美國例外」的現象感到好奇，並投入大量精力研究。

桑巴特分析說，美國沒有社會主義有以下六大原因：第一，美國工人對資本主義持友好態度，其思維方式與老闆接近，而美國的資本主義也成功滿足工人的物質需求，在經濟上把工人整合進來。第二，美國工人對美國政治制度和不同尋常的公民整合度（Civic Integration）態度積極，全體成年男性公民擁有投票權的選舉制和憲政民主是形成這個局面的根本原因。第三，在運作良好的兩黨制下，新的政黨很難成長為真正具影響力的第三黨。第四，美國工人階級潛在的激進主義傾向因為美國資本主義所提供的物質報酬而消退，美國工人比歐洲工人富有，在工人中形成了準中產階級的態度和傾向。第五，美國工人擁有更多的向上流動的機會，有機會上升到中產階級的頂層或接近頂層。第六，美國存在一個開放的西部邊疆，它起到了消解美國工人鬥爭性的作用。

儘管以上六個原因並不為所有學者認同，但桑巴特確實對美國的社會風氣和社會制度作出了切中肯綮的解釋，在更早由托克維爾所著的《民主在美國》一書中，也有若干近似的觀察和論述。

然而，一百年後的今天，桑巴特的結論出現了偏差與位移。美國變得更富有、更強大，大眾的生活水準大大提升，美國卻出現了一股社會主義潮流。由於房價居高不下及學費猛漲，很多年輕人趨向福利國家式的社會主義制度。

根據二〇一九年一月「價值新聞」（Axios）獨家報導，哈里斯（Harris Insights & Analytics）的民意調查發現，年輕人——包括年齡目前在十八歲到二十四歲之間的「千禧世代」和一九九五年以後出生的「Z世代」，更喜歡社會主義（百分之六十一），而非資本主義（百分之四十一）。大部分年輕人認為，政府應該提供全民健保，大學學費應該全免。這個數字比全國平均數字高得多——全國平均數字顯示，百分之三十九的人更喜歡社會主義，百分之六十一的人更喜歡資本主義。這裡的社會主義近似於北歐式的社會主義，而不是中國、越南、古巴、委內瑞拉或更極端的北韓式社會主義，但兩者之間仍是藕斷絲連。

二〇一八年一項類似的蓋洛普民意調查發現，百分之五十一的十八至二十九歲的美國人對社會主義持正面看法，而同一年齡組認為資本主義是可以接受的人連一半都不到。社會主義也正在變成民主黨的主流思想，百分之五十七的民主黨人承認對社會主義有好感。

在美國歷史上的多數時期，「社會主義」等同於罵人的髒話，人們提起「社會主義」，往往是給政治對手抹黑，但如今社會主義成了年輕人的自我標榜。全美最大的社會主義者團體「美國民主社會主義者」（Democratic Socialists of America）誇口說，自從川普二〇一六年當選總統後，他們增長到大約六萬名成員的規模，而在二〇一五年桑德斯首次參選總統之前，他們只有五千名成員。

總部設在華盛頓的「共產主義受難者基金會」（Victims of Communism Memorial Foundation）和民調公司 YouGov 調查了兩千一百名不同世代的美國人，詢問他們對社會主義和共產主義等問題的看法。

結果顯示，美國民眾缺乏對社會主義或共產主義的深刻理解，千禧世代（二十五歲至三十五歲）尤為如此。美國千禧世代的人口達七千一百萬人，占人口比例最高。

不同世代的美國人中，大多數人仍然希望生活在資本主義社會（百分之五十二），但在千禧世代中，「社會主義是第一選擇」。千禧世代希望生活在社會主義國家的人（百分之四十六），超過希望生活在資本主義國家的人（百分之四十）。一小部分年輕人希望生活在法西斯主義社會，還有百分之六的年輕人認為共產主義是最佳選擇。報告說，百分之二十六的美國人從來沒有在學校學習過有關共產主義的內容。越來越多的年輕人將「共產主義者」和「馬克思主義者」視作中性詞彙。

該基金會執行董事馬里昂．史密斯（Marion Smith）說，「馬克思主義政府已經造成巨大的政治、經濟和人道災難。有些到今天還在持續。」

二〇一五年到二〇一八年的基金會報告所指出的一個共同趨勢是，美國民眾對於共產主義在全世界造成的死亡人數缺乏準確認識，每四個美國人中會有三人低估這個數字。二〇一八年度報告的另一些發現也令人擔憂，比如只有百分之十五的美國人聽說過中國政府對維吾爾人的迫害。此外，超過半數的千禧世代贊成在某種程度上限制言論自由。

美國很大一部分年輕人認同社會主義以及民主黨的社會主義化，是目前美國社會面臨的重大思想和政治危機，也是川普必須挺身迎戰的大敵。

◎川普誓言美國永遠不會成為社會主義國家

川普執政以來，多次公開否定和譴責社會主義意識型態，最重要的有四次。

第一次是二〇一八年九月二十五日，川普在聯合國大會發表演講，譴責社會主義和共產主義給人們帶來苦難，並呼籲各國進行抵制。川普說：「社會主義對權力的渴望導致了擴張、入侵和壓迫。世界上所有國家都應該抵制社會主義及其給每個人帶來的苦難。」川普以委內瑞拉曾是世界上最富有國家之一、如今其人民卻陷於貧困為例，批判社會主義和共產主義制度：「幾乎所有的社會主義或共產主義都經過了實踐，它們只導致了苦難、腐敗和腐朽。」

第二次是二〇一八年十月二十三日，白宮辦公室在其推特帳號上發文說：「社會主義應丟入歷史的垃圾箱。」白宮網站引用了川普的一段話：「從蘇聯到古巴，再到委內瑞拉，無論採用了真正的社會主義還是共產主義，都（給國家）帶來了痛苦、毀滅性的破壞和失敗。」文章指出，社會主義的高稅收和對生產要素的控制導致經濟自由的喪失，這對生產將造成破壞性後果。「毛澤東時代的中國，古巴和蘇聯等社會主義國家控制農業，破壞糧食生產，導致數千萬人因饑餓而死亡。」白宮指出，在全世界，社會主義政策都以失敗告終，社會主義政策在美國沒有立足之地。

第三次是二〇一九年二月五日，川普在國會發表任期內的第二次國情咨文演講。在演講中，他提到委內瑞拉社會主義政策的失敗，並誓言美國永遠不會成為社會主義國家。川普說：

> 在美國，讓我們感到警惕的是那種要在我國施行社會主義的呼聲。美國的建國基礎是自由與獨立，而不是政府強制、主宰和控制。我們生而自由，我們將保持自由。今夜，我們重新堅定我們的決心，永遠也不會讓美國成為一個社會主義國家。

當時，國會中的共和黨人起身鼓掌、掌聲如雷，而那些滲透到民主黨內的激進社會主義的議員們則面無表情、一片死寂，兩廂的對照是何等鮮明。

次日，美國財政部長梅努欽在白宮接受CNBC採訪時表示，「正如總統昨晚國情咨文談到的那樣，他的經濟政策正在起作用。」他還表示，「我們不會走向社會主義。」「我們不相信由政府控制的中央計劃經濟（能發揮好作用）。」

第四次是二〇一九年三月二日，川普在保守派政治行動大會上發言時，抨擊民主黨的社會主義論調，尤其是全民健保計劃和極左派提出的「綠色新政」。川普發表演講前一天，其首席經濟顧問庫德洛也在該行動大會發表演講指出，社會主義只會讓美國整個經濟體系崩潰，讓美國損失數兆美元。美國要以委內瑞拉和蘇聯的教訓為戒。庫德洛呼籲，保守主義者要和川普一道將美國的社會主義推上審判台，並宣判其「有罪」。川普在演講指出，社會主義和環境、正義和道德問題絲毫扯不上關係，而是只和「統治階級權力」有關。美國的未來絕對不能落在信奉社會主義的人手中，美國的未來屬於堅持自由主義和美國夢的人。

為了應對民主黨往左轉的勢頭，二〇一八年中期選舉過後，白宮發布了一份長達七十二頁、題為《社會主義的機會成本》（*The Opportunity Costs of Socialism*）的報告，列舉社會主義意識型態可能帶給美國經濟的損失、對聯邦預算及人們生活水準的負面影響等嚴重後果。報告中觸目驚心的數據，能否讓誤入歧途的年輕人猛回頭呢？

川普這樣做，是為了捍衛其政治成就，也是為二〇二〇年大選考慮。資本主義與社會主義之爭，決定著美國的未來。作為一名商人出身的總統，川普在價值觀層面完全不認可社會主義。川普及其戰略顧問們堅持「美國第一」的競選和執政理念，必然要維護自由資本主義的優越性。而社會主義思想中對富人增稅和對經濟的全面管控，與川普團隊推行的減稅和小政府計劃格格不入。

最重要的是，從二〇一六年大選中社會主義者桑德斯引領的政治勢頭來看，美國千禧一代，尤其是第一次或第二次參加大選投票的選民，表現出對社會主義抱有好感這一危險信號，如果這一趨勢繼續蔓延，後果不堪設想。川普為了爭取這個世代的選票，必然要將社會主義的黑暗真相告訴他們，並將批判社會主義作為二〇二〇年大選的競選策略之一。加上和中國久戰未決的貿易戰，川普團隊必定會將貿易戰期間美國經濟的增長與繁榮，置於民主黨社會主義政策主張的對立面。

第五章
和平靠武力來維持

一個真正的大國會以人道、合法且一視同仁的方式運用其權力。權力的運用如果只是為了自己，或是為了暫時的少數人利益，最終必然會自招失敗。身為圍堵共產主義這項核心組織原則的繼承者，此一國家戰略架構係基於民主原則和共和體制的價值——這不僅是一套無須質疑的戰略，更是美國人引以為傲的戰略。

——蓋瑞・哈特（Gary Hart），《美國二十一世紀的大戰略》作者歐巴馬是二戰之後對軍方存有最大敵意的美國總統，多番削減軍費，延遲軍備更換，讓美軍在面對中國、俄羅斯的競爭以及恐怖主義威脅時處於不利境地。

川普上台後，批評歐巴馬的國防政策說，「你怎麼能夠設想，一邊大幅削減軍費，一邊又往全球危險地點不斷派兵。」當年，雷根頂住各方批評，擴充軍備——在每一次國防開支鬥爭中，雷根都與國防部長站在一邊。回憶起卡特「沙漠一號」行動在伊朗營救人質失敗的災難，雷根堅持認為，「我們國家的年輕軍人需要國家提供最好裝備。」面對聯邦預算與「建造一支有六百艘艦船的海軍」之類行動的取捨，雷根選擇擴充海軍。川普不是說說而已，他真的以雷根為師，「以實力維護和平」（Peace through strength），大力提升國防開支、振興美軍士氣，讓美軍走出低谷，重新向高峰攀登。

川普執政以來，在國防政策上成就斐然：簽署行政命令，讓美軍繼續使用關達那摩灣監獄；二〇一八年國防預算達七千億美元，二〇一九年國防預算達七千一百六十億美元，軍費支出的升幅是十餘年來最高；退出《中程飛彈條約》（中導條約），進行核武情勢評估，確保美國的核武保持最先進狀態，以達到威懾效果；發布明確的網路作戰戰略，為近十五年來首次；發布新的生物戰防禦戰略，使國家對生化戰爭威脅做好準備；聯邦政府宣布，將採取一切必要手段保護美國公民和軍人，使其不受國際刑事法院的不公正起訴；發布「美國優先」的國家安全戰略；成立太空軍，重新啟動國家太空委員會；鼓勵北約盟國增加軍費支出；簽署行政命令，讓軍眷在國內和國外都有工作機會；命令美軍以導彈攻擊敘利亞軍事基地，派遣艦隊駛過南海和台灣海峽，讓強大的美軍再次出現在世界面前。

第一節　川普的偶像傑克遜以及川普的將軍們

◎川普與傑克遜一樣「強韌如老山胡桃」

按照慣例，新當選的美國總統可以按照自己的喜好重新布置白宮的內部陳設，尤其是橢圓形辦公室的風格。川普入主白宮之後，在那張著名的辦公桌後面放置了一尊美國第七任總統安德魯・傑克遜（Andrew Jackson）的騎馬銅像。傑克遜總統是川普的偶像，除了銅像以外，川普還在辦公桌的左後方，再擺上一張傑克遜的畫像。

在白宮正前方、有「總統公園」之稱的拉法葉公園（Lafayette Square）裡，正中間豎立的就是傑克遜總統的騎馬雕像，美國人最常用的二十元美鈔，背面圖案是白宮，正面圖案就是傑克遜肖像。

傑克遜的歷史地位，由三大成就奠定。第一，傑克遜是戰無不勝、攻無不克的名將。他自十三歲起加入大陸軍成為一名信使，在獨立戰爭中曾遭英軍俘虜，是美國總統中最後一位親自參與獨立戰爭者，也是唯一一位曾身為戰俘的總統。傑克遜與其兄長羅勃特在查爾斯頓成為戰俘，在戰俘營中幾成餓殍。他因拒絕為一名英軍軍官清潔軍靴，遭這名惱羞成怒的軍官揮刀砍傷，造成左手及左顱上的疤痕。兄弟倆於被俘期間感染天花，羅勃特於獲釋次日身故。尤有甚者，傑克遜的另外兩名兄長及其母——即其全家——全都死於戰爭期間的艱困生活中。傑克遜亦將之歸罪於英國，此種仇英心理助長其對美東「貴族階層」之懷疑與厭惡，他認為這些「貴族」傾向於偏袒並仿效其殖民時期的「主人」。

田納西建州後，傑克遜成為該州第一位聯邦眾議員及聯邦參議員，後又獲聘為田納西最高法院大法官，但他更看重田納西民兵上校的職位。在一八一二年爆發的美英戰爭中，傑克遜驍勇善戰，戰績卓著，人稱其作戰時強韌如「老山胡桃」（Old Hickory），這成為他的綽號。他一戰成名，是在一八一五年一月八日的紐奧良之役。此役，他率領六千名民兵，以棉捆為柵欄，對抗由英國名將愛德華・帕肯漢（Edward Pakenham）將軍所率的一萬兩千名來犯英軍。由於戰術得當，裝備低劣的美軍結果大獲全勝，志在必得的英軍死傷兩千人，傑克森所部僅十三人陣亡、五十八人負傷或失蹤。傑克遜還指揮了對印第安人的克里克戰爭（Creek War）和塞米諾爾戰爭（Seminole Wars），戰爭的殘酷使他在總統任上發布強迫印第安人遷移的法令——這是傑克遜備受爭議的政治遺產之一。

其二，傑克遜是美國第一個鄉下人出身，或者說由鄉下人選出來的總統，也是美國歷史上第一個白手起家的總統。他強調自己是東岸陳腐政治圈的局外人，當選後將大力整頓華盛頓，使之體現最大多數的民意。由於他講話粗俗，心口合一，頗受草根階層之擁戴。當然，這也讓充滿貴族特質的國父們深感憂慮，《獨立宣言》的起草者傑佛遜曾評價說，傑克遜不重視法律、無視憲法，還脾氣暴躁，話都說不清楚，所以「極不適任總統」，而且是「危險的男人」。美國憲法之父麥迪遜也曾經蔑稱傑克遜為「傻瓜」。

儘管如此，傑克遜是同時代的政治人物中最早意識到政黨政治和選票為王的時代已來臨的人，他大力推動「民粹主義」或「大眾民主」的政治模式，進而打造了美國最古老的政黨之一的民主黨。不過，那個時代的民主黨跟今天的民主黨相比，兩者雖名稱相同，秉持的價值卻大相徑庭。身為民主黨總統的歐巴馬曾宣布，計劃發行沒有傑克遜肖像的二十元新鈔，後因反對聲浪太高才作罷。

第三，傑克遜遠征在西班牙統治下的佛羅里達，擊敗印第安部落及暗助印第安部落的西班牙人和英國人。臨行前傑克遜上呈門羅總統道：「屬下有意以一切手段取得合眾國值得擁有的佛羅里達之地，此事六十日可成。」果然他一路披靡、勢如破竹。

此後，擔任國務卿的約翰．昆西．亞當斯（John Quincy Adams）利用傑克遜已征服佛羅里達的現實，及西班牙自身的弱點，說服西班牙在《亞當斯—歐尼斯條約》（Adams-Onís Treaty）中割讓佛羅里達予美國。傑克遜其後成為併入美利堅合眾國的佛羅里達的州長。

關於傑克遜，還有很多有趣的故事。他一生未曾受過完整教育，透過自學法律，在篳路藍縷的西部成為有名的律師和大法官。一七九五年，他因與對方律師在庭上相持不下，憤而提出決鬥。

那是一個男人之間流行決鬥的時代。生性火爆的傑克遜至少跟十幾個人決鬥過。有一次，他讓對手先開槍，對手一槍直接將子彈打在他心臟旁，他站得直挺挺的，很鎮定地開槍反擊，擊斃了對手。但後來發現子彈就卡在肋骨裡，距離心臟太近，當時醫術不發達，醫生不敢動刀。就這樣，他帶著那顆子彈活了一輩子，常常咳血，引發許多後遺症。

傑克遜也是第一個遭遇暗殺卻倖存的美國總統。當時，槍手帶了兩把槍，拿第一把槍開槍時，子彈發不出來，拿出第二把槍，竟然也失靈。神奇的是，事後發現，兩把槍都是完好的。有人估算過，這種兩把槍都失靈的狀況，機率小於萬分之一。已經快七十歲的傑克遜，拿起拐杖痛毆槍手，就憑著拐杖，竟然把對方打到只剩半條命。

傑克遜沒讀幾年書，連單詞都拼寫不好，錯字連篇。班奈特在《美國通史》中寫道：

「儘管傑克遜所受的粗略教育和他不規則的拼字法使得他受到哈佛大學畢業生的輕視，但傑克遜熟讀聖經各章節內容。對他的同胞而言，這就足夠了。」據說，ＯＫ這個字來源是「All correct」（全對），但是傑克遜把「A」拼成「O」，把「C」拼成「K」，於是拼成「Ole Kurrek」，這樣簡寫起來，就成了ＯＫ。

在「政治正確」如同一把懸掛在頭上的達摩克里斯之劍的今天，傑克遜因為對待印第安原住民和黑奴的殘酷方式，被左派們視為邪惡之人。歐巴馬對傑克遜的仇恨，似乎有理有據。但川普無視政治正確，公開表示熱愛傑克遜。川普說，他喜歡傑克遜的「強硬」。今天的美國，需要傑克遜式的強硬。傑克遜對東岸菁英階層的排斥，對草根民眾的重視，對軍隊和軍力的推崇，以及如同西部牛仔般開拓疆土的勇氣，讓川普心有戚戚焉。

◎川普的將軍們：沒有武力，就沒有和平

川普愛用職業軍人，喜歡說「我的將軍們」，其來有自。班農以林肯為例，建議川普物色跟他「美國優先」理念接近的軍事將領。「林肯並非軍事專家，儘管他握有贏得內戰（南北戰爭）的全盤計劃，但若要打勝仗，還得相中格蘭特（Ulysses S Grant）和謝爾曼（William Tecumseh Sherman），這兩人才有本事落實他的策略。」

在美國的行政分支機構中，負責軍事、外交及國家安全事務的重要職務包括：國防部長、國家安全顧問、白宮幕僚長、國務卿、國土安全部長等。川普任命多名在軍中聲望極高的將軍出任這些職務，比如：退役將軍馬提斯（James Mattis）出任國防部長，退役將軍約翰·

凱利（John Francis Kelly）出任白宮幕僚長。從履歷來看，馬提斯、凱利都曾在中東戰場打過仗，對歐巴馬對中國、伊朗、伊斯蘭國、古巴、北韓的軟弱政策嚴重不滿。

在各個政府部門中，國防部的重要性超過國務院：無論在雇員人數還是預算上，國防部都堪稱「第一部門」——美國年度國防預算高達六千多億美金。國防部長是僅次於總統的軍隊第二高位指揮官。川普任命的第一位國防部長馬提斯，在海軍陸戰隊中服役四十四年。美國歷史上，絕大多數國防部長都是文人背景，馬提斯是繼二戰名將馬歇爾之後，第二位擔任國防部長的高階退役將領。川普讚揚馬提斯是「將軍中的將軍」：「很多人說馬提斯是最接近巴頓將軍（George S Patton）的人，這就是我們需要的。」

馬提斯擁有豐富的實戰經驗。一九九〇年第一次波灣戰爭時，擔任陸戰隊營長。二〇〇三年伊拉克戰爭時，已升任師長，在一年後的費盧傑戰役中擔當關鍵角色。二〇一〇年，升任中央司令部司令，主管伊拉克軍務，督導從伊拉克與阿富汗撤軍，轄區廣及敘利亞、葉門及伊朗。

由於馬提斯鍾愛戰鬥，海軍陸戰隊的士兵們給他取了一個又敬又恨的暱名：「瘋狗」（Mad Dog）。根據歷史學者尼爾・弗格森（Niall Ferguson）的說法，馬提斯本人既不瘋狂也不會亂咬人，說話輕柔，博學多聞，是學者型的將軍。馬提斯酷愛讀書，其私人圖書館擁有超過七千本戰史書籍。他獻身軍旅、長期單身，在軍中亦有「僧侶戰士」（Monk Warrior）的美譽。他是令敵人喪膽的戰士，也是慮事周全的策略專家。馬提斯領導出色，與前線士兵共同進退，獲《陸戰隊時報》譽為這一世代「最受尊崇的海軍陸戰隊將士」。他以誇張言辭聞名，曾提出廣為人知的口號，包括「海軍陸戰隊不知『戰敗』為何物」，以及「保持禮貌且專業，但要有殺掉每個出現在你面前的敵人的心理準備」。

馬提斯對歐巴馬的中東政策極為不滿，在伊朗核協議簽訂前幾個月憤而辭職，並公開批評歐巴馬決策錯誤。馬提斯對於亞洲事務及中國問題亦有自己的想法，在參議院軍事委員會作證時曾表示：「美國必須建立制衡的系統，以避免中國繼續在南海與其他地方遂行霸凌行為。」

不過，馬提斯是傳統的歐洲中心主義者，主張美軍精銳部隊應部署在歐洲，以應對俄羅斯的威脅。但川普以新的「印太戰略」為重，認為俄羅斯實力下降，不足為懼，中國在亞太的挑戰才是首要難題，美軍重心應當移到印太地區。馬提斯跟不上川普的這一思路，任期過半就掛印而去。有趣的是，馬提斯卸任之後才逐漸看到中國問題的重要性，發言支持香港的民主運動，警告中國不得武力鎮壓，以免讓美國被迫「派遣第八十二空降師到香港」。

川普任命的另一位退伍將軍閣員，是先出任國土安全部長，然後轉任白宮幕僚長的退役陸戰隊上將凱利。凱利於一九七〇年加入陸戰隊，服役長達四十五年，在伊拉克擔任過許多戰場指揮職務，曾出任國會聯絡員和美軍南方司令部指揮官。

凱利與馬提斯頗有淵源，二〇〇三年第二次波灣戰爭期間，時任陸戰隊第一師少將師長的馬提斯親自拔擢凱利為准將副師長，凱利成為韓戰後第一位在戰場晉升的將級軍官。

特別值得一提的是，凱利是在戰場上喪子的美軍最高級別將領。二〇一〇年九月，凱利二十九歲兒子在阿富汗因踩上地雷而當場陣亡。凱利在談到兒子之死時說，他是觸雷後立刻喪命，上帝沒讓他承受額外的痛苦，這在戰場上是最好的死亡形式。

二〇一八年三月十三日，川普提名中央情報局局長蓬佩奧出任國務卿。蓬佩奧有軍人履歷，畢業於西點軍校，是陸軍裝甲兵上尉，曾派駐冷戰末期的柏林，也曾作為第四步兵師軍官參與波灣戰爭。

蓬佩奧是有茶黨背景的共和黨鷹派，他在多個場合強調中國才是美國的最大威脅。他接受福斯電視台採訪時說：「如果你看看總統的國家安全戰略，川普政府對中國的所作所為非常清楚明瞭。無論是在貿易爭端還是盜竊智慧財產權的問題上，或是他們在東中國海和南中國海的行動，這屆政府對此已有明確認知，也正在反擊中國的威脅。」二〇一八年一月三十一日，他在接受英國廣播公司採訪時指出，中國對美國的滲透力遠大於俄羅斯，「想想這兩個經濟體的規模。中國可以在更大的範圍執行其使命，其足跡比俄羅斯大得多。」早在一月二十二日，他接受哥倫比亞廣播公司採訪時說，中國對美國的企業和經濟都構成了威脅。「中國是很強大的競爭對手，推行一些明顯不利於美國的貿易策略。從中央情報局的角度來看，我們還在密切關注中國的發展軍事技術和網路技術能力……中情局的作用就是確保我們的決策者了解中國的挑戰，以便他們做出選擇來反擊這些威脅。」

分析人士吉姆・克萊默（Jim Cramer）指出，川普選擇蓬佩奧出任國務卿等於向中國說「你們是我們的敵人」。蓬佩奧處理外交事務將比前任更加強硬，思維方式也跟川普更為合拍。

川普內閣中的軍人還有很多，例如曾擔任蒙大拿州國會眾議員的內務部長萊恩・辛克（Ryan Zinke）。辛克雖不是將軍，卻大有來頭：他曾是美軍精銳部隊海豹突擊隊（SEAL）隊員，服役長達二十二年，執行過若干極度危險的任務，以中校軍階退伍，是一名藍波（John James Rambo）式的英雄。美國內政部雇用超過七萬人，管理超過百分之二十的聯邦土地，是一個重要的部門。

陸軍部長文森・維奧拉（Vincent Viola）兼有退役軍人和億萬富豪雙重身分。維奧拉就讀於西點軍校，畢業後進入陸軍第一〇一空降師服役。退役後，轉投商界，從紐約商品交易所交易員做起，先後創辦好幾家公司。二〇〇一年至二〇〇四年，維奧拉擔任紐約商品交易所主席。「九一一」後，他出資在西點軍校設立反恐研究中心。維奧拉的個人資產達十七點九億美元，在美國富豪榜上排名第三百七十四位。川普表示，無論在軍界還是商界，維奧拉都取得卓越成就，他懂得如何應對挑戰，如何發揮領袖本色。

二〇一八年十月，川普任命退役准將史迪威（David Stilwell）為國務院負責亞太事務的助理國務卿。研究中國政治和安全問題的知名學者、澳大利亞麥考瑞大學教授季北慈（Bates Gill）在推特上說：「白宮終於宣布了亞太事務助理國務卿人選，史迪威是處理亞洲問題的老手，又懂韓語又說中文，做過駐華武官，掌管過美軍太平洋司令部的中國戰略小組。這個選擇很棒。」華盛頓智庫新美國安全中心研究員、前美軍太平洋司令部司令哈里斯（Harry Binkley Harris, Jr.）的核心幕僚塞耶斯（Eric Sayers）發推說，史迪威是共和黨的一個好選擇，他應該會跟國防部負責亞太事務的助理部長薛瑞福（Randy Schriver）及國家安全委員會亞洲事務高級主任博明（其後升任副國家安全顧問）成為很好的拍檔。史迪威被外界認定是「鷹派中的鷹派」，傾向採用對華強硬政策，可能是中國最不喜歡的亞太助理卿人選。

第二節　如何解讀蘭德公司的美軍軍力報告？

◎傳統基金會的軍力報告是居安思危

二〇一七年十月十五日，美國保守派智庫傳統基金會（Heritage）發布了《美國軍事實力指數》（*Index of U.S. Military Strength*）報告。該報告指出，美軍目前危機重重，已無力承擔同時在全球展開兩場中等規模戰爭的使命。

這份由多名退役高級將領主導完成的長篇報告，從軍隊規模、戰備狀態以及軍備威力三個維度，對美國陸軍、海軍、空軍、海軍陸戰隊和核武部隊實力做了詳細評估，評分等級為「非常弱」、「弱」、「勉強及格」、「強」和「非常強」五檔。

報告認為，美國陸軍整體實力為「弱」。二〇一二年以來，陸軍規模從四十五個旅縮編至三十一個旅，其中只有三個旅能隨時派遣到全球各地戰區投入戰鬥。海軍整體實力為「勉強及格」。雖然海軍當前保持全球部署態勢，但存在作戰平台老化、現代化進程受挫等問題。空軍在各軍種中表現最好，但依然是「勉強及格」。由於訓練強度不夠、戰備保養不力，空軍作戰能力未來將持續下滑。核部隊整體實力為「勉強及格」，其科研力量、戰備狀態以及盟友配合度等方面表現「及格」，彈頭現代化、核武體系以及核武測驗準備狀態等方面表現為「弱」。報告對海軍陸戰隊的評估是「弱」。海軍陸戰隊戰鬥人數從五年前的二十萬兩千人降至十八萬四千四百人，且訓練和裝備皆未達到標準。

該報告在結論部分指出：

自二戰以來，美國在世界中的領導地位發生動搖，其安全利益正在經受重大壓力。挑戰正在增加，盟友也在變化，逐漸增加的國債也令美國軍力難以保證其利益。美軍的地位急需重新考量。

有趣的是，傳統基金會這份「居安思危」的報告，居然讓台灣「旺旺系」的宣傳機構（這裡必須特別強調，它們是「宣傳機構」而不是「獨立媒體」）喜出望外。《中國時報》對此發表評論文章指出，美國已日薄西山、不足掛齒，中國則是大國崛起、主導世界。既然「西瓜偎大邊」，台灣應當「棄美而依中」，台灣人即便成為中國之二等國民，亦可「痛並快樂著」。

從此類「自願為奴」的言論可以看出，「旺旺系」宣傳機構的主持筆政者，既缺乏基本的台灣主體意識，也缺乏起碼的國際知識——特別是對美國的了解幾乎為零。他們沒有能力對傳統基金會的這份報告做出正確解讀，他們發出的評論和資訊對台灣社會極其有害。台灣執政當局應當嚴肅清查這類危害國家安全的「外國代理人機構」。

那麼，傳統基金會的美軍軍力報告究竟傳達了哪些訊息？應當如何作出正確解讀？

◎軍事力量是終極的「貨幣流通」形式

首先，這份報告評估美軍現有的軍力狀況，其參照系是上個世紀九十年代末蘇聯解體、冷戰結束之後十年間，美軍軍力「獨領風騷」、世界最強的那段時期。跟那個黃金時代相比，如今美軍的軍力確實有所下降；但如果跟世界其他國家相比，美軍仍是全球最強大的戰爭機器，中國和俄羅斯等挑戰者要想跟美國並駕齊驅，尚有遙遠的距離需要追趕。

《國家利益》雙月刊報導說，在現代國際政治體系之中，軍事力量是終極的「貨幣流通」形式。美國在政治、經濟、文化上的強大，是以軍事力量為支撐的。而美國是歷史上能夠快速而有效地部署大量軍事力量、包括陸上力量的唯一強國。以陸軍而論，美國陸軍在數量上不如中國和俄羅斯等國，卻是繼古羅馬帝國陸軍、蒙古陸軍、鄂圖曼帝國陸軍、拿破崙帝國陸軍、納粹德國陸軍和蘇聯陸軍之後，一支運用卓越技術的、訓練有素的戰鬥力量，它還獲得了世界上有史以來最強大的海上和空中力量的支援。

當然，目前美軍確實面臨著若干需要應對的內外危機。傳統基金會的這份報告將內部危機歸咎於前總統歐巴馬的碌碌無為——這份報告堪稱譴責歐巴馬的公開信。讓美軍實力大幅下降的始作俑者，就是持極左派立場、對外軟弱無力、對內自毀長城的歐巴馬。

歐巴馬執政八年，大幅削減軍費、拖延軍備更新、打擊官兵士氣、削弱軍隊戰力。歐巴馬是美國歷史上罕見的與「美國價值」和「美國利益」為敵的民選總統。從某種意義上說，正因為大部分民眾對歐巴馬的極端反感，才使得打著「反歐巴馬」旗號的川普在選戰中大獲全勝。而大選的失敗者、民主黨候選人希拉蕊也將自己失敗的重要原因歸咎於歐巴馬的怯懦和愚蠢，這不是沒有道理的（雖然希拉蕊比歐巴馬並好不到哪裡去）。

川普政府的若干政策，包括國防政策，都跟歐巴馬時代背道而馳。傳統基金會的這份報告，可以看作是對歐巴馬國防政策的全面否定，和對川普國防政策的全力支持。

◎美軍不必擔憂俄羅斯成為中國的盟友

其次，即便如這份報告所說，美軍短期內難以應付同時在全球打贏兩場戰爭，卻有百分之百的把握與世界任何一個國家打一場必勝的戰爭。一戰之後，美軍百年來打過大大小小數十次戰爭，是一支充分接受現代戰爭洗禮的軍隊。

此前，美軍並未單獨應付兩個強敵——第二次世界大戰中，有太平洋（亞洲）和大西洋（歐洲）兩個相對區隔的戰場，美國同時與德國和日本兩大強敵作戰，但那時美國得到諸多盟友的幫忙。今天，如果發生一場新的戰爭，即便有兩個敵手同時出現，美國更會「得道多助」，因為美國盟友數量如今達到有史以來最高。在歐洲，有基本聽命於美國的北約組織；在亞洲，除了中國和北韓外，幾乎所有重要的國家都是美國的盟友。

美軍的戰力相對而言有所下降，但以軍費的多寡、官兵素質的高下及武器的先進程度等重要因素而論，即便中國和俄羅斯兩個「邪惡帝國」攜手對抗美國，美國也不必擔心落敗。中、俄兩國的國力和軍力相加仍遠遜於美國，而且中、俄兩國向來各懷鬼胎、彼此提防，從來不是擁有共同利益和價值觀念的堅定盟友。

二〇一九年九月中旬，中國派出一千六百人、三十架戰機參加在俄羅斯舉行的大型軍演。卡內基莫斯科中心高級研究員亞歷山大．加布耶夫說，此次演習是中俄加強合作的一種模式，是對美國發出的信號。在布魯塞爾的國際關係專家喬納森．霍斯拉格（Jonathan Holslag）指出，西方政界人士越來越擔心莫斯科與北京正在深化關係。若俄羅斯和中國聯手，俄羅斯有豐富的自然資源，中國具有強大的工業能力，兩者加在一起不可避免地對西方構成強大挑戰。BBC外交事務記者馬庫斯（Jonathan Marcus）更用誇張的語言表述說，俄中結盟是「華盛頓的噩夢」。

然而，傳統基金會國家安全與外交政策研究所副所長詹姆斯・傑伊・卡拉法諾（James Jay Carafano）認為，中俄雖然在對付華盛頓方面有共同利益，但它們各有所圖，中俄兩國的聯合不會長久。俄羅斯和中國聯合面臨的主要問題是俄中力量不對稱，兩國各自的強項和弱項完全不同。例如，中國在敘利亞幫助俄羅斯方面，能力十分有限。普亭在南海也幫不了中國多大忙，另外在中美貿易衝突中，俄羅斯也發揮不了調停作用。

中俄彼此的善意也有限度，它們的全球目標並不協調。合作努力越多，其關係就會受到越多利益差異的影響。卡拉法諾以中國在中亞和北冰洋為例說明，在這些俄羅斯主宰的領域，中國參與程度越深，莫斯科的疑問可能就越多。

近代以來，俄羅斯侵占中國領土之廣，無第二個國家可比；如今，中國移民大量進入俄國遠東地區，以及習近平「一帶一路」政策使中國勢力進入原蘇聯勢力範圍的中亞諸國，普亭視中國為嚴重威脅。中俄之間的矛盾和分歧，未必比與美國的矛盾和分歧小。

美國不用擔心冷戰時代美、蘇、中的三角關係被顛倒過來，出現中、俄共同抗衡美國的情形。普亭和習近平的主要利益在於保持其政權生存。美國保持強大壓力會讓他們沒有多少其他選擇，只能接受美國強大以及美國會繼續強大的事實。

◎強大的軍力和國防工業基礎，是美國實力的關鍵因素

第三，傳統基金會發表這份「妄自菲薄」的報告，是為了推動川普政府增加軍費、整頓軍隊，恢復美軍的榮光。

傳統基金會一向是保守派（共和黨）的重量級智庫，川普上台之後他們也跟新政府關係密切，對新政策的決策具有相當影響力。傳統基金會忠於保守主義價值，支持民眾的持槍權，更支持美軍擴軍備戰、有備無患。

所以，這份報告不是像左派智庫或媒體那樣刻意「唱衰美國」，而是要改變歐巴馬時代「文嘻武戲」的情勢，讓美國民眾有「居安思危」意識，為川普的「強軍計劃」背書，為巨額國防預算提供「理論支持」，並幫助美國各兵種爭取更多利益。

此前，川普在競選演講中說：「不管要花多少錢，我們都得給足軍方的經費。……避免使用武力的最好方法，就是讓大家都看見自己的實力。當大家都知道我們會在必要時使用武力，而且我們說話絕對算話的時候，他們對我們的態度就不一樣了。他們會尊敬我們。」這是當年雷根總統的理論，而川普不僅是說說而已，更是說到做到。

二〇一八財政年度，美國的國防預算達到創紀錄的七千億美元，超過排名第二至第十的九個國家的總和。軍方扭轉了歐巴馬時代的頹勢，成為川普實現「讓美國再次強大」的願景的基石。

另一方面，正如川普的經濟顧問納瓦羅所說，「經濟安全就是國家安全」理念最直接的體現，就是川普政府常規武器政策的新變化。當美國政府支持私營企業增加軍售時，不僅加

強了美國的戰略夥伴關係，且有助於穩定地區聯盟。同時，新國防銷售政策也以高薪創造大量就業崗位。比如，美國向巴林出售先進戰鬥機，不僅在南卡羅萊納州格林維爾的一家新工廠創造了更多就業崗位，它的好處還波及到分布在四十二個州的四百五十多家製造商和供應商。

川普在二〇一七年的《國家安全戰略》中宣稱：「一個健康的國防工業基礎是美國實力的關鍵因素。軍隊應對緊急情況的能力取決於我們國家生產所需零部件和系統作戰的能力。」因此，川普特別指示國防部長對國防工業基礎進行歷史性和整體性的評估。

當時，國防部副部長派翠克．沙納漢（Patrick Michael Shanahan）向白宮提交了國防工業基礎評估結果。這份報告指出，本屆政府已迅速採取行動解決近三百個漏洞。例如，美國面臨許多「單點故障」，在這些故障中，美軍使用的武器裝備只有一個生產來源——船隻中使用的軸承、坦克中的炮塔、用於防禦導彈的天基紅外探測器、用於高科技帳篷的織物。美國國防工業基礎在印刷電路板、機床和許多對國家安全至關重要的產品上過於依賴外國供應商。從評估中得到的一個關鍵教訓是：「我們絕不能再讓財政預算成為從美國的國防工業基礎吸走創新的氧氣和束縛其能力的因素。」

在此背景下，川普宣稱，必須大幅提高軍費，比如，海軍要增加六萬兵力並建造包括巡洋艦、驅逐艦和潛艇在內的更多先進的戰艦——把現在的兩百七十四艘軍艦增加到三百五十艘。有了強大的軍事實力，美國才能捍衛自由世界，正如川普在國情咨文中所說：

當我們在重塑美國內部的力量與信心時，我們也在國外恢復力量。全球範圍內，我們追趕紅色政權、恐怖組織，還有像中國與俄羅斯那樣挑戰我們利益、經濟和價值觀的對手。在與這些可怕危險因素對抗時，我們知道是軟弱導致了衝突、而無法比擬的力量是捍衛我們自身最保險的方式。因此，我請求國會全力支持我們的偉大軍隊，停止削減開支以免造成危險。

第三節　福特級航母向盟國和敵國傳遞的信號

◎讓盟友安心，讓敵國喪膽的福特級航母

二戰標誌著世界真正進入海權時代，而海權的象徵就是航母。可以說，誰擁有最多最強的航母，誰就擁有世界。

二〇一七年七月二十二日，在美國軍港、維吉尼亞東南部沿海城市諾福克，川普總統登上耗資一百二十九億美金的美國最新型福特級核動力航母「福特號」（USS Gerald R. Ford CVN-78），親自主持儀式，將其交付海軍服役。

行前，川普在推特上表示，福特號是世界上最大的航母，這艘「超級航母」向全球傳達的訊息勝過千言萬語。川普在交付儀式上發表演講指出：「無論這艘船在何處的地平線上出現，我們的盟友都會倍感輕鬆，而我們的敵人都會怕得瑟瑟發抖，因為每個人都會知道美國來了，美國正在強勢來臨。」他還說，這艘軍艦是一種「使我們不必戰鬥的威懾力」，若真發生戰爭「結果永遠都是一樣的，那就是，我們將勝利，勝利，勝利」。

福特級航空母艦是目前美國以及全世界最大的航空母艦，「福特」號則是這個級別的第一艘。它全長超過三百三十米，排水量十一萬二千噸，可搭載七十到八十架戰機，採用大量先進電子系統。川普在三月時曾視察這艘軍艦，他說，新一代福特級航母將是美國全球軍事存在的核心裝備。這艘新航母將成為新一代「超級航母」中的旗艦，這是四十年來第一艘新一代航母，也是有史以來造價最昂貴的軍艦。該艦預期壽命五十年，其核動力部分可使該船一次連續運行二十年而無須中途加注燃料。

福特號以第三十八任美國總統、二戰期間曾擔任海軍少校的傑拉德·福特的名字命名。福特的女兒蘇珊·福特·貝爾斯在二〇一三年見證了福特號航母的命名下水儀式。福特級航母將生產多艘，陸續取代目前的尼米茲級超級航母——該等級的十艘核動力艦船是以二戰時期海軍上將切斯特·尼米茲（Chester William Nimitz）的名字命名的。

福特級航母究竟有哪些超強戰力，讓盟友安心、讓敵國喪膽？首先，它擁有最強的核動力。核動力是包括航空母艦在內的大噸位艦艇的首選動力裝置。「福特」號航母更換了新式的核動力裝置A5W壓水堆，向世人表示：核動力裝置對於美國海軍大型航母仍是最適合的動力系統。

其次，「福特」號擁有新式電磁彈射系統。用電磁彈射器取代蒸汽彈射器，是其一大亮點。電磁彈射系統反應快捷，準備時間只需十幾分鐘，利用效率上要比蒸汽彈射高出十倍。專家介紹，採用電磁彈射系統，艦載機每天的出動量可由原來的一百二十架次增加到一百六十架次。不僅如此，新航母的電磁彈射系統只需九十名艦員即可操作，而傳統的蒸汽彈射系統需要一百二十名艦員。飛行員更是最大受益者，新型電磁彈射器讓飛行員平穩升空，避免蒸汽彈射器的顛簸之苦。

第三，其隱祕機動性更強。「福特」號航母沿用「尼米茲」級的船身形狀，同時使用大量新技術新設計：重新設計飛行甲板，加大甲板使用面積；改進島式上層建築，充分考慮視野、湍流、指揮、飛行控制、各種雷達和通信要求；強調隱身性，突出部位使用有關材料，降低雷達反射面積。

二〇〇九年開始建造的「福特」號在二〇一七年服役之後，同級別的「甘迺迪」號也即將完工。美國海軍在一份聲明說，海軍正在加速建造第三艘和第四艘福特級航母，其中第三艘已確定名為「企業號」，第四艘的名稱還未確定。新建造的兩艘航母在設計上有更新，可供F－35C閃電II戰鬥機起降，安裝MK－38艦炮系統，並可配備艦載MQ－25「魟魚式」（Stingray）無人駕駛空中加油機，加強了攻擊能力。

◎美國不是紙老虎，美軍的牙齒很鋒利

福特級航母的服役讓川普信心滿滿。川普指出，在軍事領域，即便歐巴馬時代不斷削減軍費、打擊士氣，但美國在軍事上仍對中國等敵對國家有壓倒性優勢。如果撇除中方對其軍力的自我誇耀，根據事實來看，美國擁有十二艘造價共三百億美元的航空母艦，中國只有一艘（由蘇聯報廢航母改造而成）。如果看戰機、導彈、核彈等傳統軍事力量，中國只有美國的百分之二十。再加上同盟國，包括歐洲、韓國、日本、台灣和澳洲，美國擁有一個力量強大的國際聯盟來對付孤家寡人的中國。川普像冷戰時代的雷根那樣毫不猶豫地宣布：「他們

一定輸，我們一定贏。」

航空母艦代表了一種技術力量，更象徵著一種文化力量。即便美國送一艘「福特」號航母給中國，中國也無法駕駛和營運這個龐大的海上城市。「福特」號航母從內部設計上就充分實現了人性化，這是讓中國等專制國家望塵莫及的地方。「福特」號採用更小的居住隔間，尼米茲級航母是一百八十人的居住艙，在「福特」號上被四十人或者更小的隔艙代替，以減少噪音和相互干擾。這些小型艙室更為安靜，艦員到達自己的艙室需要穿越的空間更少。每間居住艙室都有一個綜合艙，包括淋浴室、洗手間和水槽。此外，「福特」號是第一艘從設計之初就專門建有體育館的航母。它擁有三座體育館，配置最新最好的健身器材。另一方面，艦載設備的自動化、智慧化和小型化趨勢，讓這艘功能更複雜的航母運行需要的人數明顯減少，這艘航母最多只需要兩千六百名艦員就能正常運作，比尼米茲級減少六百人。加上艦載航空聯隊的飛行員和保障人員（甲板指導員），全艦總人數為四千五百三十九人，比尼米茲級少了一千五百人。

歷史上，從來沒有免費的和平從天而降。在這個不完美的世界上，捍衛和平必須以強大的軍力為保障。美國贏得一戰、二戰、冷戰，靠的不是苦口婆心的勸說，而是讓敵人膽寒的強力戰爭機器。面對咄咄逼人的習近平，川普和他的將軍們都準備好了。前美軍太平洋司令部司令哈里斯上將（他退役後被川普任命為駐韓國大使，以鞏固美韓之間的軍事及政治關係，此任命亦凸顯了東北亞問題在美國全球戰略中的重要地位）曾在國會作證說：「發起戰爭的能力是重要的，否則你就變成了紙老虎。我並不希望與中國發生戰爭，但我們應該準備好與中國開戰。」

二〇一九年九月十八日，川普任命羅勃特・奧布萊恩取代波頓成為其任內第四位國家安全顧問。奧布萊恩是預備役少校，在戰略立場上是鷹派，但在行事方式上較波頓柔和。奧布萊恩與蓬佩奧有過親密合作，這樣可以避免出現此前蓬佩奧與波頓的爭權。奧布萊恩獲得任命後，即引用雷根的著名外交理念作為對外宣示，白宮會在他上任後的一年半時間裡「以實力維護和平」——在這一點上，他與川普不謀而合。

奧布萊恩高度重視海軍建設，認為海軍是美國軍力和國力的展示窗。二〇一六年，奧布萊恩曾出版《當美國沉睡時》（*While America Slept*）一書，書名借鑑了邱吉爾關於上世紀三十年代的著作《當英格蘭沉睡時》（*While England Slept*）。邱吉爾在書中大聲疾呼，英國不能忽視納粹德國的崛起；而奧布萊恩在其著作中，指責歐巴馬政府對中國的擴張主義視而不見，同時批評美國軍力的衰退，尤其海軍軍力薄弱，難以在東海和南海遏制中國的擴張。川普執政之後，大幅增加軍費，海軍得以大幅加快多艘福特級超級航母的建造，奧布萊恩樂見其成，上任後會大力支持這一強軍方向。

幾經調整，川普、蓬佩奧、奧布萊恩與國防部長艾斯培（Mark Esper）形成了二戰之後最強悍的美國高層決策小組「四大金剛」，就連雷根時代也沒有如此完美的人事組合。

第四節　「印太戰略」取代「亞洲再平衡戰略」

◎從一味退守到主動出擊

隨著歐巴馬下台、希拉蕊敗選，歐巴馬和希拉蕊攜手締造的「亞洲再平衡戰略」無疾而終。

歐巴馬政府推動的「亞洲再平衡戰略」，採用傳統的「現實主義」手段，希望透過增加美國在西太平洋的軍力部署，製造戰略均勢來制衡中國。但是，此戰略的重要預設是：中國希望維持和平。

根據歐巴馬執政後期五角大廈委託華府智庫「戰略暨國際研究中心」（CSIS）所做的《亞太再平衡二〇二五，戰力、部署與夥伴》報告，認為美國可以對中國維持和平的契機，來自於習近平視當前的國際局勢為對中國有利的「戰略機遇期」。

該報告對習近平言論的詮釋是，認為習近平領導的中國政府，對目前由美國主導的亞太秩序並不敵視，而是將美國主導的秩序視為「戰略機遇」，這代表短期內中國不會試圖挑戰或改變這個秩序。但該報告也警告，習近平的講話表明，中國的野心並不僅止於西方國家預估的「欲成為傲視諸國的亞洲強權」（To become the preeminent Asian power），而是希望長期而言可成為能操作國際政治槓桿的全球大國。這說明了中國之所以推動一帶一路政策的原因——它為何試圖將國內經濟的繁榮，與亞洲各國的整體經濟穩定綁在一起，又為何對發展海軍、推進到第二島鏈有如此強烈的興趣。

這篇報告也提到，美國的「亞洲再平衡戰略」是為了三個目的：保護美國人民與盟友安全、推動自由貿易與經濟利益、推動民主化並支持民主制度。

這三項目的仍是代表民主黨不放棄以自由貿易推動中美間實現「永久和平」的努力。但對照中國的戰略目的即可發現，中國做的種種準備，乃是為了翻轉美國主導世界秩序的現況。

「亞洲再平衡戰略」並不是要在近期內跟中國爆發衝突，而是希望強化美國對現有秩序的捍衛力量，嚇阻中國改變西太平洋的權力結構。但長期來說，美中在未來仍會爆發衝突（即便不是武裝衝突）。只是美國希望透過「亞洲再平衡戰略」，推遲衝突爆發的時間，並在衝突來臨前做好準備。然而，隨著習近平修憲、「一帶一路」四面出擊、南海人工島軍事化以及對香港和台灣的「窒息戰略」，只求防守的「亞洲再平衡戰略」已然跟不上時代的變化。

川普入主白宮之後，拋棄了言不及義、刻舟求劍的「亞洲再平衡戰略」。川普上任後的首次亞洲之行，在公開場合四十多次提及「自由開放印度太平洋」或「印度太平洋」，其嶄新的「印太新戰略」已呼之欲出。川普在日本、韓國、越南及菲律賓等國訪問時都提到這個新名詞，唯獨在中國隻字不提，說明他並未將中國放在「印太盟友圈」當中──對他來說，中國是比俄羅斯還要危險的頭號敵人。

然而，西方主流媒體未能捕捉到這個重要資訊，反川普反得利令智昏，報導川普訪問亞洲尤其是訪問中國的行程時，跟中共新華社和《環球時報》的論調如出一轍。他們不是在客觀報導新聞，而是將無數虛擬和扭曲的評論塞到報導中。他們刊登諸多對中國一無所知的「白左」作者的文章，也刊登若干在中國官方媒體上頗受歡迎的「高級五毛」（主動為中共辯護的時事評論員）的文章，只要是罵川普的就是好文章。

比如，在ＢＢＣ中文網上可以看到：不署名的文章〈川普習近平各表貿易願景，分析指美國於亞太角色不再〉、ＢＢＣ記者尼克・布萊恩特（Nick Bryant）發自紐約的評論〈美國不再如日中天的時候〉，以及旅居法國的「高級五毛」宋魯鄭的評論〈兩大因素令川普治下的美國不敵中國〉——此人是《環球時報》的專欄作者，ＢＢＣ發表此類垃圾文章，是刻意展示其「多元化」，還是顯示其已被中共滲透？

又比如，在《紐約時報》中文網上可以看到：每個預言都失敗卻仍熱衷於發表預言的專欄作家湯瑪斯・佛里曼（Thomas Loren Friedman）的文章〈世界正發生劇變，川普卻被中國玩弄於股掌之間〉、歐巴馬時代的國家安全顧問蘇珊・萊斯的文章〈川普亞洲行：讓中國恢復偉大榮光〉——她無中生有地指責川普，偏偏忘記了訪問中國時歐巴馬和她本人所受之羞辱。她一點都不反省：為什麼同樣是美國總統，習近平敢於羞辱歐巴馬，卻對川普畢恭畢敬？道理很簡單，習近平和中國人一貫都是欺軟怕硬。

川普比自以為可以欺騙他的人聰明得多。川普的亞洲之旅，重心並非在紫禁城看形式陳腐的京劇，而在於媒體看不到的事件——川普沒有向習近平低頭，而向中國施加前所未有的壓力，那是歐巴馬想都不敢想、更不敢付諸實踐的做法：川普當面告訴習近平，美國不會停止賣先進武器給台灣，而此前歐巴馬只會重複「一個中國原則」；川普尚未返回美國，美國商務部就裁決需向中國出口的硬木徵收反傾銷稅、反補貼稅；川普訪問韓國期間，韓國左派總統文在寅審時度勢，承諾將向美國購買數十億美金的武器，並推進薩德反導彈系統的建設；與此同時，美國三艘航母戰鬥群在東北亞舉行軍事演習，表面上是威懾北韓，其實是讓中國看到美國的堅強意志——川普訪問亞洲的第一站是位於日本橫須賀的美軍基地，他對數千名美國官兵發表演說，不輸於雷根在柏林圍牆前的演說：「任何人、任何獨裁者、任何政權、任何國家，都不要低估美國的決心。」這句話既是說給金正恩聽的，也是說給習近平聽的。

「印太戰略」的提出，將使得川普的亞洲之行載入史冊。此前，川普任命的第一位國務卿提勒森（Rex Wayne Tillerson）曾經提出「美國－印度安全架構」之概念，指出美國和印度是世界上第一大和第二大的民主國家，兩國應當建立「維護世界安全的兩支軍隊」。軍事合作的建議，美國只會告訴親密盟友。緊接著，川普在APEC年會上提出「印太戰略」，將過去亞洲的安全體系從太平洋、東南亞擴及到納入印度洋和印度，該體系至少包括美國、日本、印度、韓國、越南、印尼、澳洲等國，這些國家的實力加起來，壓倒性地超過中國與俄羅斯的結盟（況且中國與俄羅斯從未建立牢固的盟友關係）。一個「亞洲版的北約」已隱隱可見。

川普的「印太戰略」跟此前歐巴馬的「亞洲再平衡戰略」劃出一道明顯的界線。華人媒體和評論人大都亦步亦趨地跟隨《紐約時報》和CNN唱衰美國的腔調，但也有少數清醒的聲音傳出來。有一些台灣知識人給予「印太戰略」高度肯定，並指出這是台灣提升國際地位的一個契機。台灣評論人士陳禹瑄認為：歐巴馬的戰略和柯林頓有一點共同處，就是認為中國會改變，美國重返亞太，是要推動中國民主化。但川普的「印太戰略」最大的不同在於，美方認識到中國自身不可能實現民主化，相反越來越走向法西斯化，因此必須聯合亞太諸國例如印度，以強硬手段遏制中國的軍事擴張。台灣分析人士鄭良瑩也認為：「川普總統的亞洲之旅重新給亞洲國家帶來信心，它們相信美國勢力會留在亞洲、相信美國會堅持自由價值、相信美國會信守承諾。美國七十年的亞洲大戰略峰迴路轉，剎那間又活了過來。」

◎印度加日本就可抗衡中國

川普使用「印太」（Indo-Pacific）這個概念，「印」在「太」之前，不是隨意為之，而是大有深意。在川普政府看來，印度比中國重要，南亞比東亞重要，印度洋比太平洋重要，這個似乎是靜悄悄的變化，其實是翻天覆地的。

未來印度有可能超越日本，成為美國在亞洲的第一盟友。印度比日本更有勇氣和條件幫助美國對抗中國：日本與中國在地理上隔著海洋，可置身於亞洲大陸的紛爭之外，選擇「光榮的孤立」。日本又受制於和平憲法，即便強勢的安倍首相致力於修憲，但國內存在強大的親中勢力和頑固的和平主義者，百般阻撓修憲。相比之下，印度與中國接壤，且在喀什米爾等處有領土爭端，此前曾發生戰爭及持久的邊界衝突。印度同情和支持西藏的流亡政府及達賴喇嘛，印度國內不存在強大的親中勢力，對中國同仇敵愾。

印度與中國在經濟上有競爭關係，目前是中國處於領先地位。但在下一階段的「龍象之爭」中，印度很可能後來居上。印度的GDP已位居世界第七，二〇二九年更將爬升到僅次於美國和中國的世界第三（那時，中國經濟能否維持世界第二還很難說）。由於近年來中國、俄羅斯、巴西等新興大國經濟成長趨緩，經過購買力調整的印度GDP占全球比重已接近百分之八，相當於一九九四年的日本或二〇〇〇年的中國在世界中的位置。

而且，印度的國防工業並不遜色於中國。二〇〇八年，印度曾把探測裝置送上月球；二〇一四年，更送上火星軌道。因為與印度同為民主國家，也同為邱吉爾所說的「英語國家」，價值觀的一致使得美印之間不會成為敵人，美國對於轉讓高端科技包括先進武器給印度，並無太大顧慮——美方正在考慮把F-16戰機的生產線轉移到印度。而自從一九八九年的天安門屠殺之後，美國即對中國實行嚴格的武器禁運，中國一直呼籲美國解除對華武器禁運，以此縮小中美貿易逆差，但美國不予理會。

印度近年來也主動應對中國的擴張主義外交。據印度《經濟時報》（*Economic Times*）報導，為抵制中國的「一帶一路」計劃，印度與日本聯手推出與其對抗的「自由走廊」（Freedom Corridor），在非洲、中亞及東南亞投資了多項基礎建設案。印度總理莫迪（Narendra Modi）訪問日本時，日本首相安倍晉三宣布將推動從亞太延伸到非洲的自由走廊；印度財政部長賈特里（Arun Jaitley）訪問日本時，再度與日本討論雙方合作問題。

具體而言，印、日決定合資在東非進行基礎建設和能源建設項目，兩國有望共同開發斯里蘭卡的春可馬里港（Trincomalee Harbour），以及參與泰緬邊界的土瓦港建設計劃（Dawei Port Project）。

以人口來說，印度是全球最大的民主國家，近年來印度經濟增長速度已超過中國。近代以來英國的殖民統治，給印度留下民主制度的寶貴遺產，雖然印度仍然存在宗教、種族衝突、貧富懸殊等社會問題，但基本上不會在國家結構層面土崩瓦解。在「龍象之爭」中，印度在民主自由等「制度文明」方面明顯領先於中國。

而以經濟規模、科技水準和人民普遍的富庶程度而言，日本是亞洲經濟發達、社會穩定的「模範生」。明治維新以來「脫亞入歐」的努力，以及二戰之後美國占領軍推行的民主改革，讓日本成為西方世界之外甚至比大部分歐洲國家發展得更好的強國。安倍政府在美日聯盟的框架下重構日本的國家戰略，日本朝「正常國家」大步邁進，日本既無法迴避中國這個「麻煩的鄰居」，日印合作自然是其外交戰略的必然趨勢。

印度和日本聯合，無論在經濟規模上，還是在制度文明上，都遠勝於中國。如果美國加入其中，再有亞洲其他民主國家如韓國、台灣、印度尼西亞、馬來西亞、新加坡的參與，這條生機勃勃的「自由之路」必定能勝過中國的「一帶一路」——「一帶一路」是一條中國領頭、其團隊成員卻各自心懷鬼胎的「奴役之路」。

川普的「印太戰略」，是對中國釜底抽薪的一著棋。中國過去三十年「改革開放」的成就，並非共產黨領導人如鄧小平、江澤民有多麼聰明睿智、高瞻遠矚，而是西方尤其是美國的資本和技術流向中國，利用中國的「人口紅利」，讓西方消費者享用中國製造的廉價商品，並將中國變成「世界工廠」。然而，川普的「印太戰略」將徹底終結中國「搭全球化的順風車」的「好日子」。

第五節　台灣應如何看待川普的「印太戰略」？

◎川普為何簽署《台灣旅行法》？

《台灣旅行法》在美國參眾兩院全票通過之後，呈送川普簽字批准。坊間此前推測，川普可能既不批准也不否決，讓其自動生效。此種「消極通過」的方式，可以避免「過度刺激」中國。

當初，此法案剛在眾議院通過時，中共反應強烈。中共御用學者、北京大學國際關係學院院長賈慶國認為，《台灣旅行法》如獲得參議院通過和總統簽署生效，將產生重大影響，不僅會使台海局勢更為緊張，也意味中美建交的政治基礎完全崩潰。「中美之間必然會發生對抗，甚至導致中美斷交。」賈慶國預判，該法案通過的可能性不大，參議院不會如此魯莽，川普更是倍加「謹慎」。

然而，參議院很快全票通過，川普更是不理會中國的反應，高調簽署此法案。此前一天，川普特別讓白宮發言人放出風聲，讓此事成為美國媒體聚焦的熱點。

有趣的是，此前中共透過「權威學者」之口以「斷交」相威脅，而一旦看到「生米煮成熟飯」，反倒是低調回應，相當克制地呼籲美方「尊重」中美兩國此前的公報和聲明。從習近平到外交部發言人，都不敢使用「地動山搖」之類的重話。就是一向喊打喊殺的《環球時報》，也只敢警告台灣不要「挾洋自重」，而不敢直接痛斥川普「干涉中國內政」。

《台灣旅行法》是繼《台灣關係法》之後，美國通過的第二個關於台灣的法案。此種「國內法」的地位，遠高於美中行政部門發布的公報、聲明。《台灣關係法》鼓勵美國和台灣官員在所有層級進行互訪，形容台灣是亞洲「民主燈塔」，並指「台灣的民主成就，啟發區域內不少國家和人民」。這是國際社會對台灣民主成就的最高評價。

川普簽署《台灣旅行法》，是在美國及整個西方世界大幅改變對中政策大背景下的重要舉動。習近平在第一個任期內頻頻挑戰西方堅持的普世價值，以一帶一路推廣「中國模式」，在南海和東北亞瘋狂擴張，用「大外宣」（中共企圖爭奪全球話語權之計劃）滲透西方的大學和媒體，讓西方認識到中國的經濟發展並未帶來政治民主化，恰恰相反，一個法西斯化的中國正在崛起，不僅凌虐中國國內追求民主自由的民眾，甚至威脅西方文明的安全。

川普上任後，在外交上首先處理兩大問題，一是美國對外貿易中的巨額逆差，一是北韓的核威脅。這兩個問題都與中國有莫大關係：以前者而論，中美貿易逆差高達三千多億美元，中國的貿易保護政策和竊取美國智慧財產權的做法大大損害美國的經濟利益；以後者而論，長期以來中國被視為北韓的「主人」，給外界的印象是：北韓核武問題的「解鈴人」並不是北韓獨裁者金正恩，而是中國獨裁者習近平。

於是，川普先禮後兵：先邀請習近平到佛羅里達私人莊園訪問，給足習近平面子；然後，又應邀訪問北京，雙方簽署一籃子貿易協議，得到中方縮小貿易逆差並幫助美國向北韓施壓的一系列承諾。川普在表面上讚美習近平這個「國王」有雄才大略、很偉大，其實是欲擒故縱；川普以此測試習近平是否願意跟他合作解決以上兩大難題，看習近平是否真能有所作為。

然而，事實證明：習近平既沒有誠意，也沒有能力解決這兩大難題。在北韓核武問題上，金正恩在聯合國空前嚴厲的經濟制裁下主動屈服，願意放棄核武計劃，與川普展開雙邊談判。由此，中國徹底出局，其操縱多年的「六方會談」壽終正寢。

在中美貿易問題上，川普任期第一年，中美貿易逆差不降反升，達到歷史性的四千億美元新高。川普發現，習近平是一個缺乏基本誠信的人，靠談判無法解決與中國的分歧，遂對中國蓋棺定論，並展開猛烈反擊。

川普並非如某些左派媒體妖魔化的那樣，是一個鼠目寸光、精神失常甚至被中共收買的「小商人」；川普比二十多年來歷屆美國總統更有清晰的願景和堅韌的個性，他拋棄了長期以來美國實行的錯誤的對華戰略。早在二十多年前，川普曾批評美國政府走向福利國家的經濟和政治模式，認為從「羅斯福新政」開始就走錯了；與之對應，美國對中國的政策，也是從二戰之前就走偏了，「中國幻象」籠罩在從小羅斯福到尼克森再到歐巴馬等十多名總統頭上——他們認為可以將中國改造成基督教國家、民主國家或者像日本那樣的盟友。但事到如今，幻想破滅，西方允許中國加入世貿組織，最終養虎為患。所以，川普要選擇一條跟中國打交道的新道路。

川普首先清理自家門戶，解雇溫和派國務卿提勒森，將強硬派的中央情報局局長蓬佩奧提拔為國務卿。蓬佩奧對中國的批評毫不留情，曾質疑歐巴馬為討好中國而延後對台軍售的做法。一個人數龐大的「擁抱熊貓派」多年來盤踞著美國國務院系統。川普將提勒森撤換，意味著下一步將對國務院的親中派外交官系統大力整頓，外交決策權將牢牢掌握在總統手中。

◎美國對台軍售及首次承認台灣是「國家」

二〇一九年七月和八月，川普政府先後通過兩項對台灣的大筆軍售，這是自一九九二年老布希政府對台軍售之後的最大筆軍售。

七月，美國國務院批准對台灣出售一百零八輛「地表最強戰車」M1A2T艾布蘭戰車、兩百五十枚刺針飛彈和相關設備，並且由國防部正式通知國會。隨即，美國國會通過了這件估計報價二十二億美金的軍售案。

八月，川普又親口證實，他已批准向台灣出售F－16戰機，並表示這是一筆八十億美元的大訂單。他還說，相信台灣會「負責任地使用這批武器」，而且這筆大訂單也會給美國帶來許多就業機會。台灣軍事評論員吳明杰評論說：

在不到兩個月的短時間內，（美方）分別以個案方式接連售台重大主戰裝備的高頻率，在過去前所未見。而在售台戰車和戰機的性能上，也都已升級比照美軍現役或盟國標準，這些都顯示美國對台軍售已走向新模式。

對台軍售升級不僅是川普個人的心血來潮，更是美國朝野的共識。此前，國會還嫌政府送交此軍售案太慢，甚至有議員懷疑川普為了與中國達成貿易協議，故意拖延甚至擱淺此軍售案。

而美國五角大廈表示，此波軍售案是為了協助台灣增加國家安全防禦能力；相關當局認為其不僅符合《台灣關係法》的規定，也不會影響亞洲整體地區的軍事和諧。對此，吳明杰認為：「這項軍售案，不僅在軍事上將大幅提升台灣空防戰力，在政治上也代表美國正透過對台軍售模式的升級和轉變，強化對台安全的保證。而其背後的戰略意涵，則是川普政府在台海政策上，已拋棄美國過去在兩岸政策上保持戰略模糊的做法，轉向美台聯防中國軍事擴張的明確嚇阻戰略。」

中國外交部隨即發表強烈抗議，表明將制裁參與軍售的美國企業。這個「制裁」決定十分可笑，因為中國在「制裁」美國企業之前，早已遭到美方「雙重制裁」。一是一九八九年「六四」屠殺之後，美國及西方國家一致對中國實行武器禁運，此政策持續至今。二是此前美國為懲罰俄羅斯干涉總統大選，通過相關法案，制裁與俄國從事武器交易的第三方，該法案使得中國成為第二個被制裁的國家。換言之，中國企圖「制裁」的大部分美國企業，早就不能賣產品到中國，中國的「制裁」根本是多此一舉、顛倒是非。有專家指出，川普批准這兩筆被中國視為「踩紅線」的軍售案，中國除了在口頭上做出一貫的譴責外，能用來作為報復的手段「極其有限」。

美國新任國防部長艾斯培對中國的態度比其前任馬提斯更加強硬。馬提斯因堅持美軍的戰略重點應當聚焦在歐洲和中東而去職，艾斯培的戰略觀念則與川普及其核心幕僚一致——印太戰略是美國軍力部署的重中之重。艾斯培明確表示，「中國的問題、中美的競爭、中國的能力，對我來說已經不是新議題；我目睹這種演變已經超過二十年」，針對中國威脅，美軍戰略將從針對「低強度衝突」，轉變為因應「高強度衝突」。

二〇一九年五月，艾斯培在出席大西洋理事會（Atlantic Council）的會議時指出：「中俄多年致力於加速軍事現代化進程。自冷戰結束以來，美國在軍事上保持無可比擬的優勢，但這種差距目前已經縮小。」

二〇一九年八月二十四日，艾斯培剛結束對日本、韓國的訪問返回美國時，首次以國防部長的身分接受福斯電視台訪問。記者詢問說，澳洲有智庫發表報告指出，解放軍有能力在一小時內用導彈癱瘓所有美國的軍事基地，這種說法是否屬實？對此，艾斯培回應說：「對美國國防部來說，中國是主要的威脅。長期而言是競爭關係、戰略對手。」

艾斯培於一九八六年畢業於西點軍校，擁有超過二十年的軍方資歷，曾在陸軍服役十年，在國民警衛隊和陸軍預備役效力十一年，還曾在一九九一年波灣戰爭中在戰區前線作戰。艾斯培此後擔任文職，在學界和政界都有相當經驗，且一直與軍方保持聯繫。美國出售F-16V戰機給台灣，中國對此非常憤怒，但艾斯培不屑一顧地回應說，這並非美國第一次出售武器給台灣政府，也不是美國第一次海外軍售，表示「我認為這類事情以後還會繼續」。

美國國防部在最新的一份太平洋區的戰略報告中，有史以來，第一次定義台灣為一個「國家」（Country），而不是一個「區域」（Region）。這份報告書將「紐西蘭、蒙古、新加坡跟台灣」這四個國家列為美國的堅定盟友，而之前美國通常是以「有三個國家和一個地區」相稱，台灣被指稱為「地區」。自一九七二年以來，這還是第一次在美國國防部的正式報告裡面，將台灣視為一個國家。中國駐美國大使館因此向美國國防部提出抗議，中國方面說：「怎麼可以稱台灣是國家呢，它是一個區域才對！」但這一次，美國的政府回應是：「不對，我們堅持就要稱台灣為一個國家。」這種變化，當然不是小事，也絕不可能是國防部這一行政分支機構單獨做出的決定，事先一定得到川普總統和白宮的授權。由此可見，台灣的全球戰略地位已提升到比韓戰時代還要重要，台灣不是一枚可有可無的棋子，而是自由世界與獨裁世界戰鬥的最前沿，是在黑暗與光明兩大陣營之間舉足輕重的「戰略要點」。

◎台灣配合美國印太戰略的重要性

然而，對於川普政府上台之後對台灣釋放的一系列善意及具體舉措，蔡英文政府只是被動接球，並未理解印太地區「四十年未有之大變局」已經來臨，而台灣在其中將扮演極其重要的角色。

二〇一九年七月，台灣陸委會新任主委陳明通訪美，在公開演講中使用「七十年來兩岸關係的格局」以及「一九四九年國民政府播遷來台」的用詞，在民進黨中相當罕見，也將台灣的定位倒退至「中華民國在台灣」。中國華東師範大學兩岸交流與區域發展研究所副所長包承柯認為，陳明通這次講話中出現了「一個中國」與「民族大同」的概念，「這是進步的」。

然而，陳明通不是到中國訪問，需要取悅於中國；他明明是訪問美國，為什麼不研究自川普上台以來，美國亞洲政策的巨大轉變呢？

在小布希時代和歐巴馬時代，因為「九一一」事件的影響，美國戰略重心集中在中東，以遏制伊斯蘭恐怖主義氾濫、確保石油貿易命脈暢通為首要目標。美國分身乏術，在亞太政策上對中國妥協乃至縱容，同時忽視台灣本土化和獨立意識的蓬勃發展。那時，執政的民進黨總統陳水扁超前於美國的全球戰略，「自以為是的暴衝」，被小布希不留情面地斥責，落得個灰頭土臉的下場。

但隨著川普時代開幕，一切都變了。伊斯蘭國被消滅，美國本土頁岩油大量開採使中東石油的價值大大降低。習近平在全球的大肆擴張，讓美國朝野「大夢方醒」，轉而施行以遏制中國為旨歸的「印太戰略」，美國與中國的關係由冷戰向熱戰演變，正如聯邦調查局局長克里斯多夫・衛（Christopher Wray）所說，川普政府將中國視為比當年的蘇聯更危險的敵人，美國將全副精力應付中國的挑戰。

在此情形之下，台灣的戰略地位陡然上升，比韓戰時代更重要。川普在跟蔡英文通話之後，在推特上直接稱呼蔡氏為「台灣總統」，而非「中華民國總統」，並非一時疏忽。川普挑選的主導外交的高官，都是清一色的對華鷹派，高度認同台灣，而對「中華民國」興趣缺缺。

就在陳明通發表演講的同一場會議上，美國國會眾議院外交事務委員會亞太小組委員會主席泰德・約霍（Ted Yoho）到現場就兩岸關係發表看法。陳明通不敢提及「台灣」，約霍卻直言不諱地指出：「除非中國發生劇變，否則一中一台是保證台灣繼續存在下去的唯一解決方案。習近平成功讓香港朝著一個中國城市轉變，但我不打算讓他把台灣變成另一個海南島。」

此前，約霍曾經嚴厲批評香港政府禁止持港獨立場的「民族黨」運作是一種獨裁行為：「香港將反對派政黨定為非法，是因為他們害怕，不希望香港人有更多權利。」約霍是一個標準的「獨派」。像他這樣的「獨派」，在美國政界越來越多。

陳明通跑到華府大談恪守中華民國體制，似乎美國還處在對台灣視而不見的歐巴馬時代，真是「不知今夕是何年」。當然，這不是陳明通的錯，而是蔡英文的錯。蔡英文政府錯估國際局勢，更未讀懂川普的「印太戰略」。

台灣的媒體、學界和政府被西方的左派言論誤導，以為川普無知且瘋狂，甚至將會被彈劾下台。殊不知，川普的第一個任期剛剛過半，就已徹底改變美國和世界的許多「慣例」

——比如，「一個中國」的僵化觀念。台灣當下的外交目標，不是討好已經失勢的美國左派和親中派，而是完成與川普帶來的美國及世界的變局對接。所以，台灣的媒體、學界和政治人物，切勿再跟著美國左派媒體《紐約時報》和CNN，以辱罵川普來彰顯其「政治正確」和「進步價值」了。

台灣身處印太交匯之處，未來將更凸顯自身的戰略重要性。美國和日本的若干高級官員都提出邀請台灣加入「印太戰略」的設想，台灣朝野、學界、媒體應當認清這一全新的形勢：在美國及整個西方世界與中國演繹成「新冷戰」的情勢之下，台灣不必妄自菲薄，更不能異想天開地認為，在中國和美國之間「保持中立」就能贏得寶貴的「生存空間」。在這場自由與極權兩種價值觀的殊死搏鬥中，台灣必須選擇站在某一邊；不僅要選邊站，而且要提升自身的國防戰力；既要向美國購買更多先進武器，也要建立一支真正願意為台灣而戰且有頑強意志的現代國防軍。

同時，這也是美國對台灣這個盟友的要求。二〇一九年九月上任的美國國家安全事務顧問奧布萊恩，曾於二〇一六年訪問台灣，並將在台期間的觀察寫成文章發表在《國家利益》雜誌上。他在文章中讚揚台灣的民主成就，但也指出，台灣的國防預算不足，需要增加國防預算，以增強自我防衛能力，「擁有高度開發經濟與技術實力的台灣，沒有理由不靠自身力量發展國防工業。」可見，在美國的戰略中心轉向印太之際，奧布萊恩善意提醒台灣應當高度重視國防建設，如此，美國才可以提供大筆軍售以及其他幫助。

台灣與中國不是「兩岸一家親」，而是水火不容的民主國家與獨裁國家。向中國屈膝投降，既不能發大財，也不能獲得一線生機；反之，台灣與美國及西方民主國家乃是「一榮俱榮，一損俱損」，唯有與自由世界並肩作戰，解體邪惡的中國，台灣才能絕處逢生，乃至長治久安。

第六章

川普為什麼要「退出聯合國」和「修築邊牆」？

如果民主意味著無限制的開放，對其他文化的尊重意味著不允許根據自然權利對蘇聯的現實進行指責，那麼他們的生活方式說不定哪天就會變成我們的生活方式。

——布魯姆，《美國精神的封閉》作者

在一定意義上，美國總統也是世界的總統——美國是唯一的超級大國，也是世界警察，天下大事都要由美國來管。美國總統處理國際事務的權力，比處理國內事務的權力還大。國內事務，總統執掌的行政權只是三大權力分支機構之一，其權力受制於代表立法權的國會和代表司法權的最高法院；國際事務，總統在很多時候可以獨自做出決策，無須經過國會和最高法院的同意。但是，美國總統縱然可以下令出動美軍抓捕某個敵國的國家元首，卻不能以行政命令罷免首都華盛頓的市長和警察局長。

自川普入主白宮起，美國的外交戰略迎來冷戰之後最大的變局。美國先後退出多項國際協議和國際組織，包括退出《跨太平洋關係協定》（二〇一七年一月二十三日）、《聯合國巴黎氣候協定》（二〇一七年六月一日）、《伊朗核武問題全面協議》（二〇一八年五月八日）、《中程導彈條約》（二〇一八年十月十日）等國際協議，退出聯合國教科文組織（二〇一七年十月十二日）、聯合國人權理事會（二〇一八年六月二十日）、萬國郵政聯盟（二〇一八年十月十七日）等國際組織，坊間統稱為「退出聯合國」。

以聯合國和世貿組織為核心的、由美國創建和主導的國際組織和條約體系，是二戰後的國際秩序得以維持的關鍵。該秩序的運轉，有賴於每一個參與者具備充分的契約觀念，若有以破壞契約為目標的參與者加入其中，不斷攪局，秩序就會趨於敗壞和瓦解。就好像高速公路體系，僅僅有良好的硬體（道路）是不夠的，還要有一整套交通規則，更要有遵守交通規則的司機；如果司機不遵守交通規則，橫衝直撞，酒後駕車，高速公路必然陷入擁堵和癱瘓狀態。

此時此刻，是刻舟求劍，還是另闢蹊徑，不同的選擇必然導致不同的結果。美國學者丹尼爾．奎恩．密斯（Daniel Quinn Mills）和史蒂芬．羅斯菲爾德（Steven Rosefielde）分析說，川普與歐巴馬的施政風格和外交戰略存在重大差異：「歐巴馬的地緣戰略，就是讓美國遵循國際組織的框架，服從規範，善盡『夥伴關係』；但川普的地緣戰略非常不同，他要讓美國取得戰略自主權。」如今，若干國際組織和規則已然分崩離析，好人束手束腳，壞人為所欲為，該是改旗易幟的時候了。

「退出聯合國」之外，川普不顧民主黨的圍追堵截，踐行在競選期間提出的「修牆」計劃。即便左派媒體偽造出可憐孩童被執法人員從其偷渡客父母身邊強行帶走之類的催人淚下畫面，川普也不為所動；即便讓聯邦政府破紀錄地關門停擺，川普也在所不惜。川普堅信，如果國門大開，「九一一」那樣的恐怖襲擊就會重臨美國，美國的各項制度也無法維持。若要維護基本的國家安全，「修牆」是必須邁出的第一步。

第一節　聯合國人權理事會和世界貿易組織的崩壞

◎聯合國人權理事會淪為流氓國家俱樂部

一九四五年春天，在第二次世界大戰即將結束之際，為《紐約客》撰稿的美國作家懷特（E. B. White）指出，各國若要就起草一份《聯合國憲章》開會的話，舊金山作為會議地點再合適不過了，他自豪地說：「美國被世界各地的人們看成是美夢成真的典範，是一個微縮版的全球聯邦。」一戰後成立的國際聯盟未能維持世界和平，美國希望這次以自己為樣板建造一個兼有力量與價值的國際組織。當時，擔任舊金山會議美國代表團顧問的美國外交家杜勒斯（John Foster Dulles）表示，他相信聯合國具有從上帝而來的「道德力量」。

荷蘭歷史學家伊恩・布魯瑪（Ian Buruma）將一九四五年視為「零年：現代世界誕生的時刻」。這一年的四月二十七日，全世界熱愛和平的人們齊聚舊金山，團結一心、同仇敵愾。五千名各國代表抵達舊金山歌劇院，五十個國家的國旗在太平洋上吹來的海風中獵獵飄揚。聯合國從戰時同盟的性質轉型為一個「全球民主組織」——小羅斯福經常把這句話掛在嘴邊，在他與世長辭前夕，他以一股美國人特有的樂天精神宣布：「各國在一個世界裡和平相處，就跟我們在美國這個共和國裡和平相處一樣容易。」

然而，國際政治風雲詭譎，聯合國從誕生起就是一個注重妥協折衝的四不像組織。《大西洋憲章》與《聯合國人權宣言》高舉的理想主義原則，在現實的權力爭奪中淪為一地雞毛。共產獨裁的蘇聯及其僕從國，從一開始起就不打算承認美國為世界領袖，而企圖將聯合國當成他們將對外擴張行為合理化的工具。蔣介石的中華民國政權迅速在東亞大陸潰敗，其後毛澤東的中華人民共和國竊取了安理會常任理事國的席位，使得美國和西方民主國家不得不同時面對蘇聯和中國這兩個頑石般的敵人。

二戰結束後，長達半個世紀裡勉強維持的「和平」，不是歸功於聯合國，而是歸功於核武造成的恐懼。這種「和平」也僅僅是指沒有發生世界大戰而已，局部地區烽煙四起，聯合國卻無能為力。進入後冷戰時代，美國表面上看似一家獨大，但威權主義的俄羅斯和極權主義的中國，以及若干獨裁政權，在聯合國內縱橫捭闔，聲調更高。當初賴以創建聯合國的政治和道德原則，被人們拋諸腦後。尤其是聯合國人權理事會，變成一個烏煙瘴氣的流氓國家俱樂部。

二〇一八年六月二十日，美國駐聯合國代表海莉（Nikki Haley）在國務卿蓬佩奧陪同下，宣布美國退出聯合國人權理事會。

聯合國在二〇〇六年成立人權理事會，取代此前的人權委員會。聯合國人權委員會曾因讓人權紀錄不佳的國家成為成員國而備受批評。然而，新成立的人權理事會並未糾正這個根本性的問題，反倒讓該問題愈演愈烈。人權理事會由全球四十七個國家組成，理事會成員國每屆任期三年。理事會每年召開會議，審視聯合國成員國的人權狀況，理事會稱該過程可以給所有國家機會陳述他們為提升人權狀況所做的努力。該過程被稱為普遍定期審議（Universal Periodic Review）。

二〇〇六年，聯合國人權理事會成立時，小布希政府拒絕加入該理事會，稱該理事會與人權委員會一樣，讓人權紀錄不佳的國家成為成員國，且對改變人權狀況毫無幫助。當時的美國聯合國大使是約翰·波頓——後來他一度出任川普的國家安全顧問，波頓是聯合國的激烈批評者，曾公開宣稱應廢除無能且腐敗的聯合國。二〇〇九年，即歐巴馬擔任美國總統時，美國加入聯合國人權理事會。二〇一二年，美國連任當選人權理事會成員。二〇一三年，中國、俄羅斯、沙烏地阿拉伯、阿爾及利亞和越南等人權狀況惡劣的國家當選理事會成員，人權團體對該機構提出批評，該機構置若罔聞。美國和西方民主國家提出的幾乎所有議案，都被專制獨裁國家否決。

海莉在美國退出聯合國人權理事會的聲明中，嚴厲譴責該機構是「政治偏見的汙水池」，她列數道：二〇一七年，「世界上人權評級最差的國家之一」的非洲國家剛果民主共和國獲聯合國大會一百五十一票贊成，名列人權理事會成員國之一。委內瑞拉、古巴及中國也憑藉其理事會成員國的身分，「合法」地阻撓理事會討論其國內人權狀況。理事會同樣忽視伊朗的人權狀況，「當一個所謂的人權理事會，無法處理委內瑞拉和伊朗的大規模侵犯人權行為，卻歡迎剛果成為其新成員，理事會便不再配得上它的名字。」

非政府組織「自由之家」（Freedom House）評出的「不自由」國家中，多達十四個是理事會成員國：阿富汗、安哥拉、蒲隆地、中國、古巴、剛果、埃及、衣索比亞、伊拉克、卡達、盧安達、沙烏地阿拉伯、阿拉伯聯合大公國和委內瑞拉。這難道不是「流氓國家沙龍」嗎？

海莉批評說，中國和俄羅斯等國家一直阻撓人權理事會的內部改革。理事會內的成員包括委內瑞拉、中國、古巴等國家長期忽視基本人權，但另一方面，各成員國卻持有政治偏見，一直針對以色列的人權問題通過決議。對以色列友好的川普政府認為，以色列的人權問題應當與其他國家一視同仁，然而，僅二〇一七年一年間，人權理事會對以色列通過的決議就比對北韓、伊朗及敘利亞加起來都多，因此美國稱理事會「被政治偏見驅使，而非基於人權原則行事」。海莉表示，難以接受理事會通過針對以色列的決議，卻沒有考慮對委內瑞拉提出任何決議——在委內瑞拉的政治動盪中，有數十名抗議者被殺害。

針對美國退出聯合國人權委員會的疑慮，海莉聲稱：

> 這一步並非美國對人權承諾的後退。鑒於美國對人權理事會的改革要求並未滿足，侵犯

人權者仍被選入理事會而最不人道的政權繼續逃避審查，美國被迫採取這一步，正是因為美國的承諾不允許美國繼續成為這個虛偽自私的組織的一員，那是對人權的嘲諷。

美國退出聯合國人權理事會之後，該機構的醜劇不斷升級。一個典型的案例是：聯合國人權理事會的二十二個成員國聯名發出一份聲明，批評中國在新疆地區大規模拘押維吾爾族及其他少數民族。這一前所未有的連署聲明，簽署的國家包括澳洲、奧地利、比利時、加拿大、丹麥、愛沙尼亞、芬蘭、法國、德國、冰島、愛爾蘭、日本、拉脫維亞、立陶宛、盧森堡、荷蘭、紐西蘭、挪威、西班牙、瑞典、瑞士和英國。北京嚴詞回應，稱這些國家「公然將人權問題政治化，粗暴干涉中國內政」。中國糾集來自亞洲、非洲、中東和拉丁美洲的三十七個國家的常駐日內瓦大使，讓他們聯合簽署了一封致聯合國人權理事會主席的信，讚揚中國「為國際人權事業作出的貢獻」。這些國家說，透過反恐措施和職業培訓，中國恢復了新疆的和平與安全。這些國家借此機會重申它們在聯合國人權理事會上經常表達的立場，即反對透過責成其他國家對侵犯人權的行為作出解釋、「指名道姓地羞辱、公開向他國施壓」的做法。中國官方媒體在後續報導中說，聯名致函聯合國人權理事會主席和人權高級專員對中國在新疆問題上的立場表示支持的國家，已增加到五十個。五十比二十二，真相和正義在哪一邊呢？

川普政府退出了這場泥漿摔角，選擇以其他方式切實推動全球人權的進步。這是釜底抽薪的好事，而不是虛與委蛇的壞事。

◎世界貿易組織成為中國的跑馬場

川普政府對中國發動貿易戰，並與其他國家單獨談判，逐一簽署新的貿易協定，世貿組織被晾在一邊。這是川普為美國尋求國際貿易的公平正義原則的必要措施。

二〇〇〇年，柯林頓政府決定停止對中國的年度審查程序、給予中國永久性最惠國待遇，更協助中國加入世界貿易組織。次年十二月十一日，中國正式「入世」。這一事件的負面影響長期被低估，它不僅改變了中美關係，也改變了世界貿易組織。

當時在柯林頓政府中擔任高級談判代表的凱西迪（Robert B. Cassidy），二十年後仍被這個問題困擾著：當初美國同意中國加入世界貿易組織是否錯了？「當一個人退休時，他會期望自己取得了很多成就。」他在接受媒體訪問時說，「但是我沒日沒夜地工作，獲得了怎樣的結果？」他承認，他的工作只幫到大企業，而不是普通工人，「我非常失望。」

近二十年後，柯林頓宣揚的中國入世對美國「百利無一害」的情景，非但沒有出現，更是在短時間內養肥了新對手、削弱了自己。中國加入世貿，如同一個坐公車非但不買票、還要在油箱裡偷竊汽油的乘客，簡直就是「一顆老鼠屎壞了一鍋粥」的範例。柯林頓救了一九九〇年代的中國，如同尼克森救了毛時代的中國一樣。尼克森晚年後悔創造出「中國怪獸」，柯林頓呢？

當年，柯林頓政府的美國官員們認為，他們跟中國官員進行了艱難的討價還價，迫使北京同意削減關稅、允許外國投資中國工業，並給予外國銀行更多自由經商權利，甚至讓北京同意，如果在十二年時間內確認因進口中國商品激增對美國造成傷害，美國可採取「特殊保障措施」——最後這條是柯林頓政府認為的「保命繩」。中國開出的交換條件是，「只要」美國放棄一年一度決定是否給予中國「最惠國」交易夥伴關係的法律程序，改為永久性最惠國待遇。然而，在中國入世近二十年後，既沒有達到當初宣揚其入世時的樂觀預期，更沒有在政治和市場上變得更開放。

對中國入世後果的評估，決定了川普政府在對華貿易激辯中的立場。根據川普政府的年度貿易議程報告，針對中國的貿易舉措是其中的關鍵部分，包括從更廣泛的層面糾正美國長期貿易政策的錯誤，以及對ＷＴＯ進行改革。

柯林頓關於中國入世的理想主義言論，當時被華盛頓大多數菁英接受，但有一位貿易律師對此持懷疑態度。這位律師發表文章警告，如果允許中國加入ＷＴＯ，重商主義的中國將成為一個「貿易主導國」，那時候，「幾乎沒有哪個美國製造業工作是安全的」。這位律師就是賴海哲（Robert Lighthizer），川普政府的現任貿易代表。

有意思的是，川普本人在二〇〇〇年曾開玩笑說要競選總統，幫助美國解決迫在眉睫的危機。他還著書《值得我們擁有的美國》（*The America We Deserve*），書中說中國是美國的「最大的長期挑戰因素」。

如今，川普和賴海哲對中國入世的兩大警言成真：第一，美國會流失大量製造業工作機會。當時，美國國內的勞工、環境和人權組織聯盟都反對讓中國加入ＷＴＯ。二〇〇〇年，經濟政策研究所（Economic Policy Institute）的經濟學家史考特（Robert Scott）預測，如果允許中國入世，美國製造業將丟失近百萬工作崗位給中國競爭對手。麻省理工學院經濟學家奧托爾（David Autor）的一項研究估計，僅一九九九年至二〇一一年間，受中國商品的競爭影響，美國損失了大約兩百四十萬個工作崗位，尤其是製造勞動密集型產品的城鎮地區受到的衝擊最大。

第二，中國不會因為經濟發展而變得更開放和自由。柯林頓當時打出的「中國自由願景」獲得很多菁英的認同，他曾說隨著互聯網的發展，中國會變得更自由。但此後中國的表現讓人失望，互聯網變成歐威爾（George Orwell）所說的控制國家的工具，習近平在政治、經濟、文化等每一個領域都提升了國家的控制程度。彼得森國際經濟研究所的中國問題專家拉迪（Nicholas Lardy）估計，在過去幾年，中國國有經濟的投資增長速度是私人投資的三倍，國有企業再次成為中國經濟決策的核心。

更為嚴重的是，中國至今仍未遵守世貿組織規定，比如允許外國銀行開展人民幣結算業務。中國承諾不會強迫外國公司轉讓技術，但根據上海美國商會調查，大約五分之一的在華外國公司——主要是航空航太和化學工業，表示它們被強迫交出技術，才能在中國做生意。同時，中國利用世貿組織機制本身的漏洞而鑽空子。學者伯恩斯（James MacGregor Burns）表示：「中國的政策制定者都是欺詐能手，可以創造性地利用舉措在WTO和其他國際貿易規則的漏洞中自由穿梭。」評論人士指出，核心問題不在於中國是否履行廣泛的WTO義務，而是它並不具備遵從協議的精神。

當年強烈質疑中國入世一事、現擔任美國貿易代表的賴海哲在出席國會聽證會時說，解決中共貿易問題曠日費時，且不能依賴世貿機制本身：「解決我們與中國的問題，若只靠在世界貿易組織發起更多訴訟，這種想法充其量是天真的，而且最糟糕的是會讓政策制定者分散注意力，意識不到中國帶來的嚴重挑戰。」他建議，美國必須依靠自己的經濟實力，應該單槍匹馬，以嚴厲的關稅威脅中國，甚至考慮在WTO中提出極為激進的議案以解決對華貿易赤字。

此前，中國屢屢在世貿的裁決中勝出，世貿成了中國的保護傘。比如，二〇一二年，中國就美國政府對從中方進口的包括太陽能電池板、風車、鋼瓶和鋁合金產品等徵收反補貼關稅的行為，向世貿提出訴訟。世貿裁定，美國對中國相關產品因補貼而徵收懲罰性關稅的數額是錯誤的，必須修正，如果美國不這麼做，中國可以對美國啟動報復性懲罰制裁。美國貿易代表辦公室抗議說：「世貿裁決忽視世界銀行、經合組織和經濟調查等美方詳細引述的客觀結果。……世貿組織的上訴裁決削弱世貿規定，使其無法有效抵禦損害美國工人和企業，以及扭曲全球市場的中國國有企業補貼。」

美國國內很多有識之士早已看到問題的嚴重性。川普的經濟顧問哈塞特暗示，可以研究將中國驅逐出WTO。他指出，中國作為WTO的一員「行為不端」；而且，WTO令美國失望。雖然美國有時能夠贏得提交給WTO的案件，但「需要五到六年」，那時損失早已造成。由於處罰過輕、缺乏阻嚇力，有些國家公然違反規則以換取利益。因此他呼籲說，WTO需要有更完善的辦法應對這些國家。

哈塞特進而點名指出，中國在川普的貿易議程中占據突出地位，「我們從未真正料到一個國家在加入世貿組織後，會像中國那樣行事。對世貿組織來說，一個成員國如此行為不端，這種情形前所未見。」哈塞特反問：能否透過雙邊談判，或者透過改革WTO，甚至將中國從WTO中剔除來解決問題？

哈塞特為川普辯護說，川普不是貿易保護主義者，川普希望看到世界上每個國家都能在對外貿易時不受壁壘阻礙，而那些人為製造貿易壁壘的國家必須受到懲罰。川普上任時，發現美國「什麼也沒有問」就向其他國家開放，美國的貿易壁壘低於其交易夥伴。柯林頓、歐巴馬和兩位布希總統都希望改善這種狀況，但都失敗了。川普帶著強硬的貿易戰略入主白宮，這一戰略「顯然有效」，哈塞特稱之為「狠球」（Hardball）。

另外一位主張糾正錯誤的學者，是總部設在華盛頓的美國資訊科技及創新基金會總裁羅勃特・阿特金森（Robert Atkinson）。阿特金森曾在柯林頓、小布希和歐巴馬政府擔任貿易和科技創新顧問，他在《國家評論》上發表了一篇題為「誰失去了中國」（Who Lost China?）的文章。文章指出，在第二次世界大戰結束後，美國外交政策機構對於「誰失去了中國」這個問題陷入激烈爭論，「現在我們聽到一場新的辯論：『誰第二次失去了中國』？」今天，中國正朝著全球技術領先地位邁進，並在經濟和軍事上日益對美國構成挑戰，誰應當對這件事負責？阿特金森認為，歷屆美國政府、華盛頓的貿易經濟機構與中國政府，每一方面都難辭其咎。

早在二〇一二年，阿特金森就撰寫了〈受夠了：必須正視中國的新重商主義〉（Enough is Enough: Confronting Chinese Innovation Mercantilism）一文；二〇一五年，他又發表了〈虛假的承諾：中國對世貿組織做出的承諾與現實間巨大的鴻溝〉（False Promises: The Yawning Gap Between China's WTO）一文。阿特金森歷數中國違反入世承諾的斑斑劣跡之後指出：

> 很明顯，中國的政策在很多方面違反了世貿組織的精神，而中國政府沒有任何跡象表明會放棄或改變他們的行為。這不僅傷害到美國公司和美國經濟，也傷害全球經濟，因為當你

這樣做（從事盜竊或強迫交出商業祕密）時，創新就會減少。

可惜，歐巴馬時代的美國對中國百依百順，對阿特金森的警告置若罔聞。精通《孫子兵法》的中國，嫺熟地玩弄合縱連横的計謀，讓世貿組織變成其私家跑馬場。

既然中國完全不遵守規矩，美國為何不能推倒牌桌，重新開始公平的遊戲呢？

◎普林斯頓報告中隱然可見的「新聯合國」

川普的「退出聯合國」，讓很多盟國充滿疑慮：美國是要放棄世界領袖的角色，退回昔日孤立主義的立場嗎？

二〇一八年十二月四日，美國國務卿蓬佩奧在布魯塞爾發表了一篇題為「應改革國際秩序之現有規則」的講話。蓬佩奧表示，川普總統將建立一個由美國領導和民主支持的新的世界秩序。川普政府不再願意接受中國、伊朗和俄羅斯違反多項條約和多邊協議的做法，將採取行動改革作為二戰後國際秩序基礎的機構，這些急需改革的機構包括聯合國、歐盟、國際貨幣基金組織、世界銀行等。他敦促美國的盟國和美國一起對世貿組織、聯合國、國際貨幣基金組織等機構進行誠實地評估。他說：「不良的行為者利用我們領導力的缺乏，為他們自己謀利。……這是美國一味退守的惡果，川普總統決心要扭轉這種局面，他在讓美國重返傳統的世界中心領導角色。」

對於外界對川普將走上孤立主義道路的誤解，蓬佩奧特別做出澄清：

在我們偉大民主的最優秀傳統中，我們團結各個偉大的國家，建立一個新的自由秩序，防止戰爭，實現所有國家更輝煌的繁榮。……在川普總統的引領下，我們不會放棄國際上的領導地位，或者在國際體系中我們的朋友。……我們的行動是在維持、保護和促進由主權國家組成的一個開放、正義、透明和自由的世界。

這段擲地有聲的宣告，讓盟友放心，讓敵人喪膽。

川普不會讓美國回到二戰前的「孤立主義」。川普在此前的多次演講中說得很明白，他將提升國防力量，振興美軍士氣，捍衛乃至加強二戰後由美國創建的國際秩序。川普被誤解為「孤立主義論者」，只是因為他拒絕盟友們免費搭美國的順風車，「得了美國的便宜還罵美國」。他要求歐洲（北約盟國）、日本、韓國、若干中東石油富國等盟友分擔此前基本由美國獨自承擔的巨額軍費，也就是說，要上車，就得買票。

美國是世界警察，但不能單單拿美國納稅人的錢支付國際維和開支，所有受益國都應掏錢，這是天經地義的道理——天底下哪有免費的保全公司呢？此前，川普批評說，第一次波灣戰爭中美國的策略錯了，美國出兵、出錢拯救被伊拉克吞併的科威特，科威特光復後卻對美國一毛不拔。伊拉克入侵後，科威特的有錢人全都逃去巴黎了，「他們不只是在住旅館套房——他們租了一整棟一整棟的飯店，在他們母國被敵人占領的時候過著國王般的生活。」反觀美國這個「廢物一般的山姆大叔」，「我們花了不計其數的軍費，派兵去拯救科威特，我們的官兵為此受傷、死亡」。然後，科威特人打道回府，不僅不願意承擔軍費，甚至不願投資美國，川普憤怒地譴責說：「我們究竟愚蠢到怎樣的地步？我們花了好幾兆美元當別國的保鏢——我們自掏腰包，買來替別人打仗的虛名。到底這是什麼邏輯啊？」

川普也批評「反美主義」甚囂塵上的德國。德國民調將美國當作超過俄國和中國的、危害世界安全的「敵國」，但與此同時，在過去半個多世紀裡，德國卻依靠美國的駐軍保護其免於遭受蘇聯的侵略。當年，戰後百廢待興的德國拿不出錢來倒還罷了，如今德國的人均所得已超過美國，德國為所有大學生甚至國際學生提供免費的大學教育，而大部分美國家庭和學生卻需要自己支付學費，沉重的學貸工作後多年都難以還清。與此同時，德國卻不肯承擔在北約中應有的軍費分額，甚至將國防開支提高千分之一都不願意！

當聯合國不能推動民主自由價值的傳播，當世界貿易組織不能確保經貿正義，當北約等國際組織不能達成盟友之間「有錢出錢，有力出力」的合作，美國為什麼不能另起爐灶，退出原有的、衰朽不堪的「群組」，重建嶄新的國際合作平台呢？

早在二〇〇六年九月，普林斯頓大學伍德羅・威爾遜公共與國際事務學院就發表了一份題為《鍛造法治下的自由世界》的研究報告，該報告是「普林斯頓國家安全項目」的最終成果。這份報告全面闡述了美國面向新世紀的國家安全戰略構想，其中，建立「民主聯盟」（或「民主國家聯盟」）是最引人注目的內容。

這個項目歷時兩年多，有四百零八位專家參與，他們都是在學界、戰略和政策研究界有影響的人物。柯林頓政府的國家安全顧問安東尼・雷克（Anthony Lake）和雷根政府的國務卿舒茲擔任共同主席，國際問題專家約翰・艾肯伯里（G. John Ikenberry）和安尼・瑪麗・斯勞特（Anne-Marie Slaughter）擔任共同主持人。進攻性現實主義的代表人物米夏摩（John Mearsheimer）、新保守主義代表人物威廉・克里斯托爾（William Kristol）和羅勃特・卡根

（Robert Kagan）都是參與者。如此龐大的研究隊伍，不說絕後，至少也是空前的。

研究報告的正標題是「鍛造法治下的自由世界」，副標題為「美國：二十一世紀的國家安全」。在序言中，作者特別向肯楠的「X文件」致敬，表示將仿效肯楠，為新世紀的美國國家安全戰略確立一個宏觀的、具有長遠指導意義的框架。在這個戰略框架中，建立一個「民主聯盟」是最引人注目之處。

按照普林斯頓報告的說法，「民主聯盟」是全球性組織，宗旨是加強全球各個自由民主國家間的合作，它還可以作為「民主和平」的基礎建制而發揮作用，而所有民主國家都可加入這個聯盟。報告中草擬的「民主聯盟」的章程共八條，主要內容包括：盟員誓不用武力或計劃用武力反對其他盟員；盟員承諾定期舉行多黨制、自由、公平的選舉；盟員承諾建立獨立的司法機構來保障公民人權；盟員國政府有義務保證其公民免遭各種災難，包括種族屠殺和人民饑荒，當這些政府未盡此種義務時，同盟就有義務干預。

此前，已經有一個美國牽頭的民主國家的國際組織，即「民主共同體」（Community of Democracy）。它是二〇〇〇年在美國的推動下建立的，已有一百三十多個國家加入，每兩到三年舉行一次外長級會議。未來的「民主聯盟」肯定要比「民主共同體」更有制度約束力，也更有力量。「民主聯盟」應該是成員國首腦會議，就像「八國集團」那樣，但比「八國集團」要大。它由成熟的民主國家組成，成員國都是法治、自由、民主的國家，中國當然被排除在外，當今世界夠格的國家只有四十至五十個，除了美國、歐盟諸國、日本、加拿大、澳洲和紐西蘭外，發展中國家像菲律賓、蒙古、韓國、南非、墨西哥、巴西、印度都是夠格的——台灣也應當被納入。

「民主聯盟」與「美國二十一世紀的國家安全戰略」息息相關。普林斯頓報告指出，美國國家安全戰略的基本目標是「保衛美國人民和美國人的生活方式」。在這個總目標下有三個具體目標：國土安全、健康的全球經濟和良性的國際環境。實現這些目標的途徑就是建設「一個法治下的自由世界」，即推進民主。報告提出美國應從三個角度來「推進民主」：一是在世界範圍內支持得民心的、負責任的、公正的政府，二是建立一個自由的國際秩序，三是在國際事務中恰當地使用武力。

關於如何建立一個民主自由的國際秩序，報告提出五點措施：改造聯合國，建立「民主聯盟」，振興北大西洋公約組織，深化全球治理，建立一個網狀的新秩序。其中，關於改造聯合國部分，報告指出，必須將聯合國改造成「一個新的國際聯盟」。聯合國目前處於危機中，已不具備應付各種危機的能力，必須對它進行根本性的改造。報告建議：改造聯合國的一個重要方面是重組安理會。一方面將印度、巴西、日本等大國吸收進來；另一方面修正安理會常任理事國的否決權範圍，取消在授權行動事宜上的絕對否決權，只保留對於宣言性質議案的相對否決權。

報告也指出，考慮到改革聯合國是一件非常困難的事，美國必須做兩手準備，即建立「民主聯盟」。這個「民主聯盟」有兩個功能：第一，必要時用它取代聯合國；第二，它也可以事先被用來對聯合國改革施加壓力。

川普是近年來對聯合國最不信任的美國總統，他大幅砍掉美國支付聯合國的會費——長期以來，美國承擔聯合國會費中的最大分額，聯合國的許多做法卻明顯與美國的國家利益和民主自由價值相左。川普執政以來，白宮高級官員頻頻引用普林斯頓報告中的觀點，「民主聯盟」處於「待命」狀態。川普執政期間，即便時間不足以建立起一個成型的「民主聯盟」，但美國會選擇性地與民主國家盟友共同處理一些重大國際議題，這將成為美國外交的「新常態」。

第二節　非法移民和反美移民的湧入，是對美國的恐怖襲擊

◎川普不反對移民，他反對的是「非法移民」

美國是一個移民國家，紐約港口自由女神像基座上寫著女詩人艾瑪．拉撒路（Emma Lazarus）的詩句：

將你疲倦的，可憐的，瑟縮著的，渴望自由呼吸的民眾；
將你海岸上被拋棄的不幸的人，交給我吧。
將那些無家可歸的，被暴風雨吹打得東搖西晃的人，送給我吧，
我在金門旁高高地舉起我的燈！

從一八九二年到一九五四年，有超過一千二百萬人透過紐約艾理斯島進入美國，川普的母親瑪麗於一九一八年從蘇格蘭在此上岸，川普的祖父母則是一八八五年從德國移民而來。

就父系而言，川普是第三代移民；就母系而言，川普是第二代移民。那麼，川普為什麼反對移民呢？

「川普反對移民」，是左派媒體虛構出來的謊言，是它們製造出來的無數謊言中最大的一個。川普並不反對移民，川普多次親口說他歡迎移民：「我的父母生前都是全世界最好的人，而這個國家因為有數億個跟他們一樣好的人才會如此美好、如此成功。」川普強調說：

「移民來這個國家是想要努力工作、有成就、教養小孩，然後共享美國夢。這是件很美好的事情，我閉上眼睛就能想像親戚長輩坐船經過自由女神、到紐約開始新生活的畫面，也能想像他們當時的想法。這些人勇敢地背井離鄉來美國打拚，怎麼不令人感動？」

川普明確反對的是「非法移民」這一群人。多年來，不受控制的、如潮水般湧入的非法移民，衍生了一系列複雜的社會問題：失業、犯罪、毒品氾濫……在美國的監獄中，有三十五萬囚犯是非法移民，跟非法移民有關的案件超過三百萬件。川普說得好：「一個不控制好自己邊境的國家沒辦法存活。……一個不能保護自己邊境的國家還算是國家嗎？」川普看到歐洲被穆斯林移民攻占的悲劇，決意不讓類似情況在美國重演：「在我執政期間，我不允許美國淪為『移民營』，美國也將不建設難民避難設施。你們看看如今的歐洲，我不希望類似情況發生在美國。」

歐巴馬、希拉蕊等左派政客為了獲得更多選票之類的自私考量，打著「大愛無疆」、「人道主義」的旗號，主張對數千萬非法移民實行大赦，乃至開放邊界和廢除移民局。「左膠」

們說，不能使用「非法移民」這個詞語，要用中性的、不會傷害這群人感情的「無證移民」。不少左派控制的州和城市，拒絕配合聯邦政府移民局執法，以「無證移民庇護城市」自居，「無證移民」可考取駕照並享有各項社會福利。這是對法律的公然蔑視和踐踏。美國是一個法治國家，眾人不遵守法律的結果就是社會崩壞，正如川普所說：「如果你明明有法律卻不好好執行，那就跟沒有法律完全一樣，最後大家都無法無天。」

更關鍵的是，隨著非法移民不斷湧入，非西班牙裔白人在美國總人口的比例持續下降，預計到二〇五〇年將低於百分之五十，美國的清教徒傳統被稀釋，美國人將產生嚴重的身分認同危機，「我們是誰」是未來美國社會必須要回答的問題，尤其是共和黨核心支持者。支持川普的保守派選民對非法移民的大批湧入深惡痛絕，對自身在政治和經濟層面遭受的不公待遇極度憤怒。二〇一六年，百分之十三的選民將身分認同危機列為首要關切的問題；到了二〇一八年中期選舉時，這一比例更上升到百分之二十三。此一因素幫助共和黨在印第安納、密蘇里和北達科他的國會選舉中獲勝。川普之所以能當選，正是因為這個民意基礎的形成。

那麼，如何遏制非法移民進入美國？川普的辦法之一是「修牆」。這個聽起來異想天開的計劃，其實是可行的，川普說：「我會在我們的南邊國界蓋一座高牆。這座高牆不見得要從頭到尾封住國界，因為有些地方已經有山川等天然屏障賴以防守，我們的新牆只需要封守一千英里的國界。」對於川普的支持者來說，這堵牆不是海市蜃樓，而是實實在在的、可以隔絕犯罪、毒品和非法的廉價勞動力之防線。

川普說「修牆」，絕不是為了選舉而特意準備的漂亮話。執政以後，他鍥而不捨地推動

「修牆」計劃。為了得到修牆的經費，不惜讓聯邦政府關門。聯邦政府的很多部門實際上無關國計民生，就算停止運作幾個星期，民眾生活一切照常。

川普要求五十七億美元的第一筆築牆預算遭到國會否決，隨即引用一九七六年的《國家緊急狀態法案》（National Emergencies Act），宣布國家進入緊急狀態，這樣總統不必得到國會批准，可逕自重新分配聯邦預算及國防費用至美墨邊境圍牆計劃。川普說：「多年來，美國已經浪費了太多財力。但提到邊境安全和軍費，民主黨就與我們死拚到底。我們已在軍費上贏了，正在徹底重建。無論如何，我們也將在建牆上贏得勝利。」川普為此面臨法律挑戰，民主黨指稱川普違反憲法，眾議院司法委員會隨即展開調查。

但是，川普的修牆計劃得到普通美國人、愛國者的大力支持，他們不僅用選票支持，而且發起一項史上最大規模的眾籌行動：考費基（Brain Kolfage）是一名曾在伊拉克服役的退休空軍飛行員，在二〇〇四年第二次執行「伊拉克自由」行動期間的戰鬥中，失去了雙腿和右手，現在他是一名知名的勵志演說家。考費基發起了這場為邊境牆募款的活動，在籌集資金網站「助我一臂之力」（GoFundMe）上開設建牆籌款頁面，並寫下願景——「我們人民將資助這堵牆」、「幫助總統川普讓美國再次安全」。考費基呼籲全美投票給川普的六千三百萬人都來為該項目捐款，該項籌款的目標是十億元，這意味著每個投票給川普的人捐出大約十六美元就能達到目標。短短數星期之後，捐款已達數千萬美元。

修牆當然不能一勞永逸地解決非法移民的難題，但修牆是控制邊境和從源頭上遏制非法移民氾濫的第一步。川普還提出了一系列配套政策：加強執行現有的法令，遣返在美國監獄中的非法移民；增加移民局執法人員的數量（聯邦移民執法官僅五千人，而僅紐約市警察就有三萬五千人）；中斷給庇護城市的聯邦補助；嚴格執行簽證的時間限制，清理非法滯留者；廢除或限制公民出生地原則的運用，例如不允許給非法移民在美國出生的子女以公民身分等等。

◎誰是「偽裝的美國人」？

美國是一個移民國家，美國需要移民的聰明才智和勤勞雙手，更需要永久居民和新公民的忠誠。美國不能不加甄別地接納那些一邊享受美國的自由民主、良好的教育條件和自然環境，另一邊又辱罵美國、仇恨美國並為其獨裁專制的母國辯護的新移民，比如相當一部分來自中國的移民。

很多來自中國的移民，即便是合法移民，如投資移民、親屬移民、政治庇護的移民，以及更多從留學生變成工作綠卡持有人接著再入籍的移民，「身在美國，心在中國」，甚至有人充當中共政權的幫兇和間諜，從事危害美國的陰謀活動。

有一些擁有合法身分的中國移民，卻是透過造假的方式完成「合法程序」。比如，不少偷渡客透過某些打著海外民主運動旗號斂財的組織和政黨、甚至腐敗的華人教會，花錢得到其背書，成功申請到政治庇護，轉換身分成為綠卡持有者，進而成為美國公民。如果單單是為了尋求個人的移民夢，其情尚且可憫；但有不少人身體逃離中國，但心中仍是狂熱的中國民族主義者，為中共暴政唱讚歌，甚至領取中國使館的車馬費，揮舞血腥的五星旗，歡迎訪美的中共領導人。

對於這一部分「偽裝的美國人」，確實需要一整套嚴格的審查、甄別和驅逐機制。

二〇一九年秋季新學年開學之際，九名在亞利桑那州立大學就讀的中國留學生由洛杉磯國際機場入境美國，被邊境官員扣留數小時後，遭遣返中國。海關及邊境保護局（CBP）稱，這九名學生通關受檢查時，執法人員「發現若干不法資訊」，根據這些資訊，做出了不准他們入境美國之決定。

這些不法資訊具體是何內容，美國政府表示，「對個案不予評論」。CBP說，移民和國籍法對是否准許外國人入境有廣泛規範，其中列出的六十多種不准入境原因，包括與健康有關因素、犯罪、安全理由、公共負擔、工作許可、非法入境和違反移民法規、文件規定等等。

據ABC電視台引據消息來源稱，調查人員在這些學生的電腦和手機中發現證據，顯示他們有花錢請槍手代寫作業的行為，而這違反學生簽證的要求。但據多家媒體收到的亞利桑那州立大學發言人岡薩雷斯（Jerry Gonzalez）的聲明中指出，「據亞利桑那州立大學所知，這次拘留並非基於學術不誠實的指控，CBP沒有告訴亞利桑那州立大學這件事與學術不誠實有關，他們甚至完全沒有告訴亞利桑那州立大學，究竟發生了什麼。」

如果媒體的報導屬實，雇人代寫作業這件在中國留學生當中極為普遍的行為，成為美國執法當局拒絕中國留學生入境的理由，將對在美國醉生夢死、揮金如土的中國留學生產生極大震撼。相當部分中國留學生將雇人代寫作業甚至代考視為理所當然，在微信等社交媒體上有一個龐大的相關產業鏈。幫助留學生完成論文、通過考試、製作簡歷的公司，發展成可以在數小時內、在全球範圍內提供多國多語種服務的「跨國集團」，這是從中國文化和制度中誕生的「惡之花」。

如果按照大學校方的說法，在學業上造假是由校方負責的誠信問題，不勞移民局出馬；那麼，執法部門發現的「不法資訊」有可能不單單是雇人代寫作業，或許從中國留學生的手機和筆記型電腦中發現攻擊美國的民主自由價值、為中共暴政辯護，包括詆毀香港公民抗命運動的言論，這些言論構成美國執法部門做出「不予入境」決定的證據。如果這個推測屬實，有可能讓愛國心切、受中國使館唆使而上躥下跳的「五毛」和「小粉紅」（主動為中共行徑辯護的網民）警醒，讓他們有所收斂。香港反送中運動爆發以來，無數粗鄙兇惡的中國留學生和中國移民在美國、加拿大、歐洲各國、澳洲和紐西蘭等地輪番上演了霸凌當地香港留學生和聲援香港者的「全武行」，全世界把他們的野蠻行徑看在眼中、想在心頭——「善人從他心裡所存的善，就發出善來；惡人從他心裡所存的惡，就發出惡來。」（馬太福音十二章三十五節）

某些中國留學生和中國移民已成為「黃禍」。在冷戰時代，西方自由世界不可能接納數十萬計的蘇聯留學生和移民，少數在西方國家的蘇聯留學生和移民也不敢明目張膽地宣揚共產專制意識型態。今天的西方，中國留學生和移民的足跡遍布都市和鄉村，在西方公開展示其扭曲的「愛國心」，他們的叫囂和威脅出現在各種場合——他們恐嚇的對象，包括流亡藏人、維吾爾人、基督徒、法輪功修煉者和民主人士，以及反對「送中條例」的海外香港人和香港留學生。

「六四」屠殺之後三十年來，很多完成學業後即留在美國、甚至加入美國籍的中國留學生，包括相當一部分透過「六四綠卡」留在美國的人士，並未在內心深處接受民主自由價值，反倒自願接受微信的宣傳灌輸，成為中共暴政最積極、最熱情的捍衛者。他們中有些人士在專業研究上頗有成就，卻加入中國的「千人計劃」，幫助中國盜竊西方先進技術和智慧產權，危害美國國家安全。

二〇一八年十二月一日，美籍華裔知名物理學家兼風險投資人張首晟自殺身亡。三十二歲即成為史丹佛大學終身教授的張首晟，曾被「千人計劃」招攬，獲聘為北京清華大學量子科學與技術研究中心共同主任。他已入籍美國，卻對中國的「中央電視台」說：「我尤其欣賞習近平主席提出中國夢的理念。」張首晟的神祕死亡疑點重重，絕非其家人宣稱的憂鬱症那麼簡單：他生前曾受美國聯邦調查局調查；很多人注意到一個巧合——張首晟離世當天正好是華為首席財務官孟晚舟在加拿大被捕的日子，二人在一天前於阿根廷共同出席一場活動；張首晟在深圳曾與華為有過接觸，洽談合作事宜。以我在美國的觀察，此類過於聰明的、聰明反被聰明誤的、「天堂有路偏不走，地獄無門卻進來」的美籍華人還有很多。他們玷汙了美國公民這一神聖的身分。

此次美國執法當局遣返九名中國留學生，不是單一個案，而是一個新開端。以美國為首的西方國家意識到，大學的辦學經費不能靠中國留學生的學費來維持，一旦「拿人手短、吃人嘴軟」，不但危及大學內部的學術自由，甚至可能「與狼共舞」，讓敵人長驅直入、深入腹地，滲透到自由社會各個領域，動搖民主制度根基。在抵禦沒有任何道德底線的獨裁國家時，單純而開放的民主國家存在先天的弱勢。如果民主國家不設立嚴格的防禦機制，民主制度真有可能遭到傾覆。

過去三十多年來，很多完成在美國的學習、回到中國工作和生活的中國留學生，並未將美國的民主自由思想帶回中國；留下來的那一部分人，很多未必認同美國的立國精神和《美國憲法》，宣誓入籍美國時，只是行禮如儀——對於缺乏終極信仰的人而言，宣誓只是「走過場」，是當不得真的。這個群體，對中國和美國都未必是祝福。

至本書截稿時，香港反送中運動此起彼伏，北京發出文攻武衛的信號，磨刀霍霍，殺氣騰騰。美國參院共和黨領袖麥康諾（Mitch McConnell）警告中國，不要在香港問題上玩火自焚。麥康諾說，若北京以類似一九八九年天安門事件的方式，暴力鎮壓香港抗議民眾，他將建議川普總統採取「更強力的行動」，包括驅逐在美國的中國留學生。這是一個好主意，美國再也不能中門大開，來者不拒，甄別和遣返共諜，乃是亡羊補牢，未為晚也。

第三節　別了，作為美國「外交教父」的季辛吉

◎長期盤踞華府權力場的季辛吉

世界上的大部分國家，內政與外交雖有所關聯，但大致有所區隔；唯有美國，內政和外交密不可分，卻互相影響，牽一髮而動全身。川普政府的「退出聯合國」是外交，「修牆」是內政，但兩者互為表裡，共同服務於美國的國家利益，同時又是由保守主義的觀念秩序所決定的。「退出聯合國」和「修牆」是關鍵的頭兩步棋，此後一系列的調整和轉變都將井然有序地展開。川普所修的牆，不僅僅是美墨邊境的那綿延千里的高牆，也包括一道隔開中國

的「新鐵幕」。

長期以來，美國外交領域被專業菁英群體壟斷，外人無從插手。川普執政後，這塊堅冰逐漸被突破。川普任命大量非職業外交家進入該領域——前後兩任國務卿提勒森和蓬佩奧，都不是職業外交家。這正應了川普在選舉期間的一段評論：「那些把我們的外交政策弄得亂七八糟的職業外交官說，我沒有制定外交政策的經驗。他們覺得成功的外交官需要有多年經驗，並且在下任何結論前得先仔細想過所有細節。唯有如此，這些穿著直條紋襯衫的官僚主義者才會考慮有所行動。」

並不是只有像季辛吉（Henry Alfred Kissinger）這樣的哈佛大學政治學博士和教授，才能主宰美國外交。歷史和現實提供了相反的證明：正是季辛吉這種「聰明反被聰明誤」的知識分子，才給美國外交和國際關係帶來長久的傷害。川普要在中國與美國之間「修牆」，首先要根除的就是季辛吉對美國外交政策的長期荼毒。

在當代美國政壇上，季辛吉是壽命最長，政治影響力最大的政客——自一九七七年之後，他從未在政府擔任重要公職，但其影響力之大超過所有卸任國務卿及國家安全事務顧問，甚至超過大部分卸任總統。我親身經歷的一個事實是：二〇一二年我剛到美國時，應邀在紐約一個基金會發表演講，主辦方居然要求我將講稿中的一句譴責季辛吉的話刪去，因為該基金會與季辛吉關係密切。在擁有言論自由的美國，批評季辛吉在四十多年前主導的「倒向中國」政策，居然是一件犯忌諱的事情。

季辛吉被某些比較誠實的左派視為越戰之罪魁禍首，他們對季氏一直不予諒解；但季辛吉被更多心口不一的左派視為中美建交的最大功臣，為此不吝對季氏給予高度讚賞。實際上，季辛吉重視中國的利益，優先於重視美國的利益，不是他具備國際主義理想，而是他的個人利益更多的來自中國。

提出「帝國轉向」、熱捧中國崛起的英國學者弗格森在〈季辛吉對川普的忠告〉一文中指出，季辛吉對川普的對華外交政策提出忠告：「無論在貿易還是南海問題上，不要與中國陷入全面衝突，而要尋求『全面協商』，力求實現對話機制、推行《世界秩序》一書中主張的『共同發展』政策。」在此基礎上，雙方可以與威權主義的俄羅斯「組建聯盟」。如果川普接受這樣的建議，會是怎樣的結果呢？

川普當選後不久，季辛吉即獲邀到紐約川普大廈與川普會晤。接著，精彩的一幕荒誕劇上演了：跟候任總統川普會晤後，九十五歲高齡的季辛吉不辭辛勞飛赴北京，與習近平、李克強等中國最高領導層會面。季辛吉似乎仍有能力在中美之間長袖善舞，但仔細一看新聞，就知道此一事件並非其「烈士暮年，壯心不已」之標誌，而讓人發出「廉頗老矣，尚能飯否」之質疑——季辛吉不是川普任命的「信使」，川普並沒有將他要跟蔡英文通話的「祕密」告訴季辛吉。結果，季辛吉受到習近平和李克強的接見後，回到飯店總統套房，才得知川蔡二人已實現歷史性的直接通話。此前，一直被蒙在鼓中的習近平無比重視季辛吉的意見，相信川普對季辛吉言聽計從，希望從其口中探聽到川普對華政策的蛛絲馬跡。此後，遭到迎頭一擊的習近平，還會繼續將季辛吉奉若上賓嗎？

老奸巨猾的季辛吉在一生中算計無數敵人和朋友，如今被川普擺了一道，身不由己地充當川普的棄子，也算是作繭自縛、罪有應得。

二〇一八年，美國參議院軍事委員會舉辦聽證會，季辛吉出席作證，再度強調中國崛起是政策和歷史的必然，中美兩國都有必要審視維持雙方權力平衡的重要性。他在發言中說：「不計代價阻止大國間的直接對抗是世界運轉的底線。兩大強權對抗的世界不會讓人類得利，只有全世界皆輸的結局。一言以蔽之，就是千萬不要惹惱中國。」但以川普及其團隊主要人物對華政策的思想脈絡和公開言論來看，季辛吉「與狼共舞」、「與龍共寢」的「忠告」，並未被川普政府採納。

季辛吉樹大根深，一般的政客無不對其敬畏三分，唯有大膽如川普者，才敢於揮動掃帚，將其掃進歷史的垃圾堆。

◎中國是季辛吉取得成功的「極其重要的因素」

季辛吉站在中國一邊，是因為他的「歷史地位」，十有八九奠基於中美關係的解凍。他與中國而非美國「一榮俱榮，一損俱損」，但他並不真的愛中國，他愛的人只有自己。義大利女記者法拉奇（Oriana Fallaci）採訪季辛吉時，季辛吉承認「中國是我取得成功的極其重要的因素」。他沒有說出的實情是：他的成功建立在幫助毛澤東鞏固政權、繼續殘害數億中國民眾以及對台灣的背叛之上。

一九八九年，季辛吉在日本《讀賣新聞》和西德《星期日世界報》上分別發表文章〈天安門事件是內政問題〉和〈美國不能放棄中國〉，支持中國處理天安門事件的措施，認為「對北京發生的事不可只用善與惡的觀點去看」，「當時的衝突已無法和平解決」。這是一種漠視人權、漠視生命的論調。

自一九七一年開始，季辛吉先後七十次到訪中國，五十次是官方訪問，二十次是私人訪問，由此積累了與毛澤東、鄧小平、江澤民、胡錦濤和習近平等五任中國最高領導人的「私交」。

季辛吉至今仍在吃老本：二〇一六年，文革發動之初建立的「美中關係全國委員會」，在紐約舉行盛大酒會慶祝成立五十週年。季辛吉在會上警告，如果美中兩國不能合作，緊張態勢加劇，世界將分裂為擁中和擁美兩派，因此早晚會失控。

「美中關係全國委員會」會長歐林斯（Stephen Orlins）在向嘉賓致辭時，用字正腔圓的中文朗誦了一段毛語錄：「我們的同志在困難的時候要看到成績，要看到光明，要提高我們的勇氣。」我當時並不在場，卻彷彿聞到一股納粹集中營焚燒屍體的氣味。在西方的公眾場合，誰敢公然背誦希特勒《我的奮鬥》中的原話？為何歐林斯當眾背誦毛語錄，卻能贏得掌聲？

歐林斯背誦毛語錄並非驚世駭俗之舉。季辛吉在這之前訪問重慶，與薄熙來相見甚歡，並分享學習毛澤東思想的心得體會。薄熙來問季辛吉：「您如何看待毛主席？」季辛吉脫口而出：「我不管別人怎麼評論毛主席，我認為毛主席是偉大的政治戰略家。」同樣的邏輯，希特勒不也是「偉大的政治戰略家」？希特勒屠殺猶太人不也是「偉大的政治戰略」？或許，季辛吉的真實想法是：猶太人（他自己是其中一員）是高等人，希特勒不能隨意屠殺高等人；中國人是低等人，毛澤東可以隨意屠殺低等人。

季辛吉的徒子徒孫多如牛毛，從外交界到產業界，再到媒體和大學，處處是這種中國喉舌的身影。日前，歐巴馬時代的國家安全委員會亞洲主管艾文．麥迪洛斯（Evan Medeiros）

在喬治城大學的一次中美企業家座談會上，公然向美國公司高管介紹與中國合作的策略，包括：緊跟習近平「一帶一路，減少貧富差距」的路線，從中尋找商機；緊貼新提拔的省級政府官員，建立新的人脈關係；擴大發展和中國各種機構和組織的關係及合作；依照習近平「走向全球」的戰略，提供各種幫助……這個人究竟是為美國的利益服務，還是為中國的利益服務？

美中關係全國委員會成立五十週年慶典當晚，季辛吉獲得「為美中關係做出傑出貢獻的終身成就獎」，他在發表獲獎感言時警告說，世界和平與進步有賴於美中雙方不僅尊重而且調整各自核心利益、以使雙方進行合作的能力：「如果這種合作不能發生，那麼緊張就會加劇……我們現在正處於歷史的重大關頭。」他建議川普在其政府裡任命一位負責所有對華關係的特別顧問（大概也是非他莫屬），並建立美中最高領導人之間的直接聯絡管道。季辛吉的潛台詞是說：一定要遷就中國。西方民主國家可不管中國政府如何凌虐本國人民、只要中共願意在若干國際問題上合作就行了。

這場晚宴的高潮不是季辛吉的發言，而是中國駐美大使崔天凱的演講。崔氏不點名地警告敢於挑戰中國核心利益的人，「任何以其他國家核心利益為代價使自己利益最大化的企圖是永遠不會成功的」。與會者都清楚崔天凱此話所指何為：候任總統川普跟台灣總統蔡英文通電話並在推特上質疑「一個中國」政策，被中共視為觸動了中國的「核心利益」。

這是一個可恥的反美集會，這是一群「第五縱隊」的陰謀活動。會後，他們同時收到美國在任總統歐巴馬和中國國家主席習近平發來的賀電——這再次表明歐巴馬與習近平穿同一條褲子。

◎季辛吉的「真面目」

季辛吉縱橫美國政壇和國際社會半個多世紀，但他的真實面目撲朔迷離，外人難以知曉。

在納粹肆虐歐洲的一九三八年，年少的季辛吉與家人一起逃離德國，移居美國。儘管他有十四個親人死於納粹集中營，但他與包括中國在內的若干獨裁國家的親密關係顯示，他似乎從來不受良心和道德的約束；他也是沒有任何道德底線的、信奉現實主義的、冷酷無情的美國菁英階層的代表。

在季辛吉的世界裡，沒有愛和憐憫的位置。外界一般認為，季辛吉是馬基維利主義者。當法拉奇向季辛吉提出該問題時，季辛吉宣稱他絲毫沒有受過馬基維利的影響，對他有影響的思想家是史賓諾沙和康德，「您把我與馬基維利聯繫在一起有點奇怪。」他也不承認自己受梅特涅影響，只承認「寫過一篇關於梅特涅的論文」。

對於推動中美建交這一「歷史功勛」，季辛吉自吹自擂說，完全是他一個人的功勞，「關鍵在於我總是單槍匹馬地行事，美國人特別喜歡這一點」。尼克森的功勞只是百分之百地信任他。據說，尼克森得知這件事後，相當惱火，一度拒絕接見季辛吉，甚至拒接他的電話。

季辛吉被公認為是國際政治學均勢理論大師，其理論重點關注在美蘇兩極對抗的國際環境下如何運用國家外交手段，建立政治聯盟，對抗蘇聯一極的壓力。也就是說，在美國處於劣勢的情況下，聯合各種力量（特別是中國）遏制蘇聯的強勢狀態，從而達到兩極力量的相對的平衡。然而，這個理論從前提部分就錯了：在整個冷戰時代，美國從未處於劣勢，是季辛吉這樣的菁英階層喪失了自信心和勇氣，對蘇聯甘拜下風，因此才要尋求與中國聯手。

季辛吉承認他對權力的熱愛以及權力對其生命的異化：「當你掌了權，而且掌了相當長一段時間後，你就會把它看作是屬於自己的東西，我可以肯定，當我離開這個職位時，我會感到若有所失。」對他來說，普通人的生命、尊嚴和自由輕如鴻毛。為了個人的權力，他可以不擇手段。

季辛吉因促成北越與南越簽署和平協議而獲得諾貝爾和平獎——然而，這一「和平」是鏡花水月。數年之後，共產黨統治的北越以武力顛覆了南越政權，並對不認同共產黨的越南人實施大規模屠殺。季辛吉獲獎，跟後來歐巴馬獲獎一樣，是謬誤，更是笑話，法拉奇如此評論說：「不幸的諾貝爾，不幸的和平。」

即便已達九十五歲高齡，季辛吉從不認為自己屬於退休人士，每個美國總統上台，都要例行公事般地向其請益。但讓季辛吉像受傷的獅子一樣咆哮不止的一次經歷是：有一次他在機場登機時，被一名二十多歲的安檢人員攔下搜身，而那個年輕人不知道這位老人是何許人也。

而川普對季辛吉的戲弄，結果更加嚴重：季辛吉身體還算健康，但川普給他的影響力畫上了句號，他在政治影響力上已是行屍走肉。無論季辛吉有多麼不願意謝幕，他主宰美國外交的時代結束了。這名「老巫師」最後總算說對了一句話——「中美關係再也回不到從前了」。

第四節　卡特和拜登：新時代的活化石

喪失價值原則的美國政客，絕非季辛吉一人，在其背後還有一個龐大的既得利益集團。卡特和拜登也堪稱新時代的活化石：新時代是川普開創的，他們以川普為敵，不願意與時並進，其人生就只能永遠地凝固在逝去的光環之中。

卡特從未從當年競選連任卻被雷根擊敗的創痛中恢復過來，而歐巴馬的副總統拜登也沒有從川普勝選的震撼中清醒過來。他們無法理解美國人民為什麼選擇支持雷根和川普，也無法理解美國和自由世界面臨的巨大挑戰的真實內涵，更無法理解雷根和川普化解這些挑戰所使用的「非常手段」，川普的「退出聯合國」和「修牆」等充滿創意的新政，超出了他們的想像力的邊界。

◎卡特給了川普什麼「寶貴建議」？

卡特比起好鬥的川普，像是一個人見人愛的「好好先生」。卡特在總統任上政績不佳，在退休後致力於幫助無家可歸者修建簡易住宅，被譽為「最成功的卸任總統」，這個頭銜不知是讚譽還是嘲諷——幫助窮人，是美國菁英階層最喜歡做的公關秀。

二〇一八年四月十五日，卡特告訴媒體，現任總統川普給他打電話，談及中國議題，這是兩人第一次通話。卡特似乎受寵若驚，又似乎為自己還有某種影響力而得意非凡。其實，是卡特先自作多情地致信川普，毛遂自薦說要給川普一些外交政策的建議。大概是出於對前總統的禮貌，川普就給卡特打了這通電話。

卡特給出的是什麼樣的建議呢？卡特說，美國是「世界上最好戰的國家」，因為美國希望把自己的價值觀強加給其他國家。卡特還說，中國把資源投入高鐵等項目上，而不是國防開支，「我認為，我們已經浪費了三兆美元」——他在這裡指的是國防開支。卡特認為：「中國沒有在戰爭中浪費一分錢，這就是為什麼他們取得領先，幾乎每一個方面都走在我們前面。」

這是一個當過美國總統的人該說的話嗎？如果只看原文、不提出處，我會以為是中國、北韓、俄國、伊朗、委內瑞拉的外交部發言人的反美言論。卡特並沒有患老年癡呆症，他一貫就是如此，他是美國立國價值的敵人，也是普世價值的敵人。美國向全球推廣民主自由有什麼錯呢？如果沒有美國參與和領導一戰、二戰、韓戰、越戰和反恐戰爭，如今的世界早已淪為比歐威爾筆下的《一九八四》還不堪的境況中。

既然卡特如此仇恨美國，為什麼不離開美國，到美國的敵國去當座上賓呢？至少中國會授予他榮譽國民的崇高身分。四十年前，在總統任上的卡特，悍然繞過國會，宣布拋棄台灣，與毛澤東暴虐統治下的紅色中國建交。卡特加速尼克森的親中路線，救了四面楚歌的毛澤東政權。卡特美其名曰，中美建交是「歷史性的突破」，其標榜的「人權外交」路線卻精確地繞過中國。多年後，卡特對此毫無反省，仍對自己的「歷史功績」沾沾自喜。

無知必然引來另一種特質——邪惡。中國真的像卡特說的那樣，沒有擴軍備戰、沒有在戰爭中「浪費一分錢」嗎？中共一向好戰，而中共建政以來，與大部分鄰國——蘇聯、南韓、印度、越南等——都發生過戰爭或武裝衝突。近年來，中國每年的軍費增長都超過兩位數，增幅之快，舉世無雙。中國製造航空母艦等大型戰艦的速度超過美國，如果此情形持續下去，美國即將喪失在亞洲的軍事優勢。中國在南海「無中生有」地修建「武裝到牙齒」的人工島，對經過南海的國際貿易航線造成威脅。對於中國這個窮兵黷武的獨裁國家，美國難道要偃武修文、坐以待斃嗎？雷根說過，和平靠實力來維持；卡特卻跟台灣富豪郭台銘一樣，幻想著只要先投降，和平就自動降臨。

幸虧卡特只擔任一屆總統就從白宮捲鋪蓋走人了——他在內政和外交方面的成績都是一塌糊塗，若他繼續在位，必定給美國和世界帶來更大災難。在卡特任上，美國的國際聲譽和國家地位降到戰後最低點，這個成績唯有此後的歐巴馬能與他媲美。是雷根帶領美國重新站起來，讓美國再度偉大，並擊敗以蘇聯為首的共產主義陣營，贏得冷戰的勝利。卡特對自己治國的失敗毫無羞恥感，居然還有臉給川普寫信，要給川普提供建議。川普會接受卡特提出的這種自尋死路的建議嗎？川普大概只能搖搖頭、放下電話、一聲嘆息。

◎吃北京「炒肝」的拜登

跟卡特一樣既無知又自信、既虛偽又自戀的，是歐巴馬時代的副總統、至本書截稿時在民主黨初選民調中排名第一的下屆總統候選人拜登。

拜登是典型的民主黨菁英分子，持有左派的烏托邦世界觀——比如，與川普的「退出聯合國」相反，美國應當事事依賴國際組織；與川普的「修牆」相反，美國要對非法移民和假難民敞開國門；與川普的中美貿易戰相反，美國可以跟中國化敵為友，一起走進「新天地」。

拜登自以為是「知華派」，反對川普對中國的強硬政策，他輕佻地說：「中國會吃掉我們的午餐？拜託，他們甚至無法協調內部對於南海和東部山區（隨即他意識到地理位置錯了，又改口說是西部）的巨大分歧。他們甚至拿不出有效辦法處理體制內的貪汙。他們不是壞人……他們不是我們的競爭對手。」

中國《環球時報》總編輯胡錫進與拜登心有靈犀、一唱一和。胡氏在「微博」發言說：

「還記得有個叫拜登、在北京街邊店吃過炒肝的美國前副總統嗎？……他一定是覺得今天的美國政府宣揚『中國威脅』太高調太歇斯底里了，以至於公然唱起反調來。……拜登對中國存有巨大偏見，但他至少知道一點，『中國威脅』沒共和黨政府當前說的這麼邪乎。我相信，一個想競選總統的政客，他才不會亂說話、給對手揪辮子呢。他是看到共和黨政府的對華政策已經偏離了常識和美國國家利益，他才敢這樣在對華政策上給共和黨一棍子的。」

胡錫進自然希望拜登成為美國總統，可惜，胡錫進不知道的是，希拉蕊和拜登這類前朝遺老，在美國早已是「夕陽無限好，只是近黃昏」。

《環球時報》不可能給拜登拉到選票，反倒給拜登扣了分。美國選民會反問說：一個會對北京街頭販售的「炒肝」感興趣，而對華為、中興這樣的中國「黨營企業」威脅美國和世界的緊急狀態一無所知的政客，難道會是合格的美國總統嗎？

拜登在另一場造勢活動上又重複道，中國「不是壞人……他們並不是我們（美國）的競爭對手」。拜登宣稱，他是跟中國政府關係最好的美國政客，可以讓中美關係重新回到昔日的親善氛圍。

川普不屑於將「瞌睡喬」當作競爭對手，駁斥其謬論都是浪費口舌。無須川普和共和黨人反駁，拜登的親共言論招來諸多民主黨黨內競爭對手的批評。紐澤西州民主黨議員布克（Cory Anthony Booker）形容中共是一個必須被降服的「極權主義政權」，他對選民說：「中國人一直在利用美國和地球上的其他國家。他們不會公平地競爭。他們竊取我們的智慧財產權。他們強迫技術轉讓……我們需要對付他們。我們需要與他們戰鬥。」民主黨前國會議員約翰·德萊尼（John Delaney）指責中共是「海盜」，「他們竊取智慧財產權，他們非法填海造島，他們散布虛假資訊。我們必須認識到我們正在面對著什麼。」就連民主黨的極左派桑德斯也抨擊拜登「假裝中國不是我們的主要經濟競爭對手，這是錯誤的」。美國政治學者、政治風險諮詢公司歐亞集團的創辦人布蘭默（Ian Bremmer）批評說：「拜登最後一次訪華是二〇一三年，他對中國在技術上有多先進完全沒有頭緒。今天的中國，不僅是美國在全球最大的競爭對手，而且還是一個超級技術大國。」在輿論壓力之下，拜登的中國論述很快來了一個「急轉彎」，也跟著其他人而改為鼓吹中國威脅論了。

拜登對中國的「熱愛」，不是出於善意而輕信對方，而是因為背後的利益輸送。以調查報導為主的美國新聞網站「攔截者」（The Intercept）披露，拜登四十九歲的次子杭特（Hunter Biden）投資中國政府用於監視新疆穆斯林的智慧型手機應用程式（APP）。「人權觀察」表示，在檢視中國「一體化聯合作戰平台」（IJOP）程式後發現，該APP有助於當局標記「可疑人物」，可能藉此限制其出境，甚至關進「再教育營」。

杭特與前國務卿凱瑞（John Kerry）的繼子海因茲（Christopher Heinz）共同創辦BHR

公司，而屬於中國國有銀行之一的中國銀行，透過旗下子公司向其提供了十億美元的融資。ＢＨＲ也跟中國官方背景的海航集團旗下子公司成為合作夥伴。海航集團是中共經濟統戰的先鋒，用金錢開路，有時候比中國外交部還管用。海航積極結交美國大小官員，包括前美國駐中國大使駱家輝、前佛羅里達州州長傑．布希（老布希之子、小布希之弟）及前總統柯林頓等，拜登家族當然也是其投資對象之一。

由此可知，拜登是習近平御筆批准的下屆美國總統候選人。習近平期待，若拜登當選，中美貿易戰自然偃旗息鼓，中國可以如川普所說的那樣再次「強姦」美國。對此，川普在推特上寫道：「中共正幻想著愛打瞌睡的喬．拜登，或者任何其他民主黨人，在二〇二〇年當選美國總統。他們確實樂於欺負美國！」在接受福斯電視台採訪時，記者詢問美國政府是否需要對「中國政府把數億美元投資到拜登家生意的事情」進行調查，川普回答說：「百分之百應該進行調查。這是很可恥的事情。」

像季辛吉、卡特、拜登這樣停滯在過去四十年失敗的外交政策中的老政客，已是新時代的棄兒。他們在媒體上表現出來的對中國的「深厚情誼」，淪為連習近平都看不上的笑柄。只要稍有一點獨立思考能力的美國民眾，都不會投票給這些「美國的敵人」。

沉舟側畔千帆過，病樹前頭萬木春。外交政策的分歧，其實是世界觀的分歧。卡特、季辛吉、柯林頓、希拉蕊、歐巴馬、拜登等「擁抱熊貓者」、輕看美國的舊政客，是腐朽不堪的「沉舟」；而在川普的帶領下，今天的美國已邁入千帆競渡、重振雄風的新時代。

第七章
為什麼那麼多華人支持川普？

或許能帶來改變的最大希望在於教育，以及更多參與美國的民主進程。在美華人的未來將取決於他們奪回發言權的能力——他們表達自己觀點的能力，彰顯自身存在的能力，以及打破少數族裔窠臼的能力：他們的成功應該基於怎樣的方式、達到何種範圍，這些都不能由別人來定義和支配。

——張純如，《美國華人史》作者

猶記得我第一次關心美國大選，是二〇〇〇年在北京應邀參加美國駐華使館舉行的一場針對正在進行的美國總統大選的「模擬投票」活動。現場數百個嘉賓都可以跟美國本土同步投票給兩大黨候選人中的其中一位。我在中國從來沒能行使過憲法中規定的公民選舉權，只好在這個相當「超現實主義」的場合投出一票。

投不同政黨的候選人一票，就可以將該政黨標誌的貼紙（象或者驢）戴在胸前。在那場小布希與高爾的世紀之戰中，我投票給小布希。環顧現場，我是少數派。大概中國人一般都受「不患寡而患不均」的儒家文化和共產黨意識型態的影響，傾向於大政府、福利國家、集體主義的政綱，自然接近美國民主黨的思路。

誰也沒有料到，那次選舉結果遲遲不能出爐，活動多延長了一兩個小時，仍然無法等到美國本土報出結果，只好在懸念中草草收場。回到家中，我繼續關注新聞，然而，直到次日選舉結果還是沒有出來——雙方陣營僵持多日後，訴諸法庭，險些造成美國歷史上前所未有的憲政危機。其後，最高法院以五比四裁決小布希當選，這才順利解決計票爭議，讓是次總統大選順利畫上句號。

轉眼十九年過去了，我從青年進入中年，從北京遷居華府，從持中國護照的「中國人」到無國籍的「國際流亡者」，繼而入籍歸化成為美國公民，一路走來，基本價值觀穩如磐石，但身分認同劇變，對美國政治的認識也大有進展。

二〇一六年的選舉，是我移民美國之後第二次親身觀察美國總統大選。這次選舉對美國的國運影響甚大。雷根總統說過：「如果這裡失去自由，那全世界就走投無路了。」美國是自由世界的最後一道屏障，如同當年四川是國民政府抗戰的大後方。美國一失，自由世界就盪然無存。若希拉蕊勝選，繼續執行歐巴馬的極左政策，美國大概再也無法回歸開國之父們的「初心」。

不過，在共和黨內部的初選中，我一開始並不看好川普。我比較欣賞卡森、魯比歐（Marco Antonio Rubio）與克魯茲（Rafael Edward Cruz），而非「口沒遮攔」的川普。後來，川普以「非典型共和黨人」的身分在黨內勝出，我才開始仔細傾聽他的演講、思考他在推特上的發言，對其提出的一系列政見逐漸由認同到欽佩——他是唯一敢於全面挑戰「政治正確」意識型態的候選人。我在推特等社交媒體上感受到跟左派主流媒體的報導和民調截然相反的氛圍，由此我得出結論：真實的民意站在川普那一邊。後來，川普果然勝出，可謂實至名歸。川普的勝選，讓我大大鬆了一口氣——美國終於可以擺脫「歐巴馬夫婦·柯林頓夫婦」腐敗集團的戕害，從殘破中再度走向偉大。

我也觀察到，在二〇一六年的選舉中，此前很少參與美國政治的華裔族群空前活躍——如今，「華裔」或「華人」的稱謂，已經頗有爭議：很多台灣裔美國人、香港裔美國人以及其他從東南亞諸國到美國的具有華人血統的人士，並不願意被納入來自中國的華人的集體之中。但是，更準確的且被廣泛接受的新稱呼，尚未出現。所以，我在這裡暫時遵循歷史習慣用法，姑且仍以華人、華裔稱呼他們。在傳統上較為傾向民主黨的華裔族群中，令人訝異地出現了為數眾多的支持川普的社團和個人。儘管他們不占絕對多數（支持民主黨的華裔選民此前占美國華裔總人口的百分之六十九，這一次雖下降了八個百分點，但仍然是多數），但他們非常活躍、投入積極、曝光率高、動員能力強，大大扭轉了美國主流社會對華裔群體政治立場和參與度的成見。

那麼，為什麼會有那麼多華人支持被左派媒體描述成「白人至上主義者」的川普呢？

第一節　首次喚醒的華人參政熱情

◎五大社會議題引發華人的憤怒與共鳴

美國保守派雜誌《國家評論》（*National Review*）網站刊發文章說，過去很多華裔美國人是民主黨忠實的擁護者，不過近年來，支持右派（主要指共和黨）、特別是川普的華人數目迅速上升。一個美國政治中前所未有的現象是：川普激發了一群充滿熱情的華裔美國人支持者投入到選戰中。

在亞特蘭大，有一群支持川普的華人，率先集資租用飛機投放支持川普的巨幅廣告。我在訪問亞特蘭大時，特意約這個社團的幾位核心人士會面。他們當中，有經營房地產的商人，有電腦工程師，有律師和會計等專業人士，無一不是受過良好教育、擁有高學位、收入和社會階層較高的第一代移民。他們說，他們對川普的支持，不僅僅是口頭上的，大選期間，他們在各自社區逐家逐戶地敲門派送競選資料和拉選票。有人甚至將生意和工作暫停一段時間，全身心投入選舉事務，不但做志工，還慷慨捐款。

我不禁感到好奇，為什麼他們如此熱情地支持川普？他們表示，自從歐巴馬執政之後，民主黨的一系列社會政策，讓他們極度憤怒，也產生強烈的危機感，逐漸改變以前對政治的冷漠態度。二〇一六年的大選，他們發現川普的政綱跟自己的想法不謀而合，宛如自己的「代言人」，很快成為鐵桿「川粉」。

我發現，有五個主要的社會議題，激起華人社群的政治熱情。

第一個是歐巴馬政府實行的福利國家政策。高福利，當然需要高稅收的配合運作；民眾的稅金，被用來養懶人、投機取巧者及非法移民。這跟美國傳統中鼓勵工作和勞動的清教徒精神不符合，也跟華人克勤克儉、自我奮鬥、多勞多得的文化傳統相衝突。

比如，居住在大華府地區的華人瑞貝卡·張（Rebecca Zhang）接受媒體訪問時表示，她來美國已二十多年，最開始的新移民時期，她支持民主黨；隨著對美國社會、政治的深入了解，轉而支持共和黨，現在是一名堅定的「川粉」。她說：「一開始，民主黨那種大愛思想，給窮人的照顧，非常吸引新移民。但等我慢慢了解清楚以後才知道，這些福利有很多流向懶人。中國人有一句話叫『救急不救窮』，但美國政府採取過度福利的政策，一直是這樣的狀態，懶人會越來越懶，因為可以輕鬆拿到政府的救濟，就沒有鬥志，也不想去工作。」她認為，移民美國的華人，從小就在「自力更生」的教育裡長大，基本上都想自己去闖一片天地：「我們覺得，不能去助長窮人一直拿政府福利，變成懶人，然後一大群人變成政府的包袱。對於辛勤工作的人來說，是非常不公平的一件事情。」

第二是歐巴馬政府的同性婚姻政策與激進性別政策，甚至縱容自我認定性別（即心理性別），在公立學校強制實行「多元性別」和「男女同廁」政策。

所謂「性別平權教育」進入中小學，美國學校裡是怎麼教的呢？比如，我家兒子在小學三年級時，學校關於家庭的定義是——「家庭是由爸爸、媽媽跟孩子，或媽媽和媽媽跟孩子，或爸爸和爸爸跟孩子組成」。甚至「爸爸」、「媽媽」也成了「敏感詞」，只能用「家長」這一中性稱謂。

在所謂的LGBT群體中，最後一類「跨性別者」，意思是表面上是一個性別，但心理認同是另一個性別。歐巴馬的「同廁法案」，就是允許「跨性別者」按自我認同（但無須醫生證明），隨意進入相應性別的廁所、更衣室等空間。他計劃將「同廁法案」推行到全國所有公立學校，拒絕跟從的學校，聯邦政府將停止撥款。此案實施不久，許多學校都發生小女孩被性侵的慘劇（當然，歐巴馬的兩個女兒上私立貴族學校，應該不會遭遇此種危險）。任何一個家中有女兒的家庭，無不憂心忡忡並義憤填膺。

第三個是恐怖襲擊和難民問題。歐巴馬上任八年，共計發出一百萬張專門給穆斯林難民的綠卡。希拉蕊在競選期間承諾，未來將加快難民接收速度，若她當選，第一年將額外接收六萬五千名敘利亞難民。民主黨人口口聲聲說是基於人道主義，但誰都看得出來，他們是為討好穆斯林等族群，吸納其選票。

民主黨並未從「九一一」恐怖襲擊中吸取教訓，對難民大開方便之門。在接受難民的過程中，背景調查只是漫不經心地行禮如儀，漏洞大可吞舟。每次歐洲和美國爆發恐怖襲擊，左派都第一時間出來否認是穆斯林所為。結果，左派每次都被事實打臉，然後下一次又是同情心氾濫。

而且，相當部分來自第三世界國家的難民、非法移民，長期領取福利，不願工作，更不願意接受美國的文明觀和價值觀。比如，在某些穆斯林集聚區，執行伊斯蘭教法，不接受美國法律的管轄。對比之下，透過合法途徑移居美國、努力工作、嚴格報稅、遵紀守法的華裔族群，怎能不高呼「不公平」和「不安全」？

第四是槍枝管制問題。近年來，隨著某些大城市治安惡化，華人只得購買槍枝自衛。我熟悉的一位朋友遇羅文，是文革中因反對「血統論」而遭到中共殺害的思想先驅遇羅克之弟。他中年之後才移居美國，以室內裝修為業，業餘酷愛射擊，先後購買上百支長槍短槍，將地下室改為射擊場，長期練習，百發百中。他感嘆說，如果中國民眾可以像美國民眾那樣享有持槍權，就不會「人為刀俎，我為魚肉」，共產黨還敢實行無法無天的暴政嗎？

華人支持美國憲法賦予的持槍權，反對民主黨的控槍政策，跟現實處境直接相關。前幾年，一名非裔歌手YG寫了一首名為「遇見劫匪」（Meet the Flockers）的歌曲，歌裡詳細教唆如何到華人居住區入室搶劫，鼓勵針對中國人的犯罪。華人對此反應激烈，透過各種管道向YouTube與谷歌投訴，要求撤下這首歌曲。然而YouTube與谷歌表示，歌曲創作是言論自由，他們不會撤除。在「政治正確」的氛圍下，任何關於非裔、穆斯林的負面評論都被視為種族歧視，沒有人敢於侵犯他們的「言論自由」，甚至他們針對華人的教唆犯罪都是「言論自由」。

這種情形下，華人只能舉槍自衛。亞特蘭大華裔女店主陳鳳珠槍戰三名入室搶劫的非裔青年的視頻，引起全美華人的震撼。陳鳳珠發現有劫匪入室，報警後，警方接線員拖延兩分多鐘才派遣警力，十分多鐘後警察才趕到現場。幸虧陳氏有槍，持槍自衛，左手拿著手機、右手持槍，對三名歹徒連開數槍，打得他們措手不及、分兩路逃竄。她一直追到門口，又對逃到街面上的歹徒冷靜地補上一槍。中槍歹徒死在逃跑的路上。如果陳沒有槍，情況不堪設想，很可能會遭劫匪殺害。

此事件後，很多過去談槍色變的華人表示要去買槍，警察是靠不住的，自己手中的槍才靠得住。共和黨擁槍，民主黨禁槍，壁壘分明。希望擁槍自衛的華人，當然投票給共和黨和川普。

第五個是孩子教育議題，下文將詳談。

◎支持川普的華人對抗左膠掌權的矽谷

二〇一六年美國大選後，加州大學洛杉磯分校（UCLA）領頭進行一項多種族的民意調查。調查結果顯示，約百分之二十五的華人支持川普。儘管比例偏低，但參與上述項目的馬里蘭大學亞裔美國人研究系主任珍妮爾・王（Janelle Wong）指出：「我是首次看到有華人這麼熱烈支持一名候選人，譬如是華裔北美川普助選團（CAFT）。……雖然川普支持者並不是華人的大多數，甚至也不占中國移民的大多數，但他們非常有組織力。他們有官方網站，在社交媒體上很活躍，能見度較高。」

如果做區域個案分析，加州的矽谷或許是一個值得研究的樣板。矽谷歷來崇尚對多元文化包容和共生，強調對女性、少數族裔的特別尊重，甚至上升到「政治正確」的程度。不少科技界領袖，比如臉書創辦人馬克・祖克柏（Mark Elliot Zuckerberg）、特斯拉CEO伊隆・馬斯克、LinkedIn創辦人里德・霍夫曼、網飛（Netflix）公司CEO里德・哈斯廷、投資機構KPCB創始合夥人約翰・杜爾等，都是希拉蕊的熱情支持者。他們慷慨地向希拉蕊捐出大筆競選經費，也在媒體上現身說法為希拉蕊助選，將希拉蕊描述成大公無私的聖徒。他們卻不知道，正是他們的這些作為，讓他們和希拉蕊一起遭到普通民眾、工薪階層之唾棄。

這些高科技巨頭的立場，表面上看由「政治正確」和「進步價值」所決定，其實背後隱藏著極其幽暗的一面。這些高科技產業的跨國公司，在全球貿易中占據上游位置，將低端生產線轉移到中國等發展中國家。中國不僅是龐大的市場，中國政府還驅使數以億計的奴隸勞工成為其財富鏈的關鍵部分。他們樂於扮演「世界公民」之角色，對川普提出的「讓美國再次偉大」、「雇傭美國工人，使用美國製造」的口號完全無感。他們對中國奴隸勞工的人權漠不關心，至於他們的技術是否幫助中國統治者進化為「數位極權主義」，他們更無動於衷。這些年來，民主黨奉行的自由貿易政策，是他們發財的橋梁，他們怎能不跟民主黨一個鼻孔出氣呢？

有趣的是，與這些老闆們以及矽谷的主流政治立場背道而馳，數以萬計在高科技公司當「碼農」（中國軟體工程師的自我調侃用詞）的矽谷華人，這一次卻旗幟鮮明地站到被美國菁英階層不齒的川普這邊。雖然這些「碼農」早已歸化為美國人，但他們長期以來對美國本土政治興趣缺缺，大多數時候不參加總統選舉以及各種層級選舉的投票。他們只關心如何在經濟上實現美國夢——住上大房子、開上豪車以及讓孩子就讀常春藤名校。

然而，這一次，為了把川普送進白宮，矽谷的華人「碼農」們真刀真槍地用捐款和參加各種造勢活動來表達支持。他們成立「華裔北美川普助選團」等組織，透過各種社交媒體展開眾籌，匯總之後捐贈給川普的競選資金帳戶。以「矽谷華人協會」為代表的矽谷諸多華裔社團不僅支持川普，還曾受邀參加川普在加州聖約瑟舉辦的集會，獲得跟川普面對面交談以及索要親筆簽名的機會。

矽谷華人支持川普，是因為他們發現民主黨的少數族裔政策是徹頭徹尾的謊言，是民主黨吸納非裔和西班牙裔選票的策略。在這個選舉策略中，亞裔特別是華裔是最大的受害者和犧牲者。川普幫助他們揭穿民主黨的謊言，說出他們心中所想卻不敢說出來的事實。

這一事實是：在矽谷這個超級多元化的社會，華人們的經濟收入普遍較高，卻並沒有進入主流階層，沒有獲得足夠的發言權和政治地位，在社會生態鏈中，仍然處於邊緣位置，游離於主流輿論之外。

矽谷的華人們仍然缺乏安全感，在職場上忍受著隱性歧視。在科技公司的行業領袖中，大多數是白人和印度裔，華人的比例明顯偏低，至少比一線從業者中的華人比例要低得多。在亞裔內部，華人的地位遠遠低於印度裔。當然，箇中原因很多，如印度裔的英文水準明顯比華人高，印度裔比較善於交際，印度裔之間也願意互相提攜；而華人性格內向，不善言詞，且「同族相殘」，勾心鬥角，從不團結。但無論如何，華人對現狀不滿，希望有所改變。

如果民主黨的少數族裔政策是出於真誠而且落到實處，華裔當然雙手贊成。比如，歐巴馬執著於種族平權，在某些政府部門招聘公務員時，要求按族群比例分配名額。那麼，華人有沒有分配到應有的名額呢？

歐巴馬說過一句「名言」——在美國的監獄中，非裔美國人比例太高，有些監獄甚至超過百分之七十，而非裔美國人在總人口中僅占四分之一左右，所以要大大降低監獄中非裔美國人的數量，使之與非裔美國人在總人口中的比例接近。很難想像這句話竟然出自一名哈佛大學法學博士之口！絕對「政治正確」的左派意識型態，可以讓一個人喪失基本的理性和常識。

不過，如果以同樣的邏輯和原則推而廣之，民主黨為何對矽谷裡華人遭遇的「職場隱形歧視」視而不見？按照歐巴馬的說法，他難道不應當命令支持他的高科技公司提高華人在管理層的比例，使之與華人員工的比例接近嗎？但是，長期以來，民主黨政府對華人的種種投訴置之不理——他們的種族平權政策是有選擇性的，只針對非裔和西班牙裔，並不包括亞裔（尤其華裔）。用歐威爾在《動物農莊》中的名言來形容就是：「所有動物都是平等的，但有些動物比其他動物更平等。」非裔和西班牙裔比華裔更平等。

如今，川普揭穿民主黨政客歐巴馬、希拉蕊的謊言，也揭穿矽谷、華爾街巨頭們的「政治正確」和「進步價值」背後的骯髒汙穢，華人「碼農」自然大快人心。他們從川普白手起家的經歷中，回想起自己無比艱辛的移民和創業之路。川普因此成了他們移居美國之後第一個拍掌叫好的政治人物。

第二節　哈佛招生訴訟案背後的「反向種族歧視」

◎螞蟻對抗大象：「大學生公平錄取」組織vs.哈佛大學

哈佛大學是美國乃至世界大學排行榜上常常名列第一的大學。美國新聞網（U.S. News）公布了一份美國獲捐贈總額最多的大學名單，截至二〇一七財年，哈佛大學以三百七十億美元這個耀眼數字，榮登榜首。哈佛大學法學院堪稱美國最優秀的法學院，畢業生遍布要津，可謂歷屆總統和最高法院大法官的搖籃。那麼，誰敢挑戰哈佛大學這個巨無霸，跟它打官司呢？

然而，一個名不見經傳的小不點組織「大學生公平錄取」（Students for Fair Admissions，簡稱ＳＦＦＡ）將哈佛大學告上法庭。這個組織代表一群被哈佛大學拒之門外的亞裔學生。他們由保守派活躍分子愛德華．布倫（Edward Blum）領導，布倫反對在公共生活的各個方面考慮種族因素。志在打持久戰的布倫曾經將類似案件上訴到最高法院，其中有一起是關於德克薩斯大學錄取學生時存在明顯的種族歧視。不幸，這起官司輸了，那時候左傾的大法官占多數。

狀告哈佛的案件在波士頓聯邦地方法院審理。審理中，原告和被告的律師分別做了開庭陳述，原告指控哈佛事實上對其錄取的亞裔學生數量設定限制性配額，而哈佛否認其招生做法有歧視性。在開庭審理前夕，雙方支持者在波士頓以及坎布里奇市哈佛校園舉行了針鋒相對的集會。

原告認為，為了錄取更多白人和其他少數族裔（主要是非裔和西班牙裔），一個少數族裔——亞裔受到不公正對待。原告律師亞當．莫塔拉（Adam Mortara）聲稱，本次訴訟不是反對校園多元化，而是反對限於亞裔學生的身分歧視：「這次審理是關於哈佛對亞裔申請人已經做過的和正在做的事情，以及哈佛在招生過程中是否過分考慮種族因素的問題。」原告稱，哈佛對亞裔設定了高於其他族裔的錄取標準，並訴諸於種族平衡的做法來構成其每屆新生，違反了民權法。哈佛的做法是透過操縱其錄取過程的某些方面，尤其是非學術的判斷——包括「個性評分」這種難以量化的標準。

這個案子被普遍視為是圍繞「平權法案」（Affirmative Action）而展開的一次鬥爭。所謂「平權法案」，是基於族裔因素對少數族裔（非裔和西班牙裔）在大學入學時進行照顧——這個少數族裔不包括亞裔，亞裔甚至遭到明目張膽的「反向種族歧視」。按照該法案，大學錄取可以合法地考慮種族因素，也就是說，非裔和西班牙裔學生可以因為族裔被加分。因為入學名額有限，相對應的，亞裔入學時被「合法」歧視。為考入同一所大學，亞裔SAT分數需要比白人高一百多分，比非裔和西班牙裔高近三百分。

在歐巴馬時代，政府加劇了這一對亞裔的「反向種族歧視」。歐巴馬政府負責教育的高級官員舉例說，像哈佛這樣的常春藤名校，非裔學生只占學生總數的百分之五、六，而非裔美國人占美國總人口的四分之一；亞裔學生占學生總數的百分之二十，而亞裔只占美國總人口的百分之六。所以，要讓「顛倒」的比例平衡過來。這是一個可怕和惡毒的想法。對於信奉「以教育改變命運」的亞裔來說，這是對他們的美國夢的打壓和摧殘，其邪惡程度不亞於當年的「排華法案」。

有關種族在錄取中的作用的辯論，正在美國各個層次的教育機構中展開。「平權法案」的影響，不限於哈佛大學及常春藤大學，還包括所有的大學、菁英高中、為有天賦的學生提供特別課程的小學和初中的項目，甚至包括職場招聘的「潛規則」。

原告正在試圖消除在錄取過程中使用種族的做法，並指責哈佛在考慮使用無種族傾向性的替代政策來實現自己的目標上沒有做出真誠的努力。哈佛則說已做了真誠的努力，並表示，消除種族因素將導致多元化程度無可避免的降低，而哈佛把多元化視為其教育使命的一部分。

原告舉出的證據包括，哈佛對錄取情況彙報的報告初稿，這份文件曾於二〇一三年在校內流傳過。報告由哈佛研究招生的辦公室撰寫，報告揭示，亞裔的身分與被錄取有明顯的「負關聯」。原告認為，這份報告是他們掌握的最強有力的證據之一。「早在『哈佛不公平』（Harvard Not Fair）網站出現之前，早在哈佛知道這個案子的任何事情之前，哈佛內部的研究人員就對哈佛、對負責招生的菲茨西蒙斯院長（William Fitzsimmons）說，有更高的個性評分對被錄取來說是最重要的。研究人員還告訴他們，對非洲裔美國人有一個大的額外考慮。」

發起狀告哈佛大學法律訴訟的SFFA的負責人布倫在新聞發布會上透露，在持續三個星期進行的法庭審訊期間，代表亞裔學生的SFFA律師、曾經的入學申請人悉數到場。同樣，代表哈佛大學的律師團隊陣容相當強大。哈佛新校長出庭，特意介紹哈佛的應訴團隊。

布倫表示，最後一次庭審的結案辯論持續了長達五個小時。原告提供的證詞足以表明，哈佛大學在錄取評估過程中，特別針對亞裔學生的「個性特質」，涉嫌種族歧視，做法很惡劣。面對這些有力的證據，哈佛無法避而不談，相信法官也不會忽略。

左派的《紐約時報》不支持這起訴訟，卻也承認：「法院可能會做出廣泛的裁決、並在這個問題上制定新法律，也可能做出只影響哈佛的小範圍裁決。法律專家說，至少此案將把世界上最嚴格挑選學生的機構之一的神祕錄取方法顯露於世。」《紐約時報》認為：「這個案子非常適合上訴至最高法院，如果真是這樣，它將改變錄取方法的特徵。」

本案的法官是阿利森·D·伯勒斯（Allison D. Burroughs），她於二〇一四年由歐巴馬總統提名為聯邦法官，也是延遲和阻止川普於二〇一七年一月簽署的第一個旅行禁令的幾位聯邦法官之一。這樣一位明顯左傾的法官，明顯會站在維護哈佛大學及「平權法案」一邊。二〇一九年九月三十日，原告被判敗訴，他們之後必定向最高法院提出上訴。若最高法院受理，以最高法院目前保守派大法官占據優勢且川普政府明顯支持廢除「平權法案」的立場，最高法院很可能做出糾正大學招生過程中對亞裔學生的「反向種族歧視」的判決。而一旦最高法院做出此種判決，其影響將極為深遠。

◎「平權法案」背後的「多元文化主義」

「平權法案」並非孤立的存在，其精神實質體現在一系列全國性和地方性的法規和「潛規則」中。比如，加州民主黨支持的SCA5等法案，要求按照人種占人口比例分配公立大學的教育資源。此案一旦通過，會在事實上將亞裔學生在一流的公立大學中百分之四十的比例降低到亞裔占加州人口比例的百分之十五左右。家庭投入巨大資源且自身勤奮學習的華裔高中生，不僅面臨跟包含在這百分之十五的比例中的印度、越南、日本、韓國等其他亞裔學生競爭，還要跟華裔的同儕競爭，前途堪憂。在加州共和黨的反對下，這一法案沒有通過。很多原本站在民主黨一邊的華人家長更因此轉向共和黨。

又比如，向來傾向民主黨的紐約市華人，居然冒著暴雨，在民主黨的紐約市長白思豪（Bill de Blasio）官邸「瑰西園」大門前抗議。此前，白思豪提出要廢除紐約特殊高中的入學考試（SHSAT），以改變這些學校大部分學生是亞裔、只有很少非裔和西班牙裔的現狀。紐約特殊高中是公立高中裡的頂尖高中，以前一直透過入學考試成績選拔和錄取新生。

若按照族裔比例招生，大量華裔學生將無法就讀。很多參加抗議的華人，此前並不熱衷政治，卻因為孩子的教育和前途，走上街頭抗議，並登記為選民，參與投票。這些人對公平競爭、個人成就和任人唯賢的堅定信念，跟川普的想法和保守派的立場是一致的。紐約「美中科技文化協會」會長謝家葉評論說：「華裔這個群體，在教育方面做得非常成功，孩子學習成績非常好。孩子成績好，對他們前途的發展也有利，可以衝破一些種族方面的限制。現在紐約市長的這種做法，讓華裔這點優勢都沒有了。當華裔自身利益受到侵害，當然會起來反抗。華裔在教育方面的利益受到損害，是他們轉投共和黨的一個原因。」

左派推行的包括「平權法案」在內的各項政策，是遵循極端化的「政治正確」和「進步價值」。用中國政治學者叢日雲的話來說，這不是值得肯定的「文化多元主義」（Cultural Pluralism），而是應當否定的「多元文化主義」（Multi-culturalism）。

所謂「文化多元主義」，即承認多元文化共存的現實，在憲法共識的基礎上，尊重各少數族群、宗教、弱勢群體或邊緣群體的特殊文化，同時又堅持在多元文化格局中主流文化的主導性，推動各種文化融入主流文化。這種多元主義在美國歷史悠久、根基深厚。美國因而成了世界上對異質文化最寬容、多元文化色彩最強的國家。

但是，「文化多元主義」在上世紀六、七十年代達到一個臨界點，以後逐步發展出其極端形式，即「多元文化主義」。「多元文化主義」將重心轉向對文化多元性價值的強調，認為文化多元化本身就是值得追求的。為此，它極力貶抑主流文化，欣賞甚至崇拜各少數族群、宗教以及社會弱勢和邊緣群體的文化。這樣，美國文化的本質受到嚴重侵蝕和削弱，從而帶來英美文明的危機和衰落。

美國思想家艾倫・布魯姆在《美國精神的封閉》一書中評論說，由於自由主義的盛行，文化相對主義得以壟斷教育領域，「公民教育不再以立國原則為核心，而是轉向以歷史和社會科學為基礎的開放思想。甚至出現了一種普遍趨勢，它詆毀立國原則，試圖證明起點就有毛病，以便允許對新事物有更大的開放性」。更令人遺憾的是：

二十世紀美國政治思想和社會科學的很多知識機構的成立，都把立國原則視為障礙，並且試圖推翻國父們的另一項政治遺產——多數決原則，鼓吹一個由遵循自己的信仰和意願的少數派和族群組成的國家。具體來說，知識界的少數派期待提高自身地位，把自己視為其他所有人的衛道者和代言人。

左派仇恨美國，仇恨《獨立宣言》和美國憲法，仇恨國父們（在他們的眼中，國父們都是萬惡的奴隸主），仇恨基督教，仇恨美國立國的價值，恨不得像中國文革時代的紅衛兵一樣，將這一切全都砸爛。當他們還是少數派的時候，就如此不寬容，如果他們成了多數派，會是怎樣的景象呢？他們會宣布用《古蘭經》或《共產黨宣言》取代美國憲法嗎？如果川普不努力「修牆」，他們真的有可能透過引入大規模移民，而由少數派變成多數派。

從這個角度看，「多元文化主義」是西方文明的敗壞性因素，它的流行是西方文明的自虐、自殘與慢性自殺。川普和保守派反對的正是這種類型的多元主義。川普想讓美國「再次偉大」的含義之一，就是停止這種自殺，讓美國文明重振自信、重現輝煌。

叢日雲認為，「多元文化主義」的謬誤與危害主要有兩個方面。第一，「多元文化主義」走向文化層面的全面相對主義，否定現代文明的普遍標準，沒有是非、美醜、善惡、優劣、先進與落後、野蠻與文明之分，所有文化在價值上都是同等的，都要得到尊重和承認。結果必然導致主流文化失去自信和進取精神，帶來文明的衰亡。政治學家薩托利（Giovanni Sartori）在批評「多元文化主義」時講過，如果各種文化的價值都是同等的，那就是對價值含義的破壞。文化的核心是一套價值體系，怎麼可能沒有高低之分？有的文化要給女童實行割禮（即把陰蒂割掉），有的文化要求妻子為死去的丈夫陪葬，難道也應當縱容甚至尊重嗎？其結果只能是，不是主流文化融合異質文化，而是異質文化侵蝕主流文化，使現代文明向劣質方向退化。

第二，「多元文化主義」片面追求社會的文化多元，將多元文化的現實變成多元文化的理想，以至於走向越多元越好、文化的異質性程度越高越受寵的誤區。結果必然導致美國文化的碎片化或「巴爾幹化」。民主理論家羅勃特・達爾（Robert Alan Dahl）論證過，互相衝突的亞文化的存在，是一個國家走向反民主方向的負面因素，多元亞文化壓力相當大的國家，很難實行民主。美國的文化多元主義者相信文化越多元越好，甚至透過運作身分政治，強化身分特徵的要求，並不斷細化身分認同——比如特意按心理認同而劃分出數十種性別，以及實行亞裔細分政策，人為地強化、擴大甚至製造（包括強行引進）文化多元的現實。

叢日雲列舉了兩個美國大學招生的例子來說明「多元文化主義」的可笑、可悲與可嘆。第一個例子是，二〇〇五年他透過傅爾布萊特計劃成為耶魯訪問學者，與他同時在耶魯報到的有一位名叫哈希米的塔利班政權前外交部高官。塔利班政權被摧毀之後，這個人到美軍司令部自首，美軍經過一番審查後竟然把他放了。接著又有美國左派學者出面幫他聯繫到耶魯讀書，居然也被耶魯錄取。哈希米說，他以為自己會在關達那摩灣監獄裡度過餘生，沒想到還能到耶魯讀書。耶魯校方的說法是，他的到來，豐富了校園的多元文化。的確是多了一「元」，可這是怎樣的多元化啊？是校園裡有了一位極端伊斯蘭恐怖組織的原核心成員。哈希米在耶魯選了一門課就是「恐怖主義研究」，課堂討論時，同學們可以直接向他請教，沒有教授什麼事了。

另一個例子是，有一個有著黑色皮膚的穆斯林青年申請史丹佛大學，提交的作文竟然是將「黑命貴」（Black Lives Matter，或譯為「黑人的命也是命」）寫了一百遍。年齡大些的中國人都會聯想到文革時的「白卷大王」張鐵生。文革期間，很多學生寫作文時滿篇就寫一句口號「毛主席萬歲」，老師不敢不給高分。「黑命貴」在美國，相當於文革中的「毛主席萬歲」。史丹佛大學對錄取這個學生做過一個解釋，就是增加校園的多元文化。史丹佛大學在錄取通知書上寫道：「每個人都會被你的堅定信念所折服。你是史丹佛大學的絕配，你給史丹佛大學帶來無可匹配的價值。」

當然，這個名叫茲阿德．阿默德（Ziad Ahmed）的孟加拉裔學生出身顯赫，其他方面確實也很優秀。他剛讀高中時就已創辦公司，積極為黑人權益奔走，被多家主流媒體報導過，還得到歐巴馬和希拉蕊接見，也是知名媒體《赫芬頓郵報》的專欄作家。他的父親薩基爾．阿默德（Shakil Ahmed）畢業於耶魯大學，曾任職於摩根士丹利和花旗集團，後來開了一家金融投資公司，掌管著數億美元資產。他的母親法里亞．艾柏丁（Faria Abedin），擁有電子工程和電腦科學雙學位，還在普林斯頓大學就讀過藝術，經營著一家地產公司，更是眾議院一位資深民主黨議員的幕僚，作為民主黨的鐵桿粉絲，給民主黨捐過不少錢。所以，他的家庭顯然是美國的上層階級，手上早已有史丹佛的入場券，因此才敢如此膽大妄為。

儘管阿默德其人似乎確實配得上史丹佛學生的身分，但我仍要深究：白卷就是白卷，不能因為「政治正確」和「進步價值」，就讓白卷成了「堅定信念」的象徵。

◎川普政府反對虛偽的「平權法案」

哈佛官司之後，越來越多亞裔（尤其華裔）群體因為這場基於種族的入學錄取引發的鬥爭而激發了抗爭熱情。這場鬥爭不僅在法庭展開，還進入教育部和司法部的政府級視野。美國亞裔教育聯盟（AACE）等組織向美國政府提交了關於哈佛等名校在招生時存在種族歧視的投訴。AACE聯合包括華裔、印度裔、韓裔、巴基斯坦裔和其他亞裔在內的六十四個亞裔團體，向教育部和司法部遞交申訴，要求他們調查哈佛針對亞裔申請學生的錄取歧視。這是有史以來亞裔組織在追求平等教育權利方面所採取的最大規模的聯合行動之一。

自二〇一五年起，AACE就開始為亞裔學生的平等教育權益而抗爭。該組織先後向美國政府提交了對哈佛大學、耶魯大學、布朗大學和達特茅斯學院等常春藤名校的民權申訴，並倡議和推動政府改革以撤銷長期以來歧視亞裔學生的種族平衡政策。然而，歐巴馬時代，政府敷衍塞責、不聞不問。川普執政以來，情勢大為改觀。比如，AACE代表團應邀與白宮亞太裔事務辦公室（WHIAAPI）及教育部的多名官員會面，並就大學錄取提出四項政策建議，其中很重要的一項就是廢除歐巴馬政府的種族平衡方針。此後，AACE領導團隊在白宮亞太裔事務辦公室舉辦的社區領導人論壇上，控訴了各個教育層面裡猖獗的種族歧視以及大學申請流程中細分亞裔之類行為的種種危害，得到官方的正面回應。

也只有川普才敢於明確反對虛偽的「平權法案」。川普政府迅速採取一系列有力行動，以實現真正的平權。川普政府宣布撤回歐巴馬時期建議大學在招生時考慮種族因素的七份指引文件。在政府的壓力之下，德克薩斯理工大學健康科學中心與教育部達成協議，今後不再在招生決定中考慮種族因素。德克薩斯理工大學系統的其他所有本科項目，也在政府對該校醫學院的調查期間，停止了在招生中考慮種族因素的做法。《華爾街日報》報導說，這是川普政府首次要求學校停止其「平權行動」，也表明川普政府限制大學在錄取中考慮種族因素的意願。教育部民權辦公室恢復了一項小布希時代的政策，指導所有接受聯邦資金補助的學校嚴格遵守最高法院就大學錄取中如何運用種族因素的相關判決。

川普政府的司法部宣布就哈佛大學和耶魯大學對亞裔申請學生的歧視行為展開大規模調查，並且在哈佛案中支持原告。司法部在其遞交法院的「利益聲明」（Statement of Interest）中指出，提起訴訟的學生和家長提出了令人信服的證據，證明哈佛對亞裔存在種族歧視。反之，「哈佛大學未能證明在錄取決定過程中沒有非法地歧視亞裔美國人」，「雖然哈佛大學承認在其錄取過程中考慮到種族因素，但沒有提供任何解釋說明在衡量一個申請者的申請中，種族因素在與其他因素比較時的分量。」

此外，有證據顯示，哈佛大學使用了可能對亞裔美國人有偏見的「性格評分」：「哈佛大學根據『主觀』因素對申請者打分，例如『好感度』和成為具有『人性』的『好人』等。哈佛大學承認，平均而言，對亞裔申請者的『性格評分』低於其他族裔的申請者。」聲明指責哈佛大學「一直監督和操縱新生年級的種族構成」，「最高法院曾稱這種學生組成的『種族平衡』做法是『公然違憲的』」。司法部認定，哈佛大學雖然在錄取決定中使用種族因素超過四十五年，卻從未嚴肅考慮其他種族中立的途徑來構成其學生組成，而這是現行法律所要求的。司法部長塞申斯在一份聲明中說：

沒有美國人應該由於種族原因而被學校拒絕錄取。作為納稅人資金的受益者，哈佛大學有責任使用符合法律要求的錄取標準，而非種族歧視，來落實其公平錄取政策。……司法部有責任保護美國人的公民權利。……這一案件很重要，因為我們學院和大學的錄取政策至關重要，必須公平且合法。

如果不是川普的支持，如果不是川普任命兩名保守派大法官改變最高法院大法官的人事結構，亞裔（尤其是華裔）學生長期遭受「反向種族歧視」不可能被主流媒體曝光，更不可能出現柳暗花明的曙光。

第三節　「亞裔細分法案」是民主黨的陰謀嗎？

◎「亞裔細分」已成為困擾美國華人的最大問題

所謂「亞裔細分」（Disaggregate Asian-American），是指美國醫療、公共教育、社會福利等部門，在統計人口數據時不再將有亞洲淵源的美國人統稱為「亞裔」，而是細分為華裔、菲律賓裔、印度裔、越南裔、韓裔、日裔等二十多個族群選項，供各族裔選擇。

自二〇一六年以來，這種「亞裔細分法案」已在加利福尼亞、華盛頓、明尼蘇達、夏威夷、羅德島五個州和一個特大城市——紐約市先後通過，並大有向其他州蔓延之勢。麻薩諸塞、紐約、亞利桑那、喬治亞四個州正在「亞裔細分案」通過的前夕，州議會已有亞裔細分的提案送審。賓夕法尼亞雖然沒有「亞裔細分」的法案提出，但州長已公開表示支持「亞裔細分」。這五個州實現亞裔細分，是近在眼前的事情。如果這五個州實現亞裔細分，那麼全美先後就有百分之二十的州和占人口總數近三十五的居民所居住的地區，實現了「亞裔細分」！

多數華裔反對「亞裔細分」。每次「亞裔細分法案」通過，都會在華人社區引起軒然大波。抵制「亞裔細分法案」蔓延、維護亞裔整體地位，已成為當前華人的第一大行動。這也是華人拋棄民主黨，轉向川普和共和黨的重要原因之一。

在加州，長久以來華裔反對SCA5提案、AB1726號提案這兩個將亞裔細分化的議案。然而，好不容易將AB1726號提案的教育部分剔除，日前爾灣市（Irvine）華裔家長為孩子在爾灣聯合學區官網上進行新生註冊時，卻赫然發現學區強制實行亞裔細分，如果資訊「不填寫完整」，甚至無法完成註冊。此舉再次引發華裔家長及社區人士的擔憂：SCA5是否會捲土重來？

爾灣聯合學區（IUSD）註冊表格顯示，以下兩個問題是根據聯邦法律要求，第一個是學生是否為西班牙裔或是拉丁裔（Latino）；第二個是學生是什麼族裔，給出的選項包括非裔、白人等，亞裔則被細分成華裔、日裔、韓裔、越裔、柬埔寨裔、菲律賓裔、寮裔（Laotian）、其他太平洋島嶼裔（Other Pacific Islander）等多種選項，選項中註明必須選擇答案（Must select another answer），相比直接選擇非裔、白人的選項，亞裔細分的情況十分明顯。

除了發現新生註冊時被要求填亞裔細分的表格外，還有家長發現，在沒有得到家長及學生本人的許可下，學區最近更新的電腦系統中，舊生的族裔已被自動細分，華裔學生的檔案上明確顯示「華裔」（Chinese）而不是普遍使用的「亞裔」（Asian）。家長們認為這樣區分非常不合理，侵犯了華人孩子公平競爭的機會。這些抗議的家長呼籲，更多家長及社區人士發郵件至學區教育總監（Superintendent），積極為孩子的權益發聲。

「此舉和沙加緬度（Sacramento）積極推動的AB1726亞裔細分提案有關聯，如果不抵制，極可能成為SCA5死灰復燃的前奏」，爾灣華裔社區的家長表示，不能對此坐視不管。同時，自發組織起來的華裔家長們，一起商討對策，集體向學區抗議、交涉，爭取將入學表格上亞裔細分部分剔除。「這些資訊即便是要收集，也應該是自願的、可選擇的，而不是強制的」。

其他一些加州的城市也有類似情況，位於北加的艾華堅（Evergreen）學區一開始態度很強硬，表示不填不行，但由於華人家長們的強烈反對，學區已經取消強制細分。華人的抗議守住了一道底線。

◎「亞裔細分法案」是民主黨的選票陰謀

根據美國人口普查數據，美國共有兩千萬亞裔人口（合法移民及其後裔），占總人口近百分之六。其中，以人口數量排名，前六大亞洲族裔先後為：華裔、菲律賓裔、印度裔、越南裔、韓裔和日裔。

近年來，在民主黨控制的地盤上，不斷掀起一股股要求對亞裔美國人的族群進一步細分的浪潮。這股浪潮是如何出現的？華裔為什麼如此牴觸？

在聯邦政府層面，歐巴馬行政當局對於「亞裔細分」明確持贊同態度。早在二〇〇九年，即歐巴馬上任的第二年，白宮就通過行政法令，支持「亞裔細分」。此後，白宮透過聯邦政府撥款的方式，對「亞裔細分」提供資金援助。比如，教育部向推動「亞裔細分」的明尼蘇達州、華盛頓州和夏威夷州分別提供每年八十三萬美元的資助，這項撥款計劃將持續五年。

以長期以來被民主黨控制的紐約市為例，紐約市議會通過法案，將全市亞裔細分為二十二個族群。該法案引起曾在美國歷史上飽受歧視的華人的強烈關注。

多年來，包括華裔在內的亞裔一直堅持不懈地努力融入美國大家庭，並且取得相當的成功。無論工作、納稅，還是語言、文化，他們都比其他少數族裔做出更大的、有目共睹的努力。然而，「亞裔細分法案」不但不能幫助他們更好地融入美國大家庭，反而造成進一步的民族分化和利益對立。

許多華人表示，不理解「亞裔細分法案」的動機和目的。紐約市民主黨議員在回答質疑時，反覆引用一家不知名報紙的報導，強調紐約市的亞裔一直是貧困率最高的族群，「亞裔細分法案」是為了給亞裔提供更好的服務。

然而，根據紐約市官方網站顯示，從二〇〇五年到二〇一五年的數據來看，紐約市的亞裔並非貧困率最高的族群，一直高居貧困率榜首是西班牙裔族群。民主黨為什麼要用謊言來支持一個自稱「動機良好」、「改善民生」的法案呢？難道有什麼不可告人的目的？

民主黨也沒有告訴民眾，如何用「亞裔細分法案」來更好地為亞裔服務。有民眾問，紐約市是不是要根據「亞裔細分法案」的分類來制定不同的貧困線標準？這個標準會對華裔有利嗎？

還有民眾反問，既然如此，為什麼民主黨不提出一個「白人細分法案」，或者也將猶太人單列出來（猶太人在傳統上屬於東方人，因此也應當被列入廣義意義上的亞裔），看看猶太人是什麼反應呢？許多華人認為，民主黨裡的猶太人應該站出來，堅決抵制這個法案。這把種族主義的火非常危險，一旦燒起來，一定會燒到所有少數族裔身上。

許多華人對民主黨利用華裔議員來提出「亞裔細分法案」感到羞辱和憤怒。紐約市的「亞裔細分法案」是兩名華裔議員陳倩雯（Margaret Chin）和顧雅明（Peter Koo），和另一名民主黨議員澤安姆（Daniel Dromm）共同提出的。這一事實給華人選民一個沉痛教訓：不能根據政治人物的族裔身分來投票，「非我族類，其心必異」是中國式的思維方式，華裔政治人物未必會推動對華裔有益的政策；反之，應當根據政治人物的具體政綱及其本人所持有的價值觀來投票。

「亞裔細分」首先是由菲律賓裔政治人物提出來的。他們認為，菲律賓裔在亞裔中的數量雖排名第二，但經濟和社會地位偏低，被華裔、印度裔、韓裔等「淹沒」。二十七歲的菲律賓裔美國人梅．羅培茲（Robbi Mae Lopez）對媒體說：「我是血統純正的菲律賓裔美國人，而亞裔美國人是一種籠統的稱呼，我認為菲律賓裔美國人本身有深切的認同危機，我們已被日裔等其他族裔埋沒。」所以，他們希望通過「亞裔細分」提高自己的地位。但是，菲律賓裔美國人在美國社會的影響力並沒有那麼大，不可能掀起如此龐大的一場運動。他們的這個想法被民主黨主流人士捕獲，成為民主黨的一個新的、重要的少數族裔政策，甚至淪為民主黨擴大票倉的戰略手段。

首先，將亞裔細分後，菲律賓裔、越南裔等可列入「缺乏足夠關注的少數族裔」，享受更多資源照顧，必定對民主黨更忠誠，這部分鐵票就穩住了。其次，華裔、印度裔所享有的優勢教育資源，被非裔、西班牙裔瓜分，非裔和西班牙裔從中得到好處，對民主黨充滿感激，這就進一步鞏固了民主黨的基本盤。所以，民主黨一貫標榜的「政治正確」、「進步價值」，還有種族平等、公民權利等，統統是騙人的假話。他們只關心選票，為了選票，不惜背離自己的理念、實行隱形的種族歧視。

對此，很多華裔民眾洞若觀火。居住在紐約的華人羅先生表示：「為什麼歐洲裔不細分，非裔不細分，西班牙裔不細分，偏偏細分亞裔？這不是擺明了要削弱亞裔影響力嘛！」居住在華盛頓州的陳女士說：「亞裔細分法案表面上似乎是要照顧弱勢群體，但實際上很可能是故意壓制華裔，把幾十年來華裔好不容易爭取到的優勢教育資源消解掉。弄不好，亞裔會被割裂為一個個小群體，重新淪落為可有可無的角色。」

這樣的民主黨，華人的票還能投下去嗎？二〇一六年的選舉中，投票給川普和共和黨的華人選民的數量創下歷史新高；二〇二〇年，這個趨勢還會繼續增長。

第四節　哪些華人執著於反對川普？

那麼，哪些華人仍然反對川普？與其他族裔反對川普的選民一樣，反對川普的華裔也出於五花八門的原因。在此，僅僅列出頗具代表性的三類人群。

◎傳統的民主黨支持者

反對川普的華裔選民中，最大的一個群體是傳統的民主黨支持者。這些人中，既有崇尚進步價值的高級知識分子，也有享受各種福利政策的貧困人口。

有趣的是，二〇一九年冒出一名華裔民主黨候選人楊安澤（Andrew Yang），擠入民主黨前十名候選人名單，在民調中一度排名第五，算是有史以來最具衝擊力的華裔總統候選人。他的出現，符合不少華人選民的雙重標準：一是「政治正確」（民主黨），二是「種族正確」（華裔）。

出生於一九七五年的楊安澤是第二代台灣移民，在「中國人」和「台灣人」這個另類「華裔細分」的議題上，他「聰明地」保持沉默。他在數個月前還名不見經傳，就在一夜間，這位首次涉足政治、並不怎麼成功的科技企業家，搖身一變為最受關注的民主黨總統參選人之一。楊安澤在網上擁有一群自稱「楊家軍」（Yang Gang）的忠實擁躉，用眼花繚亂的動畫宣傳其破天荒的核心政綱：全民基本收入（Universal Basic Income，簡稱ＵＢＩ）——向全體美國公民每人每月發放一千美金的「自由津貼」。

這個想法不是由楊安澤首創。特斯拉創辦人馬斯克就說過：「我們必須走向全民基本收入，我認為我們別無選擇。」微軟創始人比爾．蓋茲（William Henry Gates III），甚至更早之前的人權運動者金恩（Martin Luther King, Jr.）、美國前總統尼克森都考慮要進行全民基本收入的實驗。加拿大、荷蘭、芬蘭等國也進行過試點，但都無疾而終，無法推而廣之。

二〇一九年九月十二日，民主黨在休斯頓舉行總統參選人第三次電視辯論會，有十人出席。楊安澤再出奇招，當場宣布未來一年將給予至少十個隨機選擇的家庭總共十二萬元，以凸顯他的「全民基本收入」政見，讓現場驚訝不已。據說有四十五萬人報名參加這項「抽獎」計劃，「嗟來之食」誰都想要。實際上，這種做法已經涉嫌賄選。

楊安澤自我介紹說，他是「一個擅長數學的亞裔」，然而，給每個人每年發放一萬兩千美元「全民基本收入」，總金額是三點六兆美元，占美國二〇一九年財政預算七兆美元的一半以上，這筆天文數字般的錢從哪裡來？

連左派的《紐約時報》也在「每日一詞」欄目用「Pie in the sky」調侃楊的計劃。在中文裡，有一個看起來與該詞非常類似、意思卻有微妙不同的俗語——「天上掉餡餅」，人們用它來表達「坐享其成」、「不勞而獲」，意思相近於「天下沒有免費的午餐」（There ain't no such thing as a free lunch）。楊氏宣稱，可以通過向蘋果、谷歌等高科技公司加倍徵收所得稅，來籌集這筆「善款」。川普好不容易透過減稅計劃將這些企業吸引回美國，楊氏可怕的加稅想法，又要將這些「沒有祖國的商人」趕走了。企業都離開美國，楊氏到哪裡去徵稅呢？

然而，就是這樣一個在我看來精神有點問題的人，居然得到許多民主黨選民（有相當一部分是華裔）的熱捧，只能說明美國社會的問題有多大，社會主義烏托邦的想法有多麼腐蝕人心。

另一個例子是麻省理工學院斯隆管理學院教授、經濟學家黃亞生，他是支持民主黨的華裔高級知識分子。黃亞生在一篇文章中抨擊川普的選民尤其是華裔選民，大失其水準。

黃亞生指出，相比支持川普的白人普遍受教育程度低，「華川粉」卻是受教育程度較高的群體。華人川普支持者裡面很大比例是科技界和金融界菁英。他發現，華人給出的支持川普和共和黨最大的理由就是為了維護子女的教育和未來。他們強烈反對民主黨支持的「平權法案」，認為「平權法案」是對華人孩子的歧視。至於民主黨的「平權法案」是否造成對華裔的種族歧視、華裔的反對是否合理，黃氏不置可否。

黃亞生是激進的環保主義者，他對川普的反對基於川普不認同左派的環保理念。他指出：「應對全球暖化需要全球所有國家緊密合作。然而，川普和其身後的共和黨長期否認全球暖化的影響，拒絕對全球暖化採取應對措施，危害了我們及我們後代的生活遠景。」由此，他筆鋒一轉，譴責支持川普的華裔選民說：「華人川普支持者普遍重視子女的教育問題，然而，政治和軍事的動盪，經濟的永久停滯，城市被淹沒，上千萬的難民流離失所，這些都是華人川普支持者透過支持共和黨所給予他們後代的未來。這樣的父母是負責任的嗎？」

最後，黃亞生的結論是：「對我們後代未來最大的威脅是全球暖化。而華川粉狂熱支持的川普和共和黨，一方面根本不承認全球暖化這個客觀事實，另一方面也不認同科學界對人類因素導致氣候變化的共識。川普和共和黨所宣傳的理念和政策方向正在全面地、按部就班地毀滅我們後代的未來。華川粉實際上是最不負責任的父母。」

黃亞生的觀點漏洞百出、自相矛盾。首先，全球暖化跟進化論一樣，並非絕對真理和客觀事實，只是一種假說，科學界也並未形成共識。對此，人們當然有權進行辯論，也擁有反對此假說的言論自由。難道誰不同意全球暖化的說法，就可以向其扣上「壞人」的帽子？這種極端化的「政治正確」造就了剝奪他人的言論自由和思想思想的暴政。

其次，即便全球暖化是事實，人們當然有權將它作為自己關注的首要議題，但不能要求所有人都跟自己一樣，將對此一議題的態度作為政治判斷和投票的唯一標準和最高標準。個人在投票和做出政治判斷時，當然可以根據自己更感興趣或更看重的議題做出決定，其他人無權站在一個道德制高點上橫加指責。

第三，我不了解黃教授的家庭情況，也許黃教授的孩子優秀到了足以超越美國社會對華裔潛在的種族歧視的地步，即便在不平等規則的限制下也能考上名校，但並不意味著每一個華人家庭的子女都能免於受到此種制度性歧視的傷害。因此，其他的華人父母將教育平等當作其關注的首要議題，是天經地義且無可厚非的，並非像黃教授所說的那樣「不負責任」。

在黃亞生的論述中，我看到了在歐巴馬和希拉蕊那裡常常不由自主地流露出來的傲慢和狂妄，很多民主黨的知識分子都脫不了這種自我中心主義的論調。

◎中共的擁護者和中華民族主義者

反對川普的華人，還有很大一部分是中國共產黨的擁護者或中華民族主義者。他們對於川普政府的對華貿易戰乃至轉向「反華」的外交政策，感到恐慌並竭力反對。

華人要成為猶太人那樣既對美國做出重大貢獻、又掌握美國政治、經濟和文化權力的優質少數族裔，還要經過漫長的文化演進、素質提升和身分認同的重塑。美國猶太人可以在效忠美國的同時，力所能及地幫助以色列，因為以色列是美國的親密盟友，是中東地區唯一的民主國家，美國猶太人幫助以色列，通常不會危害美國的國家利益。

但是，如果美國的華人在效忠美國的同時，又為中國政府服務，則必定形成身分認同和價值認同的矛盾與危機。中國是當今世界最大和最穩固的極權主義國家，是美國的首要敵人，華人若幫助中國，必定危害美國的國家利益，兩者不可兼得——除非未來中國裂變成歐盟那樣的民主國家聯盟，並像日本那樣成為美國在亞洲的盟友。

其中，有一類華人是共產黨的支持者，或貪圖中國政府拋出的蠅頭小利，盜竊美國的技術再輸送中國；或受中國使館人員驅使，在僑社幫助中共組織「第五縱隊」。

美國每年都發生若干起重大竊密事件，竊密者幾乎清一色是華人。川普執政之後，美國政府看到這個問題的嚴重性，出手打擊這些盜竊者。目前，很多華人正為他們的同胞長期竊取美國的機密付出代價：美國的若干科技公司已停止招聘中國背景的雇員，有的大學甚至關閉了華人主持的實驗室。《華爾街日報》引述半導體業內的資訊指出，從二〇一七年起，英特爾（Intel）、高通（Qualcomm）等公司改變其從中國聘用雇員的政策，因為美國政府大幅放慢核准本國公司聘用中國工程師從事尖端工程的文件審核速度。另外，電訊設備、核能和軍事科技公司也因受限制而停止從中國招聘雇員並加強對美國華裔雇員的背景審查。

另據報導，喬治亞州埃默里大學（Emory University）華裔終身教授李曉江的實驗室突然被關閉，所有人上交身分卡，門禁、郵箱停止使用。李曉江是華人生物學家，主要成就在於研究遺傳性神經疾病的模式與機理。二〇一二年一月，李曉江被聘為中科院遺傳發育所研究員，他在中科院的任職是中國「千人計劃」的一部分。相信此次事件與美國國家衛生院（NIH）正在進行的清查有關。該院向全美超過一萬所大學和科研機構發函，並出具一份名單，要求各院校對那些沒有披露與外國政府合作等資訊的人員進行清查。

另外，還有一些親共的華人，在僑社活動中非常活躍。一旦中國高官訪問美國，他們便受雇於中國使館，組織華人及留學生前去歡迎；反之，若有各種抗議中國的活動，他們也奉命前去搜集情報或騷擾破壞。比如，在蔡英文總統過境紐約時，中國無法阻止此事發生，便動員僑民在其下榻的飯店外面高聲抗議，並與支持者發生肢體衝突。蔡英文前往哥倫比亞大學出席閉門會談，也有中國僑民在場外拉起「不准蔡英文破壞中美關係」布條，高喊「打倒蔡英文」、「台灣是中國的一部分」等口號。蔡英文表示，「這些抗議的人，希望他們也享受一下民主社會的氛圍，但打人就不好了。」蔡英文高估了這些人的「學習能力」，他們即便在美國生活一輩子，也不會對民主自由理念有一點領會，他們是「自願為奴者」，中共像牽風箏一樣，永遠牽著他們。

還有一些華人，不一定直接從中國得到好處，甚至對中共政權沒有好感，但他們有很強的中華民族主義觀念，希望中國強大，使得華人可以在美國更有地位、更受尊重（這是一種虛幻的集體主義和族群認同的想像）。比如，我認識一名華人，入籍美國已二十年，在一家跟國防部有業務往來的高科技公司擔任中層管理者，兒子也在常春藤名校念書，照理說已實現了美國夢。他反對川普的對華政策，認為川普跟中國的貿易戰，既損人又不利己。有一次，我跟他聊天，問他說，如果美國跟中國發生戰爭，你站在哪一邊？他脫口而出：「當然站在中國一邊，我是中國人。」我感到非常詫異：你加入美國籍是自願的選擇，你在入籍儀式上宣誓效忠美國、保護美國，難道忘得一乾二淨了？我反問說：「你的兒子是在美國出生的正宗美國人，難道你要跟兒子在戰場上兵刃相見？」他這才愣住了，表示沒有思考過這個問題，要好好想想。這是很多美籍華人的扭曲心態，心靈的方向與身體的方向背道而馳。如果相當數量的美籍華人不願效忠美國，「身在美、心在華」，美國官方完全有理由對這個族群實行麥卡錫主義式的「排斥」政策。

◎以辦理假政治庇護斂財的「海外民運」人士

還有因利益受損而反對川普的群體。有一位知名度很高的「海外民運」前輩，川普當選後，他走到哪裡都對川普破口大罵，而此前他似乎對美國國內政治從沒有如此關心過——他念茲在茲的是如何推動中國的民主事業。我很奇怪他對川普的痛恨究竟從何而來？後來，我得知他跟許多「海外民運」人士一樣，在紐約唐人街以幫助偷渡客辦理假政治庇護來斂財，就突然明白他為什麼如此痛恨川普——川普收緊移民政策，嚴格審查每一個政治庇護申請，打翻了這群人的飯碗，他們當然要罵街了。

在紐約法拉盛這個華人在美國最大的聚居地（這個巴掌大的地方擠了數十萬人），存在著幾十個中國共產黨的反對黨，人們很難從名字上分辨其政治綱領的差異。比如，號稱「中國民主黨」的就有好幾家，需要看後面括號內的解釋才能看出彼此的不同（就好像台中特產「太陽餅」，一條街上有數十家太陽餅店鋪，每一家都聲稱是正宗創始店）。有一個笑話說，在法拉盛街頭行走的人當中，有超過一百位未來中國的總統和總理。這個笑話真正好笑的地方在於，那些人確實認為自己是未來中國的總統和總理，甚至擬定「影子內閣」名單。有一名自封中國總統的人，嚴肅地對自己其中一個追隨者說：「以你的才能，不能當部長，只能當副部長。」有一個自稱「中國過渡政府」的組織，定期發布冠冕堂皇的「政府文告」，有模有樣地宣布「通緝」中共現任領導人。權力是春藥，虛幻的權力欲是冒牌的春藥。

那麼，這些反對黨如何生存呢？美國國家民主基金會等金主早就拋棄了他們，他們也無法像清末流亡在海外的康有為、梁啟超、孫文、章太炎那樣從華人和華僑中籌款——他們早已失去華裔社群的信任。因此，他們只能自己想辦法「生財」。很多反對黨的辦公室在一樓，樓上就有移民律師的辦公室，黨組織與移民律師聯手辦理一條龍的政治庇護移民服務：比如，某名來自福建的偷渡客，支付數千乃至數萬美金，註冊成為其黨員，該黨向其頒發黨員證之後，統一安排這些人到中國使領館門口舉牌抗議。黨員證和抗議活動的錄影，成為其申請政治庇護的關鍵文件。這些人拿到庇護批准之後，立即到其他城市打工去了，同時也將黨員證扔到垃圾桶裡。而以後，當中共領導人訪問美國時，這些透過假政治庇護留在美國的人，常常為了那筆不菲的車馬費和海鮮大餐而受中國使館之聘，加入歡迎隊列並揮舞中國國旗，他們不覺得這樣做有什麼違和感及良心不安。但在我眼中，這是多麼醜陋的一幕。

而對於曾經風光一時的「海外民運」領袖們而言，為了生存，只能不擇手段，即便讓美國本來用意良善的政治庇護制度蒙塵。他們當然希望政治庇護申請的門檻越來越低，通過率越來越高。

然而，川普執政之後，移民政策大幅收緊。紐約等地政治庇護的通過率，從過去的三、四成迅速下降到一成多。過去風生水起的生意，現在變得門可羅雀。靠此發財的人，收入當然就直線下降。主事者心急如焚且對川普恨得牙齒發癢。

美國政治庇護制度的初衷是好的。我本人流亡美國之後，透過申請政治庇護，先後擁有了綠卡和美國公民身分。我是政治庇護制度的受益者，但我贊同川普政府對政治庇護申請者嚴格審查，駁回那些明顯造假的申請——據我所知，確實有八、九成以上中國人的政治庇護資料是造假。

而對於那些以做假政治庇護案件斂財的「海外民運」人士來說，一旦做了這種違法且背德的事，就走上一條不歸路，其政治反對派的身分不復存在。如劉曉波所說，民間力量跟共產黨抗爭，既沒有金錢，也沒有武器，連輿論支持也沒有，唯一的優勢就是道義高地。如果連道義高地都沒有了，反對者還剩下什麼呢？那些靠幫偷渡客辦假政治庇護而勉強生存的海外反對黨，到了未來中國實現民主化的那一天，還有可能回中國參選甚至執政嗎？它拿什麼來「取信於民」呢？

反對川普的華裔人群，表面上都有言之成理甚至冠冕堂皇的理由，但仔細推敲就能發現，他們的反對大都站不住腳，既不符合華裔這一少數族裔的特殊利益，也不符合美國的國家利益。

第八章
川普為什麼要打中美貿易戰？

只有北京不再犯「七大罪」時，兩國才可能達成貿易休戰。這「七大罪」分別是：智慧財產權盜竊、強制技術轉讓、商業機密竊取、傾銷導致美企破產、國企大量補貼、銷售芬太尼、匯率操縱等。這些也都是美國堅持要中國做出的「結構性改變」。

——彼得．納瓦羅，川普經濟顧問

如果沒有超凡的智慧和勇氣，一般人很難想像這場世界第一大經濟體和世界第二大經濟體之間的貿易戰如何得以開打。

川普是非主流總統，他的經濟顧問納瓦羅也是非主流經濟學家。納瓦羅曾任加州大學爾灣分校經濟學教授，長期以來在其著述和講話中認為，中國是美國的致命敵人，美國必須對中國啟動關稅戰。關稅非但不會給美國消費者帶來負擔、拖累經濟增長，反而會促進經濟增長和提高生產率。他相信，通常的關稅經濟學研究沒有將交易夥伴之間的市場扭曲考慮進來。這些觀點讓他處於自己所在領域的主流之外，甚至敵視川普政府的經濟學家也評論納瓦羅說，「美國經濟學家排名榜開到前一百名，也排不到他」——然而，即便這位批評者說的是真話，排名在前一百名之內的經濟學家，哪一個不是拿美國對中國數千億美元的貿易逆差束手無策？

納瓦羅說，就中國的扭曲貿易政策而言，這些扭曲包括中國對於出口商品的巨額補貼，強迫想在中國做生意的美國企業轉讓技術，以及竊取美國的智慧財產權。他提出理由說，關稅可能會在其他情況下提高從中國進口商品的價格，但對中國徵收關稅是為了創造公平的競爭環境。關稅還可鼓勵在美國生產商品。

川普的當選，以及他對納瓦羅等對華貿易鷹派人士觀點的採納，讓畏懼中國的「恐『龍』派」退出歷史舞台。中國被剝去面具，露出「食人族」的真貌。

第一節　美國需要經貿正義

◎從「我對關稅堅信不疑」到「我是被『揀選』出來的」

二〇一九年八月二十一日，川普對媒體談到他為何要跟中國打貿易戰時表示，美國與中國的貿易戰不是他一個人的貿易戰，這件事情本應是幾位前總統應該做的工作，他們都沒有盡職盡責。然後，這位身穿傳統深色西裝，打紅領帶、身材高大的「巨人」望向天空說：我是被「揀選」出來的（I am the Chosen One）。

川普使用「揀選」一詞，宗教意味濃厚。在基督教語境中，是被上帝「委以重任」的意思。川普用這個詞來形容天降大任於他。

美中貿易失衡的規模很大，天文數字的貿易逆差，美國失去大量工廠和就業崗位，都被認為是冰凍三尺，非一日之寒。川普經常抱怨幾位前總統沒有盡早採取措施糾正這一錯誤。

敵視川普的極左派媒體《紐約時報》在一篇報導中梳理貿易戰的來龍去脈，雖不認同川普採取貿易戰對付中國，也不得不承認，貿易戰絕非川普一時之間突發奇想，而是川普三十多年來一以貫之的宏大戰略。「盟友和歷史學家說，對關稅的熱愛源於川普在二十世紀八十年代當商人時與日本人打交道的經歷，當時人們將日本視為是美國經濟卓越地位的致命威脅。」

一段電視影像資料顯示，早在三十年前，年輕且長相英俊的川普在電視上呼籲對日本進口商品徵收百分之十五至百分之二十的關稅。那時，日本經濟蒸蒸日上，日本商品充斥美國市場，日本公司在美國攻城略地，二戰時日本一切沒有在戰場上獲得的成果，幾乎都在商場上得到了。

「我對關稅堅信不疑，」川普對記者黛安・索耶（Diane Sawyer）說。他當時是曼哈頓的一名房地產開發商，有初出茅廬者的政治直覺。他接下來批評西德、沙烏地阿拉伯和韓國的貿易做法，他說，「美國正在被別人占便宜。我們是一個債務國，我們必須徵稅，我們必須徵收關稅，我們必須保護這個國家。」

三十年後，幾乎沒有比川普對關稅的熱愛更能定義其任期的事情了，而他在幾乎所有其他問題上也沒有像現在這樣更堅定不移。

「這是自二十世紀八十年代以來一直令他氣憤的事情，」前鋼鐵行業高管丹・迪米科（Dan DiMicco）說，他曾幫助起草川普在二〇一六年競選期間以及當選總統後過渡期的貿易政策。「它來自川普本人的核心信念。」

一九八七年十月，美國股市崩盤幾天後，川普在新罕布夏州朴茨茅斯一個有五百人參加的扶輪社（Rotary Club）活動上發表講話，那是他關於這個問題的首批公開聲明之一。川普當年四十一歲，剛剛有了《交易的藝術》一書的作者身分，首次聽到了他應該競選總統的鼓勵之詞。他怒斥了日本、沙烏地阿拉伯和科威特，稱這些盟友都在欺騙美國。他說，「我們應該讓這些占了我們便宜的國家來償還兩千億美元的赤字」，而不是用增加美國人稅收的方法來減少聯邦赤字。

那次活動的組織者、當地的共和黨官員麥克・鄧巴（Mike Dunbar）說，「很明顯，他今天比那時胖了不少。但他與我在八十年代認識的那個川普毫無差別。」

川普認為，貿易戰對美國利遠大於弊，對中國卻是致命的。史丹佛大學胡佛研究所資深研究員、軍事歷史專家、古典學專家維克多．漢森（Victor Hanson）在《川普特例》（*The Case for Trump*）一書中寫道，很多「擁抱熊貓者」（Panda Hugger）認為，川普的說法太激進、川普將貿易逆差完全歸罪於中國是一種「獵巫」行為，而且美國不可能扳回一局。但川普堅持說「這樣做不對！必須改變！」，他用數據說出大家視而不見的「房間裡的大象」：中國有十四億人口，美國有三億多人口，中國的人口是美國的三倍多，但中國的GDP只有八兆美元，而美國的GDP有二十一兆美元。也就是說，六個中國工人的生產力才相當於一個美國工人的生產力，這還是在盜竊智慧財產權的情況下才做到的。

保守派政治家金里奇說，就川普和那些在華盛頓的權貴的關係來看，川普就是那個「勇敢說出皇帝沒穿衣服的小男孩」。維克多．漢森也形容說，川普像《皇帝的新衣》中的孩子那樣指出事情的真相：中國不可能「命中註定要統治世界」，反之，中國註定了不可能統治世界。中國有嚴重的內部危機，包括貧富差距、環境破壞、對人權的侵犯。因此，不是美國，而是中國，將在未來的三十年為自己擔憂。「除了川普，這種話沒有任何人敢說出來。」

◎川普的核心智囊是哪些人？

任教於加拿大約克大學的學者沈榮欽觀察中美貿易戰指出，美國的決策機制比中國透明。其中極為重要的一點是，要了解川普的政策，不能不了解川普的智囊。例如在貿易戰等經濟議題上，川普與前任總統的最大差異在於，學院內頂尖經濟學者的發言分量大減，無論是自由派或保守派，川普不再依賴這些傳統的學者，他自有其用人哲學。

一般為人所熟知的川普經濟幕僚包括以下五人：

庫德洛：國家經濟委員會主席、白宮首席經濟顧問，曾在雷根執政期間任職，對於雷根當時的經濟政策制定作出重要貢獻。一九八七年至一九九四年，擔任美國第五大投資銀行貝爾斯登（The Bear Stearns Companies）首席經濟學家。自二〇〇一年以來，經常出現在CNBC節目上。二〇一六年總統選舉期間，曾在稅收及貿易問題上向川普提供意見。他對川普的經濟決議基本支持。

賴海哲：貿易代表，在對華貿易問題上屬於強硬派，出色的貿易談判代表。早年曾為前參議員鮑勃．多爾（Bob Dole）工作。一九八三年，在雷根政府參與貿易談判工作，任副貿易代表，先後參與二十多個國際協議談判，涉及鋼鐵、汽車、農產品等領域。最知名的案例是成功阻撓日本對美國的鋼鐵和汽車出口大潮。一九八五年，離開雷根政府時，白宮給予其「鋼鐵老兵」的美譽。素以強硬著稱的賴海哲，在與日本、加拿大等八國的鋼鐵貿易談判中，有意採取車輪戰，在長達七個月的談判進程中，整個團隊只放了兩天假期。由其主導的美、墨、加三國北美自由貿易協定談判，採取的也是同樣策略——二〇一七年八月開始談判，頭兩個月進行了四輪、總計二十二天。在白宮工作和在世達律師事務所三十多年的工作經歷，使賴海哲不僅擁有超強的專業知識，而且擁有豐富的談判經驗，懂得如何掌控談判節奏。納瓦羅認為，賴海哲是美國最難應付的談判代表，「他將繼續有根有據地談判，降低關稅、降低非關稅壁壘，並結束（中共）所有阻止市場准入的結構性做法。」

彼得．納瓦羅：白宮貿易與製造政策辦公室主任。

梅努欽：財政部長。
羅斯：商務部長。
除了這五人之外，還有三個人對川普政策的影響力也很大：
馬瓦尼（Mick Mulvaney）：白宮行政管理和預算局局長，前聯邦眾議員，凱利辭職後，代理白宮幕僚長，被認為對川普經濟政策的影響力或許僅次於庫德洛，但是他為人低調，相對較少接受媒體訪問。
杜伯斯（Lou Dobbs）：福斯電視評論員，川普是電視迷，在家中的電視經常開著，停在福斯新聞網的時間尤其多。眾所周知，川普與杜伯斯彼此欣賞，川普曾自稱是杜伯斯的粉絲，杜伯斯則在電視上宣稱川普是美國歷來最偉大的總統之一。有好幾次白宮開會時，川普會停下來打電話給杜伯斯，聽聽他的意見再做決定。杜伯斯常常訪問班農、納瓦羅等人，建議川普的戰略要讓北京「痛得難以承受」。
卡爾夫特（Robert Kraft）：新英格蘭愛國者球隊（New England Patriots）老闆，美聯社曾經報導卡爾夫特與川普交情深厚，雙方經常交換對經濟政策的看法，他對川普的政策有一定影響。
另外，班農不適宜建制內的工作模式，很快離開白宮，但其思想觀念對川普仍有影響力。班農從習近平在中共十九大上冗長的報告中讀出其心裡話：「儒家重商主義的權威模式已經贏了。基督教文明的自由民主，自由市場，資本化的西方已經輸了。」班農認為，現在的中國就是上世紀三十年代的納粹德國，美國不能繼續對其綏靖。他呼籲美國和西方奮起迎戰：「修昔底德說，幸福生活的關鍵是自由，自由的關鍵是勇氣。邱吉爾曾說，勇氣是所有美德中最重要的，因為先有了勇氣，其他的美德才有支撐點。」

彭斯副總統在哈德遜研究所發表對中國政策的演講時，特意稱讚任職於該研究所的中國問題專家白邦瑞（Michael Pillsbury），白邦瑞的著作《百年馬拉松》是川普的枕邊書。白邦瑞第一個指出，「中國夢」是中國洗刷百年國恥、取代美國、稱霸全球的夢：「我和我的同僚長久以來對中國缺乏認知……我們正在輸掉比賽。事實上，我們根本不知道比賽已經開始了……」他呼籲美國政府趕快認清現實，對中國展開反制措施。否則，中國贏定了。歐巴馬時代，儘管歐巴馬聲稱愛讀白邦瑞的書，但白邦瑞的呼籲石沉大海；川普時代，白邦瑞的觀點終於成為白宮決策的依據，白邦瑞向媒體透露，川普常常就對中國的貿易戰徵求他的意見，他也提醒公眾要認識川普的決心，「若中國不滿足川普的要求，川普未來會向中國出口美國的產品徵收百分之一百的關稅。」

曾經是《華爾街日報》駐北京記者的博明，被川普破格任命為白宮特別助理、安全委員會負責亞洲事務的資深主任。博明是白宮唯一會講中文的中國通，十多年前，中國警察衝進博明在北京的旅館房間，將其採訪筆記一頁頁撕碎，沖進馬桶。博明在中國工作了八年，這還不是最糟糕的待遇，他曾遭到國安人員毆打，因報導中共官場貪腐而遭公安拘查。他的駐華經歷肯定影響他的東亞戰略視野和戰略觀。香港政治評論家李怡在〈一個中國通的故事〉一文中寫道：「看到曾在中國受盡警察兇惡對待的一位記者居然成為美國總統對華政策的關鍵人物，中國的掌權者會怎麼想呢？他們或許會想：若早知如此，當初對他寬容些就好了。但他們更可能會想：那時如果把他打死或弄殘就好了。」

這些重要官員和智囊，共同促成了白宮展開對中國的貿易戰。

◎改變對中國的「單相思」

是歷史選中了川普，在世界秩序劇變的前夕說出真相、吹響號角，就好像當年歷史選中雷根一樣。作為商人的川普一眼就看出，美國與中國的貿易協定是不公平的，中國加入世界貿易組織，只占便宜而不盡義務，每年從美國和西方掠奪、偷竊價值數千億美元的資產和智慧產權，讓美國和西方在競爭中永遠處於下風。川普說：「要有人挑戰中國。我閱讀，我看到很多，我大量閱讀，我看到經濟學家說，放棄、放棄、放棄與中國對抗！中國已經從我們國家身上撈錢撈了超過二十五年。但現在正是時候。即便短期內對我們國家不好，但長期來說，挑戰中國是勢在必行的，因為我們國家不能繼續送給中國五千億。」

為什麼美國在對中國的貿易中造成高達每年五、六千億美元的逆差呢？川普指出，中國向美國傾銷由政府補貼的產品，同時違反版權法、專利法，還有系統的派遣間諜實施盜竊，以及強迫美國公司轉讓技術。川普宣告說，所有這些做法都必須停止，而受益的將是美國工人。當川普剛剛參加總統競選時，這些話在很多人看來宛如異端邪說。

川普以商人的直覺、常識和理性出發，放棄了此前三十年美國對中國的「單相思」——只要幫助中國在經貿上融入國際社會，中國就會出現一個強大的中產階級，而這群中產階級就能推動中國走向政治民主。這個錯誤的對華政策將中共養成了一頭威脅西方的怪獸。正如美國國務卿蓬佩奧所說，中國在國際貿易中使用的是「掠奪性經濟的入門手段」，「很多國家都已認識到這件事」。他毫不客氣地指出：「中國領袖一直聲稱要開放、要全球化，但這是個笑話。」

中美貿易戰第一回合，白宮宣布對來自中國的五百億美金商品徵收重稅，中國表示將強力反擊美國的做法。川普隨即宣稱下一輪將針對中國兩千億產品徵收百分之十關稅，並在公開聲明中指出：

中國看來無意改變與獲取美國智慧財產權和技術有關的不公平做法。中國不是改變這些做法，而是威脅沒有任何過錯的美國公司、工人和農民。……中國的這一最新行動明確顯示，它決心把美國置於永久性的不公平劣勢。這一劣勢反映在三千七百六十億美元的龐大貿易逆差中。這是不可接受的。必須採取進一步行動來鼓勵中國改變不公平的貿易做法，對美國貨物開放市場，並接受更為平衡的美中貿易關係。

中國的反應好像當年的義和團，色厲內荏而語無倫次。中國國際廣播電台國際網站發表署名評論文章，稱白宮對中國產品開徵關稅的做法是「失去理性、近乎瘋狂」的行動，稱美國這種單挑全球、重創世界自由貿易的做法是「赤裸裸的貿易恐怖主義」，並呼籲國際社會盡快行動，「共同打贏這場貿易領域的反恐之戰」。按照這種邏輯，錯的是美國，美國對中國過於強硬，沒有給中國過渡期，直接把中國往死裡打。這種說法是顛倒因果：川普只是制止中國習慣性的偷竊行為，難道應當繼續容忍小偷，抓賊也像戒菸一樣經過一段漫長的過渡期嗎？

中國呼籲其他國家跟中國一起對抗美國，環顧全球，哪個國家願意跟中國做鐵桿盟友呢？歐盟、日本與美國也存在貿易爭端，但這是美國主導的國際政治經濟秩序內部的爭端，歐盟和日本不會站在中國一邊。二〇一九年八月二十四至二十六日，於法國的比亞里茲召開西方七國集團峰會，川普獲得盟友一致支持——七國對香港局勢發表聯合聲明，強調七國再次肯定給予香港一國兩制下自治的一九八四年中英聯合聲明的存在及重要性，敦促中國信守承諾，維護香港自治。這是對習近平的嚴重警告。

中美貿易戰開打以來，習近平陷入空前孤立。他剛剛給俄羅斯總統普亭頒發友誼勛章，俄國就宣布禁止中國公司掠奪貝加爾湖的水資源。就連北韓的獨裁者金正恩都倒向美國，放棄由北京主導多年的「六方會談」，跟美國直接談判。中國在外交上比文革時代還要「孤家寡人」。

二〇一九年三月二十六日，香港民政事務局前局長何志平因在美國行賄非洲政要，在紐約被法庭判處監禁三年，罰款四十萬美元。何志平在獄中寫一封信給朋友，形容自己是中美交惡中「第一隻替罪羊」。他對朋友說，眼前一股風暴正捲起災禍，「黎明前的最黑暗時刻」即將降臨，自求多福為妙。鐵達尼號快要沉沒時，是老鼠最先捕捉到這個資訊。

◎不用川普下令，美國企業也要離開中國

二〇一九年八月二十三日，中美貿易戰升級。當天早些時候，中國國務院發布公告，宣布對價值七百五十億美元的美國商品加徵百分之五到百分之十的關稅，公告強調該措施是「應對美方單邊主義、貿易保護主義的被迫之舉」。

該公告發布後，川普很快作出回應。川普在推特上宣布，從十月起，針對兩千五百億美

元中國商品的加徵關稅稅率將從百分之二十五上調到百分之三十，其餘三千億中國商品的關稅則將在十二月從百分之十上調到百分之十五。川普還說：

多年來，我們的國家愚蠢地輸送給中國數兆美元。中國人每年掠奪我們價值數千億美元的智慧財產權，而且還想繼續這麼做。我不會允許這種事情發生。我們不需要中國，而且坦誠地說，要是甩開中國，情況就會好得多。……我鄭重命令我們偉大的美國企業立刻開始尋找中國之外的選項，包括將業務轉移回美國、在美國境內生產商品。這會是美國的偉大機遇。

川普接著指出：「遺憾的是，以往的美國政府允許中國在破壞公正與平衡貿易的道路上走那麼遠，給美國納稅人造成了巨大的負擔。作為總統，我不再能忍受這一切。本著貿易公正的精神，我們必須讓這不公正的貿易關係恢復平衡。」

「下令美國企業離開中國」的說法在美國引發爭議，因為美國是自由市場經濟國家，沒有中央集權的計劃經濟。總統是否可以下達這樣的命令？川普在後續推文中對嗆媒體說，只要去查一下一九七七年的「國際緊急經濟權力法」（IEEPA），就知道他有沒有權力這麼做。

這項法律授權美國總統在宣布國家進入緊急狀態之後，有廣泛的權力，能阻止個別公司或甚至整個經濟產業的活動。《時代》雜誌說，總統通常以此法律實施經濟制裁來進一步落實美國外交政策和國家安全目標。對象一開始是外國政府，多年演變下來，懲罰個人、團體或是恐怖分子這類非國家政府類的案例漸多。

所以，川普完全可以透過宣布國家進入緊急狀態，命令美國企業離開中國。不過，即便川普不下達這樣的命令，美國在華企業早就未雨綢繆地啟動了撤離中國的方案。美國駐中國商會最新發布的一份調查報告顯示，美國在華企業感到中國對他們的友善度急遽下降，中國正在走向閉關鎖國，一些美國公司準備遷往其他國家。

在參與調查的美國公司中，有百分之八十一感到在中國「更不受歡迎」。中國美國商會主席威廉・札里特（William Zarit）說：「統計資料顯示企業感到比過去更不受歡迎，過去也只是一般，而今年感到更不受歡迎的比例比去年高。參加調查公司中五分之四的公司都有這個感覺。」貝恩資本合夥人史蒂芬・施德（Stephen Zide）說：「今年的調查顯示，有百分之二十五的成員企業表示，他們已經將產能移出中國或者正在計劃移出中國。」

最具代表性的是互聯網巨頭甲骨文公司：首席財務長薩弗拉・凱芝（Safra Catz）在一封內部郵件中宣布，北京的研發業務將大幅裁員。甲骨文北京研發團隊收到郵件，郵件提出公司將在中國實施裁員，被裁掉的員工必須在三月三十一日之前離職。

美國企業離開中國，大致有三個原因。首先，中國的經濟模式已走到窮途末路，人口紅利用盡，環境全面受汙染，中國已成為最不適宜人類居住的地方。谷歌前高管、小米全球部門主管雨果・巴拉（Hugo Barra）表示，他決定離職並回到矽谷。巴拉在二〇一三年加入小米，三年間將小米從一家名不見經傳的公司打造成全球知名企業。巴拉在臉書上發布離職消息時，措辭頗為尖銳：「我意識到，這幾年在這樣一個異常的環境中生活，對我的生活節奏造成了巨大損害，並開始影響到我的健康狀況。」很多在中國工作的美國公司高管、外交官都能領取價值不菲的津貼，以彌補在惡劣的霧霾等狀況下身體健康所受的傷害。但誰願意拿自己及家人的生命健康作賭注呢？惡劣的不僅是自然環境，還有社會環境：人民大學碩士、身為中產階級的雷洋，無端被警察毆打致死，警察卻能從容脫罪，該事件讓很多原本試圖回國發展的中國海外留學生望而卻步。誰願意成為第二個雷洋呢？

其次，中國的政治加速左轉，習近平執政以來，反西方、反民主自由的一面暴露無遺。最高法院院長周強表示，要堅決抵制西方「憲政民主」、「三權分立」、「司法獨立」等錯誤思潮影響，旗幟鮮明，敢於亮劍，堅決同否定中共領導、詆毀中國特色社會主義法治道路和司法制度的錯誤言行做鬥爭，絕不能落入西方錯誤思想和司法獨立的「陷阱」，堅定不移走中國特色社會主義法治道路。周強這段殺氣騰騰的言論，激起數百名律師、公共知識分子和民眾的連署反對。沒有法治環境，就不可能有自由市場經濟。中國的法律既不保護本國公民的私有財產，也不保障外資的安全。中國政府隨意對上海通用汽車等企業開出數以億計的罰款，誰能有安全感呢？

第三，國際政治、經濟形勢的發展，以及川普入主白宮之後對華政策的變化，使中國不能繼續像此前三十年，只享受全球化帶來的利益，不用盡對國際社會的義務。比如，中國資本大舉進軍好萊塢，使中宣部可以越權在美審查好萊塢電影，嚴重傷害美國的藝術創作自由和言論自由；另一方面，中國嚴格限制美國電影進入中國院線，具體到每部電影播映的時間和場次都有詳細規定。中國就好像一名不買票強行登機的乘客，進而在飛機上兜售其假冒偽劣產品，其他乘客忍氣吞聲，空警則視而不見。如今，川普一切以「美國優先」、「美國第一」為考量，不能容許中國如此占美國的便宜，並且要修改對中國單方面有利的、漏洞百出的全球化規則。這樣，大量美資將回流美國，以實現川普在就職演講中宣布的「用美國工人，買美國產品」的經濟政策。

第二節　習近平為何誤判中美貿易戰？

中國號稱要跟美國打一場「史詩級的貿易戰」，但幾個回合下來，中國已毫無招架之力。剛剛下令對美國出口到中國的大豆徵收高額關稅，中國的頭號大豆進口商「山東日照集團」就宣布破產、轟然倒下，這才叫「搬起石頭砸自己的腳」。

《華盛頓郵報》引用美國博欽國際律師事務所北京辦事處首席代表吉莫曼（James Zimmerman）的話說，川普繼續將中國逼入死角，「現在沒有出路，川普沒有給中國保留顏面回到談判桌的餘地。透過繼續加碼，川普事實上在公開要求北京無條件投降。」

與此同時，已經被馬雲收購的香港老牌英文媒體《南華早報》，刊發了一篇題為〈中國應該向川普認輸，減少在貿易戰中的損失〉的文章。這篇文章指出，在中美貿易戰升級、中國經濟增長放緩以及美歐投資限制升級之際，中國內部正展開一些嚴肅的討論。大家似乎認識到，強硬派此前制定的「應敵方略」沒有奏效，北京需要改變戰略。「對北京而言，讓川普宣布獲勝很困難，也很尷尬。但是，有時候最好的選擇就是止損，以期在未來某個時刻獲利。」

習近平嚴重誤判國內國際形勢。他誤判了川普的願景和決心，誤判了美國兩黨和朝野的同仇敵愾，誤判了美國人堅挺的民意和愛國心，誤判了西方世界牢固的價值同盟關係。這「四重誤判」是被中國「專家」、中國官媒和西方左派媒體「三重誤導」的結果，而這又是中共極權統治的必然邏輯結果。

◎習近平是「三重誤導」的起點和終點

極權主義的奇妙之處就是，獨裁者本人既是施害者，又是受害者；既是災難的起點，又是災難的終點。若沒有習近平的剛愎自用，自然沒有底下人的投其所好；沒有底下人的「謊報軍情」，就不會有習近平的紙上談兵，乃至自以為「談笑間，檣櫓灰飛煙滅」。上下彼此欺瞞，互相激盪，攜手走向深淵。

以中國的「磚家」（中國網民對專家的貶稱）而論，胡鞍鋼、林毅夫之流，學術水準不值一提，唯一的長處是「逢君之惡」，由此飛黃騰達、青雲直上。江、胡時代，掌權者遵循鄧小平「韜光養晦」之遺訓，御用文人只能就中共政治局的集體領導制發明「集體總統制」之類的奇談怪論。到了習近平時代，既然主人要「強起來」，奴才們自然要跟著敲鑼打鼓。於是，「中國超越美國論」大行其道。

二〇一九年八月二十三日，新加坡《聯合早報》報導，經濟學家、北京大學新結構經濟學研究院院長林毅夫談到貿易僵局時表示，中美如果因為貿易戰而脫鉤，世界格局將不會重返冷戰時期的兩大體系獨立並存，結果將是美國自我孤立、與世界脫鉤，中國和全世界其他國家形成一個共同體系，繼續開放，維持經貿往來與技術合作。習近平信以為真，向美國「亮劍」、逼美國「讓位」，然後登基成「世界之主」。

以中國官媒或黨媒而言，在缺乏言論自由、新聞自由的環境下，非市場化的媒體，其生存的第一原則是「媒體姓黨」，不是「群眾代言人」，而是「黨的喉舌」。尤其是《環球時報》及其總編輯胡錫進之類的「小報」和「小人」，妖言惑眾的本領爐火純青。江、胡時代，《環球時報》尚且只能「敲邊鼓」，小打小鬧、自娛自樂；習時代，《環球時報》儼然是「中書令」，傳遞來自中南海的聖旨，取外交部和國防部發言人而代之，對國際事務高談闊論。比如，胡錫進對貿易戰發表評論說：「隨著中美貿易戰愈打愈烈，不禁想起了朝鮮戰爭（編註：韓戰）。那場戰爭打了三年多，後兩年打打談談，我們在戰場中的堅持和成果是迫使美方在談判桌上低頭的根本原因。」他的敘事方式是將己方的一敗塗地描述成節節勝利，習近平讀到這樣的言論，豈不心花怒放？

以西方左派媒體而論，西方左派媒體在華人世界被當成唯一真理。不僅中國人，包括香港、台灣及大部分海外華人，都對《紐約時報》、CNN等「左派當道」的西方媒體的論述深信不疑。在貿易戰中，這些左派媒體站在中國一邊，媚中且恐中，中國當然引以為知己。然而，華人世界的讀者茫然不知的是，這些左派媒體跟美國社會的民意脫節，它們從未預料到川普會當選、進而實踐其選舉承諾（包括對中國展開貿易戰），沉浸在挫敗感中自憐自艾，詆毀川普乃是其唯一的精神安慰。從這些媒體上只能看到此種假象：川普在美國已天怒人怨，習近平如果挺身對抗川普，必定馬到成功——既然從諾貝爾經濟學獎得主到麻省理工學院校長等美國的名人都如是說，習近平還能不信以為真嗎？

於是，習近平自信滿滿地上陣了，這是一場他期待已久的戰鬥。如果一舉擊敗川普，中國就能取代美國成為主宰世界的超級強權。早在二〇一五年，川普尚未當選、貿易戰尚未開打之時，中國獨立學者楊魯軍就已指出：

這幾年中美關係總也好不起來，反倒齟齬叢生、暗流湧動、危機四伏，我認為根本原因在中國，在於中國換了領導人，沒有延續鄧小平在改革開放年代一以貫之的親美睦美之國策，而代之以拒美仇美抗美的新國策——「天朝」重新拾起了將美國作為共產主義意識型態的頭號敵人的舊旗幟，而且萌動了坐二超一、接管世界、主掌全球的豪情壯志。

如毛澤東所說，凡是敵人擁護的我們就反對，凡是敵人反對的我們就擁護，習近平毫不掩飾地跟每一個美國的敵人站在一起：俄國、伊朗、北韓、委內瑞拉、敘利亞、古巴……只要是美國制裁的對象，中國立即伸出橄欖枝，輸血幫助其度過難關。這樣，中國主動成了美國的最大敵人。

美國對此不會無動於衷，美國敏銳地捕捉到習近平一次次釋放出來的挑戰美國的信號。二〇一八年七月三日，在佛羅里達州坦帕市，川普在國會中期競選造勢活動中，在談及中美貿易戰時，直言不諱地向數萬支持者說：「不，中國不僅是貿易戰的對手，而是我們在打敗蘇聯之後遇到的又一個強大敵人。」不是美國要把中國當敵人，而是習近平衝在最前面，自告奮勇當美國的敵人。中美之間，與其說在打一場貿易戰，不如說在打一場堪比美蘇冷戰的「全面戰爭」。

◎習近平誤判川普的願景和決心

川普當選後，中國的「央視」邀請一批頂級專家討論中美關係前景。主持人為清華大學教授、經濟學家李稻葵。身為哈佛大學經濟學博士的李稻葵認為，川普當選意味著美國陷入前所未有的分裂，他用「父母離婚」這個輕佻的比喻，並得意洋洋地詢問在場的一位美籍華人說：「我問你一個私人問題，你父母都離婚了，你想不想乾脆就成立另外一個家，乾脆就移民了，來我們中國，放棄美國國籍了？」」其驕狂無理、無知無畏可謂溢於言表。

中國國際問題研究院常務副院長、《國際問題研究》雜誌主編、外交部公共外交諮詢委員會委員阮宗澤更侃侃而談，認為川普當選對中國有利。原因有三：第一，中國更願意跟共和黨打交道，共和黨候選人在大選期間批評中國最多，但當選之後轉變最大，比如尼克森不僅是改變了中美關係，也改變了世界的格局。川普也說他要改變，美國人老是做什麼事情都想順便改變世界，這一點正好對中國有利。第二，從川普的經歷和職業看來，和中國打交道的問題上他沒有歷史包袱。相反，希拉蕊跟中國打交道是有沉重的包袱的，她當國務卿期間批評過中國。第三，中國喜歡跟房地產商打交道，房地產商在中國是最有前途的職業。現在房地產商成了美國的總統，中國跟房地產商打交道最有信心。

如果中國的「專家」們個個都像李稻葵、阮宗澤這樣坐井觀天、夜郎自大，中國的對美戰略自然只能「不戰而敗」。

果然，中國以對待本國房地產商的方式拉攏、收編川普，以為向這個商人總統施以小恩小惠，就能讓其乖乖就範。川普剛一上台，中國國家工商管理總局商標局立即批准三十八個「川普」商標，相關商品服務涉及飯店、餐飲、保險、建築及保全等眾多行業。商標局公布的資訊顯示，這些商標的申請人的中文名字為「唐納・川普」、原名為「Donald J. Trump」，申請人地址正是紐約的川普大廈（Trump Tower）。

在川普當選美國總統之前，中國已有不少以「川普」、「Trump」為名的商品，最為知名的是一款「TRUMP」牌馬桶（商家稱意指「王牌」）。自二〇〇六年開始，川普便委託律師取回相關商標的擁有和使用權，大都遭到中國法院駁回——這是美國商人和公司在中國的普遍遭遇。而在川普當選總統後，這些商標的所有權申請，在中國迅速獲得通過。

中國駐美使館特別邀請川普的女兒伊凡卡參加春節聯歡活動。伊凡卡的孩子穿唐裝、背唐詩的場景，大大滿足中國人的虛榮心——這一幕在川普訪華時再次出現，習近平看到金髮碧眼的美國孩童在紫禁城內的表演，似乎川普一家都被源遠流長的中國文化征服，自己猶如當年的乾隆皇帝，看到萬國來朝的盛世景象，習近平不禁笑逐顏開。

從清末到現在，慣於「以小人之心度君子之腹」的中國，其外交政策的基點沒有任何進步。鴉片戰爭期間，欽差大臣琦善向英國全權特使和英軍指揮官送去美味佳餚、滿漢全席，認為討好了對方的口腹之慾，就能讓對方乖乖退兵。結果，英國人吃完了魚翅海參，仗卻照打不誤。川普當然不會被習近平的這些伎倆蒙蔽。等到貿易戰開打，川普寸步不讓，此前口口聲聲說川普當選對中國是利好消息的中國人民大學教授、國際關係學者時殷弘立即變臉說：「川普是個殘忍的戰略家和精明的戰術家，階段性地集中在一個小戰役，然後集中在又一個小戰役，施加空前程度的壓力，空前程度的威脅，間或又給你一顆小甜棗吃。」好像他此前蔑視川普的那些言論全都憑空消失了。

二〇一九年八月二十六日，川普在七國首腦峰會上表示，儘管有人向他質疑美國對華戰略傷害了全球經濟，但他的立場很堅定。他批評稱那些要求他在談判中讓步的人「缺乏勇氣」，他說，「對不起，這是我談判的方式。」他拒絕接受一個「對半分利」的協議，堅持說：「這個協議必須對我們更有利，如果不是更有利，那我們就不在一起做生意了，我不想做。」

當習近平發現，強悍的川普不像怯懦的歐巴馬那樣好對付的時候，他已騎虎難下。

◎習近平誤判美國兩黨的同仇敵愾

貿易戰剛開打，習近平的戰略是，利用美國兩黨的政策分歧，挑動美國內部紛爭，讓川普束手束腳、無法施展。反之，中國外交以習近平為「核心」，事事「定於一尊」，沒有不同意見，能迅速集中全國人力物力，強硬回擊美國。如果仍然相持不下，則採取拖字訣，拖到二〇二〇年美國大選，若川普敗選而無法連任，民主黨上台，則貿易戰可無疾而終。

然而，習近平未曾料到，雖然美國共和黨和民主黨在若干國內政策上針鋒相對，但對中美貿易戰卻齊心合力。即便是民主黨人，亦對歐巴馬八年對中國軟弱無力、予取予求的政策不滿，希望對中國採取更強硬的態度。

民主黨人、前資深外交官坎貝爾（Kurt M. Campbell）和拉特納（Ely Ratner）聯名發表一篇名為〈清算中國：北京是怎樣讓美國期望落空的？〉的文章，很典型的說明了民主黨人對中國心態的轉變。坎貝爾在歐巴馬時期擔任國務院負責東亞與太平洋事務的助理國務卿，拉特納是外交關係委員會中國事務部資深研究員。

這篇文章分析了美國對華政策的誤判。過去數十年來，尤其是柯林頓支持中國加入世貿組織以來，美國對中國抱有不切實際的幻想——只要中國堅持改革開放，融入世界經濟，其融入西方的主流價值觀就是無可改變的趨勢。然而，現實是，中國在完全保留其政治體制既有特性的同時，又充分利用全球化帶來的經濟機遇，並借此強化自身經濟實力，進而在全球秩序中，挑戰美國的領導地位。

文章提到，二〇一六年南海爭端中，中方蠻橫無視國際法，藐視國際仲裁，並未受到國際社會的懲罰，這是一個極其危險的信號。文章的結論稱，基於當前美國期望與中國現實之間差距越來越大的事實，此刻美國正面臨著現代史上最強大的對手。美國若想勝出，就必須放棄長期形成的對中國的綏靖態度。

對中國實行強硬政策，不是川普個人突發奇想，而是美國兩黨、朝野的共識，是一種歷史性的選擇。左翼的《洛杉磯時報》在報導中美貿易戰時用了醒目的標題：「川普的中國關稅政策獲得跨黨派支持，反映了美國對北京的幻覺普遍破滅。」

美國國會只嫌川普做得不夠，絲毫不理會中國的遊說。在中興禁售事件中，川普逼迫中興接受被中興高管稱之為「國恥」的苛刻條件，才答應解凍禁運。美國國會還不願善罷甘休，參議院以八十五票贊成，十票反對，通過二〇一九年度國防法案，當中包括恢復制裁中興的條款。投票支持議案的議員中，四十六名是共和黨人，三十九名是民主黨人。可見，來自兩黨的議員們都希望以比川普更強硬的方式懲罰背信棄義的中興集團及中國政府。

參議院少數黨領袖、紐約州民主黨議員舒默說：「據我們的國防和執法機構認為，他們的科技給國家安全帶來威脅。」這位紐約州的民主黨要角，不論預算、健保、槍枝，幾乎在所有國內議題上都與川普壁壘分明。但對於川普打擊中國一事，舒默表示「大力支持這個決定，川普在中國問題上做了正確的事」，很可惜歷任總統「無論民主黨還是共和黨，都對中國所作所為視而不見」。這位參議院「台灣連線」的前共同主席強調，他很高興川普簽署法令支持台灣，「我稱許他」，他還加上一句，「川普總統做得太對了」。舒默還在推特上說：「對中國要強硬下去。川普總統，不要退縮。力量是戰勝中國的唯一方式。」俄亥俄州民主黨參議員布朗（Sherrod Brown）也說：「中國欺騙、傷害美國工人太久了。關稅將中國帶到了談判桌前，現在我們已經到達里程碑，總統必須確保真正的改變，以創造公平的競爭環境。」

不久前，原白宮首席策略師班農應邀出席某項菁英聚會。他自嘲是頂著鋼盔去的，因為從賓客名單來看，絕大多數都是反川普的人士。萬萬沒有想到，席間批川普的言論不多，反倒數度有人對他說，支持川普處罰中國的政策。離開時，班農心裡想：形勢變了。是的，形勢變了。然而，習近平和他的幕僚們未能捕捉到這一重大變化。

◎習近平誤判美國人堅挺的民意和愛國心

習近平還有一個小算盤：美國人養尊處優，跟願意「勒緊褲腰帶」、甚至吃草度日的中國人民相比，承受損失和痛苦的能力很弱。如果川普敢打貿易戰，中國對美國的農產品加稅，美國農業州利益受損，投票給川普的中部、南部的農民必定怨聲載道。那麼，後院起火的川普就會乖乖向中國認輸，懇求中國重新購買美國的農產品。這個想法跟當年的希特勒一模一樣：希特勒頑固地認為美國大兵嬌生慣養、不堪一戰，等到兩軍對壘，發現美軍勇猛如虎，才醒悟到被自己關於美軍的偏見害死了。

出乎習近平以及美國東西岸菁英人士意料的是：在貿易戰中受到衝擊的美國農民，並不埋怨川普的政策，相反，川普的支持率不斷上升。美國農業部長帕度（Sonny Perdue）說，農民對川普的支持率很高：「在感情上，他們是川普在貿易、勞工、監管等政策上的支持者，因為他們與川普擁有共同的價值觀。」

CNBC財經網站報導，隨著美國大豆等農作物的收穫季節來臨，農產品或因貿易戰價格下跌，美國農業的利潤可能會下降。但是，各州暫時受到貿易戰連累的選民們仍高度評價川普的作為。與此同時，美國農業部撥出一百二十億美元緩解這一打擊。川普在演講中嚴厲譴責說，中國危害「偉大的美國農民」的做法可恥而邪惡，他不會坐視不管，他會從新徵收的關稅中撥款補貼農民。

在「晨間顧問」（Morning Consult）調查的十九個農業大州中，十個州對川普的支持率在上升，還有七個州的支持率堅挺不降。數據顯示，儘管大豆價格下跌，但盛產大豆的愛荷華州農民對川普的支持卻不斷上升，一至五月，百分之四十八的愛荷華人支持川普的貿易政策；隨著貿易戰升溫，六月和七月愛荷華農民對川普的支持分別提高到百分之五十和百分之五十一。印第安納州也有類似趨勢，一至五月，大約百分之五十六的農村選民支持川普；七月二十二日，這個數字達到百分之六十。

農夫麥克．白艾德（Mike Beard）在印第安納州法蘭克福經營農場，他在占地兩千英畝的土地上種植大豆、玉米和養豬。他估計由於玉米價格下跌，二〇一八年將損失一萬五千美元。「損失一萬五千美元，意味著我今年少買一件設備。」白艾德說，「但我不會動搖對川普的支持，我們需要改變與其他國家做生意的方式。」

愛荷華州莫維爾的農夫艾瑞克・尼爾遜（Eric Nelson）靠種植穀物、大豆和養牛為生，他說農民們可能會根據價格前景來調整農作物的比例和種類，「當然，這對我們大夥來說都是令人擔憂的，這是我們的生計。」尼爾遜談到貿易談判的不確定性，但他說這不會改變對川普的政治忠誠。

印第安納州斯蒂爾沃特農場的合夥人布倫特・柏布（Brent Bible）說，當地的農民從來沒有把對市場崩塌的恐懼歸咎於川普的政策。

大多數農業利益集團都支持「長痛不如短痛」的觀點：貿易報復會暫時損害美國農業，但長期而言則是有益的。普渡大學「商業暨農業中心」公布的生產者調查顯示，上月創紀錄的有百分之七十八的美國農民相信，貿易戰最終將使美國受益。同一時間由「農場脈搏」（Farm Pulse）進行的調查顯示，有百分之七十九的農民支持川普。與投身二〇二〇年大選的民主黨人相比，川普依然是大部分美國農民的最佳選擇。

美國農民對川普的支持，遠遠多於中國農民對習近平的支持——前者是真實的，他們真心認為川普代表並捍衛他們的利益；後者是虛假的，他們只是在壓迫和恐懼中保持沉默，他們深知習近平及中國共產黨是苦難的根源，只是面對「槍桿子」，不敢說出這一真相。

另據民調顯示，接近七成的美國各階層民眾支持川普對外國尤其是對中國的貿易戰。川普的貿易戰是其最受歡迎的政策之一。就連以攻擊川普為志業的《紐約時報》專欄作家羅傑・科恩（Roger Cohen）也寫了一篇題為〈選擇對抗中國，川普是對的〉的文章，贊同川普對中國的警告：「不能讓中國一邊加入各種正當的國際俱樂部，一邊又繼續按照自己的規則行事。它不可能在達成某種貿易『協定』後不承擔全部責任，而是指望全世界都對它的掠奪行為無限縱容。」他甚至認為班農的言論即便「有一種挑釁性的誇張」，但「其核心確實揭示了真相」——班農如是說：「如果可以的話，所有資本家都會選擇奴工，而在中國，資本家有了一個以奴工為基礎的極權重商主義製造基地。」

◎習近平誤判西方國家牢固的價值認同度

習近平自以為還有一張最後的王牌：拉攏跟美國存有貿易衝突的歐盟和日本等國家，分化西方、對抗美國。比如，習近平派總理李克強訪問歐洲，跟德國等歐洲國家簽訂貿易協議；中國也一改對日本的強硬政策，釋放友善信號。

誰知，李克強剛剛離開歐洲，德國就宣布嚴格審查中資在德國併購高科技企業的項目。中國外長王毅酸溜溜地說，「不要試圖在背後捅中國一刀」。而日本首相安倍晉三是川普當選後第一個到歐洲與之會面的西方國家的政府首腦，當川普訪日時，日方也以最高規格接待，顯示美日雖有貿易爭端，但兩國親密關係不受影響。

歐盟和日本怎麼可能聯手中國反對美國呢？這是何其幼稚的想法。歐盟、日本與美國都是自由市場經濟國家，它們之間的貿易分歧，按照中共自己的話屬於「人民內部矛盾」，可以透過談判獲得解決；而歐盟、日本、美國與中國之間的貿易衝突，則屬於自由市場經濟國家與計劃經濟國家之間的「敵我矛盾」——因此歐盟、日本當然會與美國攜手對付中國。

果然，經過川普一番縱橫捭闔，美、歐、日三大經濟體的價值聯盟穩固如山。歐盟委員會主席容克（Jean-Claude Juncker）訪美，在白宮與川普達成貿易合作協議。國家經濟委員會主席、白宮首席經濟顧問庫德洛接受福斯財經網訪問時表示：「事實上，中國打破了世界貿易體系，美國和歐盟將結盟對抗中國。歐盟委員會主席容克明確表示，他打算幫助川普總統解決中國問題。」庫德洛又確認，歐盟將立即購買美國大豆、牛肉和液化氣產品——這些產品名列中國報復美國的商品清單之內。

很快，美國將與歐盟、日本達成具有劃時代意義的零關稅同盟，這三大經濟體占全球貿易的七成以上。加拿大、澳洲、紐西蘭、印度等廣義的「英語系國家」也會加入其中。這樣，中國賴以發達的世貿體系將被瓦解，中國將被徹底掃地出門，重新回到毛時代「世界孤兒」之境遇。

中國國內並不是一個明白人都沒有。復旦大學世界經濟研究所教授華民發表文章指出，美國、歐盟和日本開始創建新的共同市場，顯示世界經濟格局的演變趨勢完全超出中國的預期和想像，中國沒有什麼辦法可以阻擋世界經濟格局的演變趨勢，很可能重新成為局外人。

華民表示，中共信奉「朋友是暫時的，利益是永恆的」原則，認為西方世界不會因某種道義上的訴求而輕易放棄中國市場，只要中國市場對西方稍加開放，就沒有化解不了的衝突——多買幾架波音和空中巴士（Airbus S.A.S.）的飛機，多進口美國和歐洲的牛肉、水果，西方就感激涕零。然而，從目前情況看，多年來受損巨大的西方為了「公平貿易」的道義，就是可以壯士斷腕般地放棄中國市場。如果中國推出更嚴厲的制裁西方在華企業的政策，恰好滿足美國等國政府「外包回岸」的政策目標。其結果是成人之美，而非損人利己。

華民在文中強調，「我們可以改變世界，但世界離不開我們」的想法，是「嚴重的誤判」。他提醒，中國必須清醒地看到自己的弱點，「中國處在全球產業鏈的末端，具有很高的替代彈性」。事實上，存在著兩個替代中國的管道，「一是伴隨著國內成本上升，加工製造業會逐漸向境外轉移；二是因為有新的競爭對手的加入而被替代」。他呼籲：「中國必須認真地對待美歐日的結盟可能對中國帶來的衝擊。」

可惜，習近平更願意傾聽胡鞍鋼、林毅夫「報喜不報憂」的假話，而聽不進去逆耳之言。習近平不會承認對形勢的誤判，中共的權力運行機制不可能「自行糾錯」，習近平只能將錯就錯，一錯到底，直到車毀人亡。

習近平高估了中國的國力，高估了美國與其他西方國家的分歧。紐約長島大學經濟學教授莫道寇塔斯（Panos Mourdoukoutas）在《富比士》網站撰文指出，中國政治菁英在與美國打貿易戰時犯了嚴重錯誤，以為中國已與美國達到「實力對等」（Power Parity）。

美國《當代歷史》雜誌刊出的一篇題為〈雙輸的貿易戰〉的文章則指出，世界兩大經濟體的經濟日益互相依存，給予中國錯誤的印象，以為中國已與美國達到實力平等，更給中國官員信心，他們能與美國達到雙贏的協議。中方認為，定錨美中這種關係的是雙方強勁的經濟連結，並體現在每年高達數千億美元的雙向貿易和投資，它將這兩個不同文化和政治體系的國家連結起來，「使得這對爭吵的夫妻，根本不可能離婚」，這是許多中國官員常用的一種比喻。但這是個嚴重錯誤。在仍依賴商品出口和技術進口來推動成長的新興經濟體與成熟的已開發國家之間，要達到實力平衡，還有很長的路要走。中美兩國如果「離婚」（用川普的說法是「脫鉤」），將對美國產生一些後果，但對中國則是一大災難。

第三節　班農把脈中國的對與錯

最早強調中美貿易戰不僅是經濟衝突，更是價值衝突的，是曾短暫擔任白宮策略師的右派政治活動家班農。班農雖然很快離開白宮並與川普本人決裂，但他的戰略思想早已被川普吸納。

班農曾經投書左派的《華盛頓郵報》，警告美國朝野切切不可信任中共政權。他認為，美中貿易談判，不管結果如何，簽下的任何東西，都只會是短期的停火，因為美中兩國進行的是長期的經濟和策略大戰。

班農指出，美國人應該先具備六項認知，才能理解為什麼與中國共產黨政權妥協是白費力氣。班農的這六點認知，有些相當精準，有的則犯了普通西方人觀察中國時的常見錯誤。

◎中國加入世貿，卻從不遵守世貿準則

班農的第一項認知是：中國從二〇〇一年加入世貿組織後，共產黨就在與民主國家爭戰，中國是美國此前未遭遇過的經濟和國安威脅。如果中國答應了美國的各項要求，停止強迫外資企業轉移科技、保護智慧財產權、停止匯率操控、停止網路間諜行為、撤除貿易壁壘、廢除國企補貼等，那無異要拆整個中國國家資本主義的台。因此，中國對世貿組織的要求陽奉陰違，甚至刻意破壞。

班農的這個認知是準確的。中國在經濟上從來沒有準備走自由市場經濟道路，因為與自

由市場經濟相配合的必然是民主政治，而民主政治就意味著中共放棄一黨獨裁。自從共產黨這種怪胎誕生以來，從來沒有哪個共產黨自願、主動放棄一黨獨裁模式，一般都是走投無路、被逼無奈之時才以有限度的「改革」來求生——蘇聯和東歐國家共產黨失去權力的過程就是如此。

中國加入世貿，從來沒有打算遵守世貿的準則，只是想從中漁利，對自己有利的部分就接受，對自己不利的部分就拒絕。美國貿易代表署（USTR）報告指出，支持中國加入世貿組織是一個錯誤決定。中國入世後並未做出有助於市場化的改革，反而加強對貿易的控制以及對外商競爭設置障礙，違反了世貿的基本原則。

另一方面，此前幾屆的美國政府為中國加入世貿組織放行，取消貿易與人權掛鉤，幫助中國成為僅次於美國的世界第二大經濟體，但同時中國根本不改善其人權狀況。時至今日，中國在經濟、科技和軍事等領域與美國形成全面競爭態勢的同時，國內人權狀況日益惡化、專制進一步強化，並且再也不理睬西方社會的指責——西方至此也失去了推動中國人權進步的槓桿。

◎中國在「結構性改革」等重大問題上絕不讓步

班農的第二項認知是：如果美中有任何協定，那不是兩個相似的系統尋求更進一步的整合，而是兩個極端不同的經濟模式的巨大衝突。美國想見到的最好結果，是中國放棄當前的做法，讓美國建立關於執行協定的保證機制。中國想見到的結果，則是在中國提交一堆文件、做了一堆無法實現的承諾後，美國就解除關稅制裁，讓習近平等到川普下台，看看比較不反中的民主黨執政後對中國的態度會不會有所改變。

班農的這個認知也是對的。習近平的經濟政策顧問、中共政治局委員和國務院副總理劉鶴聲稱，中方「在重大原則問題上絕不讓步」。在三個核心問題上，雙方無法達成共識：一是取消全部加徵關稅；二是貿易採購數字要符合實際；三是改善文本平衡性，「任何國家都有自己的尊嚴，協定文本必須平衡。」

隱藏在這三個問題背後的，是美方提出的中國必須做出「結構性改變」的要求，這正是習近平堅持的「絕對不能改」的部分——一旦「改」，就等於要了中共的命。習近平在改革開放四十週年慶祝大會上說：「改什麼、怎麼改必須以是否符合完善和發展中國特色社會主義制度、推進國家治理體系和治理能力現代化的總目標為根本尺度，該改的、能改的我們堅決改，不該改的、不能改的堅決不改。」在此意義上，習近平已經為中美達成貿易協定提前判了死刑。

川普當然也不會在這些「結構性」問題上讓步。川普在推特上發文說：「我想，中國人認為他們在最近的談判中遭到挫敗，想等二〇二〇年的美國大選，看他們是否有運氣等到民主黨勝利，那樣他們將可以繼續每年從美國竊取高達五千億美元的資產。」川普自信滿滿地說：「唯一的問題是，他們知道我將當選連任（因美國經濟大好局勢和史上最高就業）。如果他們在我第二個總統任期時再談判，要達成協議將更難，他們得到的東西將更少。」

◎劉鶴不是改革派，中共高層早無改革派

班農的第三項認知是：中國國家資本主義有許多既得利益者，資源豐厚的國企經由政府補貼和盜取科技而得以生存，如果中國改革了，這些國企就會失去競爭力，而讓許多共產黨官員丟失利益。這是共產黨內部政治的現實，以劉鶴為首的改革派，對抗的是一大票屬於既得利益者的對美鷹派。「現在黨內的笑話是，劉鶴有百分之五十的機會變成鄧小平那樣的改革開放代表性人物，另外一半的機會是被關進大牢。」

班農的這個認知是完全錯誤的。首先，共產黨體制內沒有真正的改革派、民主派。「六四」屠殺之前的胡耀邦和趙紫陽勉強算是半個改革派，但他們的改革只是有限的經濟改革和更加有限的政治改革。而且，趙紫陽在其晚年的回憶錄中坦承，他在位時並未思考徹底的政治改革議題，他的權力相當有限——他至多只是鄧小平的「祕書長」、「大管家」罷了，並無最高決策權。他是在失去權力之後被幽禁的晚年，才有了全面民主化的想法。而迄今為止，中共體制內看不到出現戈巴契夫式的人物的可能，防止黨內出現戈巴契夫式的人物，是習近平念茲在茲的首要問題。

其次，劉鶴不是改革派，而是不折不扣的「習近平派」。如果說劉鶴是改革派，習近平就一定是改革派——只有改革派才會重用改革派，而這顯然不符合基本的事實。假如劉鶴是改革派，而習近平是保守派，那是低估了習近平的智商——習近平再愚鈍也不會任用跟其理念背道而馳的人當其經濟政策的操盤手。劉鶴在哈佛大學鍍金的經歷，並不意味著他就是親美派、親自由經濟派和親民主政治派。

第三，班農說，劉鶴有一半可能成為鄧小平那樣「改革開放代表性人物」，這更是錯上加錯。一方面，鄧小平並不是改革開放的「總設計師」，而是屠殺人民的「總射擊師」，毛澤東對鄧小平的評價相當準確——鄧小平是「開鋼鐵公司的」，意思是鄧小平跟他一樣冷酷無情、殺人如麻。另一方面，劉鶴連政治局常委都不是，在中共黨內只是位階較為次要的政治局委員，將劉鶴與鄧小平相提並論，過分抬高了劉鶴的地位。

班農對劉鶴的錯誤評估，表明並非中國問題專家的班農對中共的權力結構並不了解。

◎越是強硬，川普越受美國人歡迎

班農的第四項認識是：在白宮內外都有一派人，利用川普對股市高點的驕傲，還有對失去農業地帶選票的擔心，想要讓川普接受一個比較溫和的對中協定。但這是一個錯誤的看法。美國經濟在對中施加關稅的情況下，仍然穩健成長，對中強硬不會讓經濟和股市崩盤。但如果對中軟弱，民主黨的參議員舒默和總統候選人之一桑德斯，都會迫不及待地攻擊他，而共和黨內部，甚至會有對中鷹派站出來挑戰川普作為在任總統的當然提名地位。所以，川普最好的政治選擇反而應該是繼續對中強硬。

這個認識倒是說出了白宮的真相：鷹派已占據上風，鴿派完全失勢。川普的執政滿意度日漸上升。根據民調機構拉斯穆森（Rasmussen Reports）發布的報告，百分之五十三的受訪者滿意川普總統的施政表現。拉斯穆森報告說，前總統歐巴馬在第一個任期內相同時期的支持率為百分之四十六，比川普低七個百分點。根據喬治城大學政治與公共服務研究所和麥考特公共政策學院所做的「戰場民調」（Battleground Poll），美國民眾高度肯定川普總統在經濟、就業和稅收等方面的施政表現。該民調結果顯示，百分之五十八受訪者支持川普的經濟政策，百分之五十七滿意他在創造就業方面的努力，百分之四十五贊成他的稅改政策。

美國的民調顯示，美國選民更支持川普對中國的強硬政策。二〇一九年三月分的民調指出，一年來對中國有好感的美國民眾比例，從百分之五十三減至百分之四十一，有百分之四十六的美國民眾主張，中國是未來十年美國的最大威脅。在對中國強硬有強大民意基礎的情況下，川普沒有理由輕易與中國達成妥協，越是強硬，川普就越受美國人的支持。

◎沒有監督機制的協議，是一紙空文

班農的第五項認識是：即使是最嚴格的協定，沒有監控機制也是枉然。美國最大的危險是，現在簽了看起來很好的協定，但幾年後發現被騙了。中國在加入世貿組織後，美國以為會有十幾億的消費客戶，但唯一「收穫」卻是丟失五百萬個製造業工作職位。

這項認識正是美國和中國在貿易談判中的關鍵分歧所在：中國希望像往常一樣，簽署一份不需要負責的協議就能輕鬆過關；美國則希望在協議中附加監控機制，比如保持關稅的懲罰，否則中國一旦故伎重施，美國只能無計可施。

中國當然知道，一旦這樣做，就意味著以後只能「說到做到」，再也無法作弊。中國便用民族主義來拒絕美國的要求，聲稱這是對其國家「經濟主權」的侵犯。中國在談判中慣用的伎倆是，迅速將純粹的經濟和信用方面的問題，轉換成政治和民族自尊心——而後者是中共的「顏面」和「命根子」，是不能談判、不能讓步的。

然而，無論中國如何乾坤挪移，川普不會犯跟此前幾屆總統同樣的錯誤，他要簽訂的協議，必須是能夠真正落實而且配備了監督機制的協議。現居美國的中國經濟問題專家梅鳳傑表示，美國必須正視的一個問題就是在中國缺乏司法獨立的情況下，如何確保雙方簽約後中方不耍賴皮。換言之，雙邊貿易的「結構性改變」實際上就是貿易過程中如何落實、監督和管轄的問題，而習近平所說的「不能改的堅決不改」就是擔心喪失中國的司法審判權和監督權。

◎川普與習近平的對抗，決定著世界的未來

班農的第六項認識是：世界逐漸看到一個極權化和軍事化的中國。中國把上百萬人民關入集中營，壓迫維吾爾族、基督徒、佛教徒，監視、奴役自己人民。這是歷史性的時刻，世界正分成一個自由、一個奴隸的兩個陣營，川普和習近平的對抗結果，會改變世界走向。若川普贏了，世界就更自由、更民主、更市場資本主義；若習近平勝了，中國特色的國家資本主義，就會讓世界走向極權。而美國對抗的是共產黨，而不是中國人民，中國人民長期以來都是共產極權的受害者。

這個認識對了一半，錯了一半。前半段是對的，中國對美國的威脅侵門踏戶、迫在眉睫。美國智庫外交關係協會（CFR）發表報告指出，中國對世界秩序以及對美國和其盟友逐漸累積的危險，源於柯林頓、小布希和歐巴馬過去三屆美國政府誤讀了中國的戰略意圖，直到

本屆川普政府才「喚醒夢遊中的美國」，正視北京對美國國家利益和民主價值的威脅。

共和黨資深眾議員沃爾夫（Frank Wolf）曾批評說，「六四」屠殺以來，歷屆政府的對華外交政策並未體現人權、宗教自由和法治等美國價值觀，雙方發展關係是以貿易和市場為主。「六四」屠殺之後，美國透過擴大和中方的貿易，「讓那些應該為『六四』負責的人更加富裕，更加有力量，也使得他們更加大膽」。沃爾夫表示，歷屆政府在「六四」事件後執行的對華政策證明是錯誤的，「中國的經濟開放並沒有像有些人想像的那樣帶來政治開放」。川普政府扭轉了此前持續三十年的錯誤。

另一方面，班農的錯誤是，他特別將中國共產黨和中國人民加以區分，這種過於禮貌的論述，是試圖從糞坑中淘金，等於在做無用功。

中共與中國、中國人無法截然分別，中共不是一個從天而降的外來政權。若沒有中國人民的支持，共產黨不可能在中國持續掌權如此之久。中美貿易戰以來，中國國內民族主義情緒高漲，支持習近平和反美的言論滿坑滿谷，反對共產黨和支持美國的聲音則寥寥無幾，這當然有中共網路宣傳機構刻意運作的因素——真話被迅速刪去，「五毛」言論被批量製造出來。但是，也不能否認這樣的事實：習近平確實擁有相當高的民意支持率，習近平在地方考察時，有不少民眾自發喊出「習主席萬歲」的呼聲。

中國人既是受害者，也是施害者，或者更準確地說，他們是斯德哥爾摩症候群患者，不值得給予他們多愁善感式的同情。

第四節　川普的敵人索羅斯也支持貿易戰

川普的對華貿易戰在美國得到最廣泛的支持，其案例之一就是，就連川普最大的論敵之一——喬治·索羅斯（George Soros），也支持這場貿易戰。

◎索羅斯譴責習近平「是自由開放社會的最大敵人」

二〇一九年一月二十四日晚，美國商人、社會活動家索羅斯在瑞士達沃斯世界經濟論壇發表言辭犀利的長篇演講，集中在對中共極權主義統治模式的譴責上。

在美國的政治光譜中，索羅斯是鐵桿民主黨人，每次選舉都投入巨資支持民主黨候選人。索羅斯擁有兩百五十億美元財產，遠多於川普的十四億。

索羅斯是最積極反對川普的自由派人士，川普和共和黨嚴厲批評其資助民間反對派用種種不堪的手段破壞政府施政，包括用子虛烏有的性騷擾指控來阻撓最高法院大法官卡瓦諾就任。有十萬保守派美國公民透過白宮網站發表聯名信，譴責索羅斯是「恐怖分子」，要求美國政府沒收其財產。在美國內政和外交的諸多重大問題上，索羅斯都與川普政府相左，乃至針鋒相對，雙方的矛盾難以化解。

索羅斯在全球推廣民主，在美國國內卻擁抱極左派，這種精神分裂由來已久，且有其哲學背景。索羅斯誤讀了卡爾·波普爾的「開放社會」理論，他的開放思想去除了自然權利、去除了上帝信仰，自然朝著左派意識型態狂奔。艾倫·布魯姆如此評論說：「（左派認為）

人世間沒有絕對之物；但自由是絕對的。結果便是，為自由辯護的論證消失了，同時所有的信念也開始變得軟弱，而起初這應該僅限於宗教信仰。」

令人吃驚的是，索羅斯借此次講話對中國開炮，與此前彭斯副總統的演講是驚人的一致。索羅斯不反對川普對中國展開貿易戰，還建議川普應當對中國更加強硬，集中精力針對中國，暫時減少與其他國家就貿易問題發生爭執。

索羅斯點名批評習近平「是自由開放社會的最大敵人」，雖然中國不是世界唯一的獨裁國家，但它是「最富有、最強大、科技最先進」的國家，對世界的危害也最大。索羅斯指出，美國應該要重點打擊華為與中興，一旦中國企業主導 5G 技術的發展，將會對世界各國形成「不能接受的安全風險」。

索羅斯更指責中國建立「社會信用體系」是「非常可怕和令人憎惡」的行為，是一種中國式的「極權主義控制」。深受波普爾「開放社會」思想影響的索羅斯強調說：「我畢生致力於反對整體極端主義的意識型態，這些意識型態錯誤地宣稱，目的之高尚可以證明手段的合理。我相信人們對自由的渴望不可能永遠被壓抑。但是我現在感到，開放社會目前面臨嚴重威脅。」

二〇一九年九月九日，索羅斯在《華爾街日報》發表專欄評論，贊成川普的對華政策，說美國不應解除對華為的封殺。他呼籲國會立法，限制川普政府可能會為了大選選情與中國做交易，不再限制華為。如果允許中國科技公司華為進入全球市場競爭，北京就會將其「政治控制制度推向全球」。索羅斯還以違反開放社會原則為由，反對中國的社會信用體系，反對習近平模式的全球化：「作為開放社會基金會的創始人，我對打敗習近平領導下的中國的興趣，超過了對美國國家利益的關心。」索羅斯此次表達的與中國正面對決的言論，同他一貫主張的價值輸出的軟性手段形成鮮明對比。

早在二〇一三年四月，習近平剛剛上台時，中國曾主動邀請索羅斯參加博鰲論壇。習近平特意與索羅斯短暫會面。外界評論，那是一場顯示中國繼續對外開放的、「精心安排」的會面。然而，那場會面並沒有讓索羅斯對習近平產生正面看法，也沒有改變或軟化索羅斯對中國這個「封閉社會」的反感和厭惡。

索羅斯與中國的淵源始於上世紀八十年代後期。索羅斯在此次演講中回顧那段歷史說：當時，他向趙紫陽的智囊陳一諮提議在中國複製匈牙利模式。陳氏得到趙紫陽和他的下屬、同樣具有改革思想的祕書鮑彤的支持。一九八六年十月，雙方建立了一個名為「中國基金會」的合資項目，它不同於中國的任何其他機構，在運作上有完全的自主權。

最初，鮑彤是這個項目的領導者。但是中共黨內眾多頑固派聯合起來攻擊鮑彤，他們聲稱索羅斯是中央情報局特務，要求安全機構對其調查。趙氏為了自我保護，將負責基金會營運的陳一諮換成國安部副部長凌雲。

一九八九年「六四」屠殺前夕，趙紫陽被鄧小平等元老非法罷黜，索羅斯以此為由關閉基金會。鄧小平屠城之後，立刻想到要將趙紫陽與索羅斯基金會掛上鉤，試圖將趙氏包裝成「美國中情局特務」加以整肅。

後來，索羅斯在《華盛頓郵報》上看到這一消息後，給鄧小平寫信，說基金會的中方負責人是國家安全部副部長凌雲。鄧小平意識到，如果執意捏造「趙紫陽間諜案」，必然搬起石頭砸自己的腳，只好作罷。儘管如此，當年跟基金會有關的人士，永遠背上「裡通外國」

的「政治汙點」。

那段與中國打交道的經歷，讓索羅斯認識到東西方根深蒂固的文化和價值差異：「他們（中國人）熟悉儒家的傳統觀念，而在中國沒有投票選舉的傳統。他們的思維仍然是等級制而不是平等主義的，對高職位者有天生的尊重。但我想要的是每個人都有投票權。」

◎中國是「四大寇」中的「老大哥」

索羅斯對中國的看法發生逆轉，代表著相當一部分美國自由派人士、民主黨金主及民主黨政治人物的立場，他們跟川普政府一樣敵視中國。

現任國會眾議院議長、民主黨人南西．裴洛西（Nancy Patricia Pelosi），常年支持西藏精神領袖達賴喇嘛和天安門流亡學生，率先發表聲援香港反送中運動的聲明，並稱「美國與香港市民同在」。一九九一年，裴洛西曾在北京天安門廣場打出橫幅，橫幅寫著「獻給中國民主事業犧牲的烈士」，為此被驅逐出境。二十多年來，她一直投票反對美國給予中國最惠國待遇、反對中國申辦奧運會等。裴洛西與川普在美墨邊境建牆等問題上針鋒相對、唇槍舌戰，卻支持川普對中國的貿易戰。早在二〇一八年川普宣布要對中國商品徵稅時，她就稱「美國必須對中國不公平的貿易政策採取強有力、精明和有戰略性的行動。川普的決定僅僅是一個開始，該政府應該為美國工人和產品做出更多的努力」。

再比如，已宣布參加二〇二〇年大選並且呼聲很高的民主黨參議員伊麗莎白．華倫（Elizabeth Warren），是川普最激烈的批判者之一，但她在二〇一八年訪問中國之後即指出：

「中國會隨著經濟增長和開放市場而更加融入世界，這種觀點已被證明是錯誤的，中國的廣泛監視和控制網路措施是要封閉社會，美國要重新調整與中國的關係。中國與美國幾乎在所有方面激烈競爭，沒有共同利益。美國必須知道，在中國的嚴峻現實面前，美國絕不能迴避。」

賓夕法尼亞州的民主黨參議員托米（Pat Toomey）認為，關稅的確令人頭痛，也會引發混亂，但美國人終有一天可帶著餘裕回過頭來看現在，並說「為此是值得的」。

政治上相對中立的情報系統高官，亦支持兩黨的對華政策。國家情報總監科茨（Dan Coats）在出席參議院情報委員會聽證會時稱，中國的崛起是依靠盜竊美國公司的科技成果。科茨在公布《世界威脅評估報告》（*Worldwide Threat Assessment*）時，將中國、俄羅斯、北韓及伊朗形容為「四大寇」，它們聯合起來對美國及其盟友構成嚴重的安全威脅。科茨將中國放在首位，然後才是俄羅斯、北韓及伊朗，中國是「老大哥」。

科茨用大部分篇幅呼籲全美情報部門警惕中國深化獨裁專制、打擊西方民主陣營的伎倆。他警告說，中國一方面採用長線戰略來達致全球優勢，同時在習近平治下深化對內獨裁。中國干預西方民主選舉，加劇盜取美國及其盟友的經濟、軍事和技術機密，還利用美國社會的開放來達致影響美國政策及削弱民主之目的。

上一次美國官方採用類似的集體詞彙形容其他國家，是前總統小布希在國情咨文中採用的「邪惡軸心」，當時是用來形容伊拉克、伊朗和北韓。從「邪惡軸心」到「四大寇」，這顯示美國已認識到，中國不單單是貿易戰的對手，而且是每一個領域的對手。美國朝野各界有了共識：「反共」是不夠的，還必須「反華」——從華為、中興的所作所為就能看出，中國所謂的私營企業，都是共產黨勢力和實力的延伸，如果把它們當作西方自由市場經濟下的私營企業來對待，無異於引狼入室、引火燒身。

美國對中國的貿易戰，跟美國與日本、韓國、歐盟、墨西哥、加拿大等國的貿易爭端性質不同。這一點，索羅斯看得很清楚。索羅斯雖然是左派，但支持開放社會和自由市場經濟的原則，不認同習近平打造封閉社會和重回計劃經濟老路的做法。所以，索羅斯與很多民主黨人一樣，全力支持川普對中國發動的貿易戰。

川普對中國的貿易戰來得太遲了，但幸好在美國還能取勝之時開打，否則，後果不堪設想。

第九章
川普認定中國是美國的首要敵人

在川普總統於週五（二〇一九年八月二十三日）最終認定中國共產黨是我們的敵人的情況下，美國現在有了兩個獨立日：八月二十三日是美國脫離中共的獨立日。

——巴斯（Kyle Bass），對沖基金大鱷掀開底牌的這一天到來了。誰也不能假裝「房間裡的大象」不存在了。

二〇一八年十月四日，美國副總統彭斯在華盛頓保守派智庫哈德遜研究所發表了一篇全面譴責中國的重要演講。數天之前，川普總統已在推特上告知，彭斯將在演講中用大量證據揭露中國的種種不法行為；演講前一天，路透社等媒體透露了講稿的部分段落。儘管如此，已有心理準備的人們仍為這篇演講深感震驚與振奮——它意味著美國「睡獅猛醒」，由季辛吉主導的、持續四十年的、「接觸、對話、和平演變」的對華政策退出歷史舞台，一個新的時代開始了。

有觀察家指出，「新冷戰」的號角吹響了。冷戰並非一個負面詞彙，冷戰的勝利讓蘇聯和東歐共產集團的數億民眾掙脫奴役、獲得自由。冷戰光榮而神聖。後毛澤東時代，中共最害怕的是被美國當作「新冷戰」的對手，每當中美之間出現爭端，中國便此地無銀三百兩地批判美國停滯於「冷戰思維」——但習近平政權的所作所為，無數次驗證自己就是舊時蘇聯的升級版，只要中共政權多存在一天，冷戰就沒有終結。

第一節　彭斯演講意味著「新鐵幕」的降下

彭斯的演講足以媲美七十多年前開啟冷戰的兩份歷史性文獻：「冷戰之父」喬治・肯楠的「長電文」及英國首相邱吉爾的「鐵幕演講」。

◎從肯楠「長電文」到彭斯演講

彭斯演講的結尾引用了魯迅雜文集《熱風》中的一句話：「中國人對於異族，歷來只有兩樣稱呼，一樣叫禽獸，一樣是聖上。從沒有稱他朋友，說他和我們是一樣的。」這是對中國國民性格的精闢概括。

不單中國如此，蘇聯也是如此。一九四四年，作為美國外交官的喬治・肯楠與波蘭流亡政府總理共進晚餐時，後者告知，他從蘇聯人口中獲得支持波蘭獨立的許諾，肯楠卻悲觀地告訴對方，不管誰說什麼話，波蘭人最終都會遭遇悲慘結局。「克里姆林宮充滿嫉妒和霸道的眼神裡只有家臣和敵人，蘇聯的鄰國只能二選一。」這句話跟魯迅的名言有異曲同工之妙——俄國和中國如此相似：它們沒有朋友（它們彼此之間也從來不是朋友），它們也從未將民眾當作有自由意志和人格尊嚴的「人」看待，人只是實現其烏托邦理想的工具。

為什麼喬治・肯楠能看清蘇聯的本質呢？當年，一位華盛頓的資深外交官曾評價說，肯楠「『認識世界的方式』更像一個詩人」。肯楠的一位長期助手折服於他非凡的感受力，稱他「認知美、感受美的能力，如同海綿吸水一樣驚人」。一九九四年，九十歲的肯楠在面對蘇聯解體後的廢墟時，並沒有笑逐顏開，而是充滿悲憫之心地說，七十年的共產主義歷史扭曲了偉大文明，人們必須同情這個「不幸受到傷害和凌辱的國家」。在日記中，熱愛托爾斯泰和契訶夫作品的肯楠如此吐露心聲：「我的俄羅斯情結比我的美國情結純真得多、厚重得多。」

回到冷戰開啟之時，那份歷史性的「長電文」正逢其時。一九四六年二月二十二日，時任美國駐蘇聯外交使團臨時代辦、四十二歲的喬治・肯楠正臥病在床。當天他需要答覆美國財政部詢問為什麼蘇聯人不想加入世界銀行和國際貨幣基金組織的電報。肯楠叫來祕書桃樂絲・海斯曼（Dorothy Hessman）小姐草擬回覆，他盯著桃樂絲的筆看了一會兒說，「今天可得讓你的手受罪了」。於是，正在發燒，重感冒引起鼻竇發炎、牙齦出血的肯楠，啞著嗓子口述了一封八千字的回電，篇幅之長讓習慣其上司謹慎作風的桃樂絲大吃一驚，她所熟悉的外交工作原則之一是嚴謹、簡約、扼要，如此長篇的電文在肯楠的職業生涯中、乃至在美國外交史上都實屬罕見。

肯楠把這篇全名為〈美國駐蘇聯大使館代辦喬治・肯楠致國務院電報第五一一號〉的電報分為五個部分，使「每一部分都是獨立的，而且看起來不會長得離譜」。這封長電文震撼了華府乃至歐洲。

肯楠首先指出：「解決自身社會問題的每一項勇敢而堅定的舉措……都是對莫斯科的一個外交勝利。」這封電報對戰後蘇聯的外交理論、對外政策、行為動機和做法以及美國應當採取的對策，提出全方位的分析和建議，為美國「已經採用的『強硬』政策提供了一個完美的理論和邏輯的依據」。

電文對二戰之後的蘇聯政治與外交進行了詳盡分析。電文指出，蘇聯行為的動機根源是俄國人的政治傳統和不安全感。這種不安全感來自於「對西方更能幹、更強大、組織得更好的社會抱有畏懼心理」。俄國人謀求安全的唯一做法，是為了徹底毀滅同自己競爭的國家而進行耐心和殊死的鬥爭，絕不會同對手妥協。蘇聯行為的理論根據是馬克思主義理論，「蘇聯的意圖必須始終莊嚴地披著馬克思主義的外衣」，如此才能讓蘇聯維持國內的獨裁制度並同外部資本主義世界進行鬥爭。蘇聯的政策目標則是從一切方面致力於提高蘇維埃國家的勢力和威信，力求分裂和削弱資本主義國家的力量和影響，以及努力擴大蘇聯的勢力範圍。

電文判斷，正確的美國對蘇政策應該是：放棄繼續在國際事務上與蘇聯合作的天真幻想，透過媒體教育美國民眾了解蘇聯的真相，致力解決美國國內問題不讓蘇聯有可乘之機，援助歐洲各國戰後重建。由此，肯楠成為美國對以蘇聯為首的共產集團「遏制」政策的主要制定者之一。

肯楠對昔日蘇聯的分析，用在今天的中國身上，一點也不過時。中共並不打算與西方和平共存，一個從不善待本國民眾的政權，又怎會尊重他國公民的自由與人權？正如彭斯在演講中所說，在內政方面，「中國的統治者試圖落實歐威爾筆下的極權體系」，「中國已經建立了無與倫比的監控國家，範圍越來越廣，越來越具侵略性」；在外交方面，「中共正大規模地化犁為劍」，「北京還試圖將其勢力擴展到全世界各地」，「北京正在利用全政府的方式來推進其影響力並謀取其利益」，「北京正在以更為主動和脅迫性的方式使用這種力量，干涉美國的國內政策和政治演化」。

彭斯的演講雖然稱不上是對中國宣戰，卻宣示了一種更嚴峻的「遏制」政策——今天中共政權對美國乃至整個自由世界的威脅，已然超過昔日的蘇聯。冷戰時代，蘇聯不可能將其宣傳部製作的一疊詆毀美國現任總統及其外交政策的「報紙」（實為宣傳資料）塞進從《華盛頓郵報》到愛荷華州的地方報紙之中，也不可能透過設立孔子學院來赤裸裸地干涉美國的言論自由和學術自由。近年來，中國在美國如入無人之境地做這些事情，儼然將美國當作其殖民地。

◎從邱吉爾鐵幕演講到彭斯演講

彭斯的演講，也彷彿是對邱吉爾昔日鐵幕演講的回應、共鳴與致敬。就在肯楠的長電報發出之後兩個星期（邱吉爾必定看過肯楠石破天驚的長電文，肯楠的想法與之不謀而合，也堅定了他從未放棄的保守主義立場），一九四六年三月五日，邱吉爾訪問美國。在杜魯門的陪同下，在杜魯門的母校——密蘇里州富爾頓城的威斯敏斯特學院——發表了題為「和平砥柱」的演說。在美國，威斯敏斯特學院並非一流名校，卻因邱吉爾這篇演講而聞名，此後建立了一座邱吉爾紀念圖書館。

邱吉爾在演講中將蘇聯與納粹德國相提並論：

> 從什切青（斯塞新）到的里雅斯特、從波羅的海沿岸到亞得里亞海邊，已經拉下了橫貫歐洲大陸的鐵幕。這張鐵幕後面坐落著所有中歐、東歐古老國家的首都華沙、柏林、布拉格、維也納、布達佩斯、貝爾格勒和索菲亞。這些著名的都市和周圍的人口全都位於蘇聯勢力範圍之內，全都以這種或那種方式，不僅落入蘇聯影響之下，而且越來越強烈地為莫斯科所控制。

邱吉爾生來就有一種反共的激情，他從未像左傾的小羅斯福那樣對蘇聯抱有善意的想像，他清醒地知道共產主義的邪惡本性。這是西方國家領導人戰後首次在公開場合發表抨擊蘇聯的演說，這場演說讓「蘇聯威脅論」成為全球輿論的焦點。

當時，二戰硝煙剛剛散去，西方自由國家有一種如釋重負、馬放南山的倦怠感。邱吉爾在演講中警告說：「幾乎在每一處都是警察政府占了上風。」西方對蘇聯的擴張不能採取「綏靖政策」，美國正高踞於世界權力的頂峰，應擔負起未來的責任，英、美應結成同盟，制止蘇聯的侵略。邱吉爾的「鐵幕演講」正式拉開冷戰之序幕。這場演說之後兩個星期，對抗蘇聯和東歐「鐵幕國家」的北大西洋公約組織正式成立。自此以後，世界被分為「鐵幕內」和「鐵幕外」兩類同盟。

「鐵幕演說」的另一個重點在於：邱吉爾敏銳地指出，在「鐵幕」外面，共產黨「第五縱隊」遍布各國，「到處構成對基督教文明日益嚴重的挑釁和危險」。若用杭亭頓（Samuel Phillips Huntington）的話來說，這是一場文明之戰。當時，左派思潮肆虐全球，即便在西方民主國家內部，改良版的共產黨吸引無數人的心靈和選票，法國共產黨、義大利共產黨等西歐國家的共產黨一度成為本國首屈一指的大黨。知識界只知道反法西斯，卻對社會主義和共產主義等「另類法西斯」讚不絕口，沙特（Jean-Paul Sartre）、霍布斯邦（Eric Hobsbawm）、蕭伯納（George Bernard Shaw）、羅素（Bertrand Arthur William Russell）等左派知識分子的思想觀念大行其道。邱吉爾的演講當然遭到左派盤踞的大學和媒體的猛烈攻擊，但他從未放棄敦克爾克撤退時的所展現出來的勇氣與洞見。

這一次，彭斯的演講不單單是他的個人意見，他代表著川普總統及美國政府的官方立場。而且，這一立場已然形成美國朝野兩黨和三大權力分支機構的「新共識」。無論美國內部不同階層、種族及信仰群體之間存在多大分歧，他們對共產中國的看法正趨於一致——如果說這是左右對抗日漸嚴重的美國統治菁英之間唯一的共識，似乎也不為過。美國人有時候很天真，但他們一旦覺醒過來，就會上下齊心、同仇敵愾，正如川普在接受福斯電視台訪問時所說：「中國人好日子過得太久了，坦白說，我猜他們認為美國人很愚笨。但美國人並不笨。」

◎唯有中國符合美國判定「敵國」的五大尺度

此前，川普在聯合國大會發表了一篇毫不留情地批判中國等國家的社會主義制度的演講，堪稱彭斯演講之先聲。川普說：

> 實質上，不管是什麼地方嘗試了社會主義或共產主義，都導致了苦難、腐敗和衰變。……社會主義對權力的渴望導致了擴張、入侵和壓迫。世界上所有國家都應該抵制社會主義及其給每個人帶來的苦難。

川普譴責那些頑劣不化的獨裁者說：「那些宣揚可恥意識型態教義的人，只會繼續讓生活在這些殘酷體制下的民眾受苦。」美國政府和民眾放棄了將中國改造成像日本、德國那樣的民主國家和盟友的幼稚想像。中國的頑石本性與民族劣根性，以及在意識型態上的堅持，超過了伊拉克、敘利亞、利比亞那樣無法實現自我治理的伊斯蘭國家。

不過，成為美國以傾國之力對付的敵國，並非易事。對於今天的美國來說，這樣的敵國只有一個。中國政治學者丁學良認為，美國政府和民間的菁英層判別某一國家是否為「潛在威脅者」時，有五大尺度。

第一個尺度，聚焦在政治制度及其意識型態體系上：對方是民選的政府，還是非民選的？是多黨競爭的代議制，還是一黨始終當政的？如果是非民主制的，是更靠近權力高度集中的「專權制」（Authoritarianism）——如第三世界眾多的軍人政權或家族統治，還是更靠近權力極度集中的「全權制」（Totalitarianism）？顯然，後一類更容易被美國視為主要威脅，這類政體的權力更加集中、幾乎不受任何約束，可以更快速和更有力地推行強制性的對內對外政策，說出手就出手。而中共政權是共產極權主義加東方帝國傳統的複合體，因而對民主世界的威脅最大。

第二個尺度，關乎種族和文化包括宗教。在其他因素同等的情況下，美國菁英層對同文同種的外方更感親近，這是人之常情。如果對方不是白種人、不屬於基督教傳統，則更容易引起誤解和猜疑。「九一一」之後，美國對伊斯蘭原教旨主義的反擊和連鎖反應，就是明顯的實例。如果對方的政府或宗教團體實施有組織的迫害基督徒的政策或措施，就易於招致珍視宗教信仰自由的美國公眾的反感和厭惡。習近平執政以來，對基督新教和天主教的迫害，達到文革之後的頂點；而對其他宗教團體如維吾爾族穆斯林、藏傳佛教信徒及法輪功修煉者的迫害，也是與日俱增。此類報導在美國媒體上屢見不鮮，美國公眾對戕害宗教信仰自由的中共政權不會有好感，美國官方更不會跟這樣的政權做朋友。

第三個尺度，是規模。對方的領土（包括領海及領空）、自然資源、人力資源（數量、素質、年齡結構、性別比例）、地理位置等構成了其綜合潛力的基本要素。打開世界地圖就能發現，在各項規模上形成能與美國匹敵的綜合國力的國家，屈指可數——大概只有中國、俄國和印度。日本、德國、巴西、印尼、加拿大、澳洲等國在重量級上明顯次一級。

第四個尺度，是發展的速度和素質。第三個尺度裡的要素，構成一個國家或地區的綜合潛力，發展的速度和素質則是把綜合潛力轉化成綜合實力的動態過程。它受到戰略分析界的高度重視不言自明——越是發展得快、技術密度越是高強的經濟體或國家，越是易於搖撼既有的全球力量平衡，挑戰現存國際秩序中的主要得益者。

第五個尺度，是行事或操作的方式。如果對方以「潤物細無聲」、「溫水煮青蛙」的方式挑戰，美國菁英層不至於立刻摩拳擦掌、縱馬回槍。作為現時的霸主，美國在這個地球上有太多的麻煩事需要操心費力。若對方的手法突變，或是在輿論戰線正面叫板，或是在全球多地處處出擊，或是在關鍵領域猛然顯威，或是在要害部位生猛揮拳，美國菁英層就一定會認真反省、重整布局、運力反擊。鄧小平的韜光養晦，美國或許無動於衷；習近平推行「一帶一路」，美國就不能坐視不理。

目前，在全球範圍內，只有中國基本符合以上所有五個尺度。習近平政權主動承接昔日蘇聯作為美國頭號敵人的位置，還以此為榮，他覺得自己跟史達林和毛澤東一樣偉大。歷史已經證明、並將再次證明，鐵幕不是肯楠、邱吉爾和彭斯、川普們拉下的，而是史達林、毛澤東和習近平們拉下的，獨裁者只是自食其果。

第二節　從「中美國」的幻想到「首要敵人」的準確定位

◎「中美國」時代的海市蜃樓

歐巴馬時代，「中美國」（Chimerica）之說甚囂塵上，世界由中美共治幾成事實；川普時代，敵人的歸敵人，朋友的歸朋友，從此涇水渭水，清濁分明；大路朝天，各走半邊。

「中美國」，又譯中美聯合體、中美經濟聯合體、中美共同體、中華美利堅等，是二〇〇六年底由哈佛大學經濟史教授尼爾．弗格森和柏林自由大學教授莫里茨．蘇拉里克（Moritz Schularick）共同創造的英語新詞「Chimerica」的意譯，指中國和美國間具有互利互依、不可分割之關係，中美已走入「共生時代」。

這兩位學者認為，「中美國」這個詞可以描述中國與美國之間的某種「婚姻關係」：一個國家負責出口，另一個國家負責進口；一個國家負責儲蓄，另一個國家負責花錢。在歐巴馬就職前，弗格森進一步建議說，歐巴馬應「向西看」，趕快去北京促成中美「兩國峰會」。

「中美國」的另一種表述，是中國與美國的「G2模式」。對美國國際經濟政策有重要影響的保守派經濟學家、彼得森國際經濟研究所所長弗雷德．伯格斯騰（C. Fred Bergsten）首次提出「G2模式」的說法——但他是在負面意義上提出這一概念的，他認為，中國是一個逃避經濟責任的超級經濟強國，有必要透過G2雙邊機制，規範中國的經濟行為。如果中國拒絕與美國合作，將破壞美國經濟，美國有可能失去全球經濟、政治霸主地位。

而正面看待「中美國」這個概念的，是美國外交界元老季辛吉和布里辛斯基（Zbigniew

Brzezinski）。

在柯林頓、小布希和歐巴馬時代，季辛吉一直主張，美中兩國應建立「命運共同體」結構，將兩國關係提升到類似二戰後大西洋兩岸關係的高度。

卡特時代擔任國家安全顧問的戰略家布里辛斯基，赴北京參加紀念中美建交三十週年的活動，並在會議上發言說，中美之間建設性的相互依存是全球政治和經濟穩定的重要根源，現在需要全力推進一種非正式的「兩國集團」。他強調，「美中之間的關係必須真正是一種與美歐、美日關係類似的全面的全球夥伴關係」；「美中高層領導人應進行例行的非正式會見，不僅就美中雙邊關係，還應就整個世界問題進行一種真正個人之間的深入討論。」

深受季辛吉和布里辛斯基影響的歐巴馬，同中共黨魁胡錦濤通電話時主動提出，對中美兩國而言，沒有比兩國關係更為重要的雙邊關係。這種對中國卑躬屈膝的表態，讓日本和歐盟等價值觀和制度模式相似的西方盟國深感震驚與失望。習近平上台之後，弱勢的歐巴馬對習近平有求必應，儼然就是習近平任命的「美洲總督」。

在歐巴馬政府擔任國務卿的希拉蕊，一改柯林頓時代以第一夫人身分嚴厲批評中國劣跡斑斑的人權紀錄的做法，對中國表現得極為軟弱。在首次訪華的路上，她在外交訪問的第一站東京提前宣稱，人權議題不在兩國討論的內容當中。希拉蕊呼籲，中美兩國應「同舟共濟」，共同反對恐怖主義。

當時，從歐巴馬和希拉蕊，再到美國媒體、智庫、大學、跨國公司，普遍認為美國只能順應中國，不能對抗中國。美國菁英階層有一個荒謬的「共識」：中國走在一個預設好的軌道上，它有十四億人口，十年內GDP將超過美國；中國建立「一帶一路」的龐大計劃，很多國家都加入；中國軍事越來越強大，東南亞所有國家都怕中國。中國在各個領域必將領先美國，美國將退居第二。

為了營造「中美國」之海市蜃樓，「綏靖派」編造出一套自欺欺人的說法：中共不是經典意義上的共產主義政權，而是半截子的資本主義和半截子的儒家文明，中國雖然在韓戰戰場與美國作戰，但那是蘇聯挑唆的，後來中國畢竟幫助美國對抗蘇聯，中國還曾經幫助美國教訓越南。所以，既然中國不是貨真價實的共產黨政權，對中國友好就不違背美國傳統的反共政策。

然而，事實是：中國共產黨並沒有改名為「社會民主黨」或「工黨」，中國共產黨的權力結構跟毛澤東時代並無二致。美國能夠跟中共政權把酒言歡、稱兄道弟嗎？

◎「反共」是美國的百年國策和基本價值

俄國十月革命後，「反共」成為美國的官方意識型態。當時的國務卿羅勃特．藍辛（Robert Lansing）稱蘇聯為「對各國現存社會制度的直接威脅」，向總統伍德羅．威爾遜（Thomas Woodrow Wilson）報告說：「如果布爾什維克繼續掌握政權，我們就毫無指望。」繼藍辛之後任國務卿的班布里奇．科爾比（Bainbridge Colby）指出，蘇維埃政權不是基於公眾的支持，而是透過「暴力與狡詐」上台的，是「靠著殘酷鎮壓所有反對派從而保持其地位的」。這種政治制度無疑構成對美國立憲共和制度的嚴重威脅，如威爾遜所說：「莫斯科政體在一切方面都是對合眾國的否定。」

美國朝野一致認為，社會主義、共產主義與在美國占統治地位的意識型態——共和憲政、自由民主——是彼此對立的價值體系，並威脅到資本主義制度的存在。二戰之後，史達林勢力膨脹，埋葬西方是其念念不忘的政治野心。因此，美國對其嚴陣以待，一九五〇年公布的「美國國家安全的目標和計劃」指出，「法治政府所具有的自由思想與克里姆林宮實行嚴厲寡頭統治的奴役思想之間存在根本的衝突」，而「消滅來自自由的挑戰是奴役成性的國家不可改變的目標」。

觀念秩序的分歧是不可調和的。喬治．肯楠在分析冷戰根源時指出：美蘇「衝突根源中首要的而且也是最根本的一個，當然就是布爾什維克共產黨的領導集團在意識型態上所承擔的義務。這在美國的政治經驗中，還是一個嶄新的東西。這也是美國人以前從未遇到過的一種敵對方式的表現。」美國和蘇聯的對立不可緩和，必將以某一方的徹底失敗為終結。

正因為共產主義意識型態具有病毒般的傳染性，美國朝野將其「看作是一種應當加以隔離的瘟疫」。冷戰時期，美國流行一首本土主義小調，形象地反映了這種傾向：「上帝保佑美國，猶太人擁有它，天主教徒管理它，黑人喜愛它，清教徒建立它，但是，共產黨人將摧毀它。」共產主義和資本主義之間，是一場你死我活的鬥爭，沒有妥協和中間地帶。美國在種族、宗教信仰和文化上是寬容與多元的，但絕不接受共產主義成為美國價值之一元——唯有堅持「反共」，才能確保自由傳統生生不息、代代相傳。

共產主義蘇聯與納粹德國為了權力和所謂的民族生存空間而彼此相殺，但其意識型態的本質是一致的。古典自由主義思想家、經濟學家米塞斯（Ludwig von Mises）曾把馬克思在《共產黨宣言》中主張的「十條緊急措施」與希特勒的計劃做比較。一九四四年，米塞斯寫道：

「其中八條都被納粹執行。而且執行的激烈極端的程度，假如馬克思活著會感到非常興奮。」那時，蘇聯還是西方的盟國、與西方並肩作戰。多年以後，米塞斯由衷地感謝上帝——自從《資本論》和《共產黨宣言》問世以來，歷史朝著與馬克思預見的不同方向發展。資本主義沒有終結，市場經濟成了唯一運轉有效的經濟，也是唯一使得「無產階級」獲得解放和變得富有的經濟。

有在共產極權體制下生活經歷的人，對其邪惡與殘暴更有切膚之痛。法國學者尼古拉・勒高辛（Nicolas Lecaussin）以其在羅馬尼亞的親身經歷現身說法：「馬克思是現代極權的奠基人。……共產黨人製造的災難和屠殺並非是另外一種思想的偏差或者曲解，『純潔』、『豐富』的馬克思主義的論據，本質上是造成巨大災難的計劃經濟和共產極權的萌芽。」在希奧塞古（Nicolae Ceaușescu）鐵腕統治下的羅馬尼亞，勒高辛看到一幕幕馬克思意識型態「成功地」落實的場景：人民生活悲慘，物質匱乏，到處是鎮壓和專制。勒高辛指出，馬克思主義的罪惡在全球所有大陸都得到體現，他的意識型態被實施都是因為專制制度，只有專制制度才能實施馬克思主義。數億死於共產主義的人，都是馬克思激烈而明確的主張的受害者。「馬克思完全錯了，他的意識型態，只要在哪裡得到執行，哪裡就變成廢墟，哪裡就是餓殍遍野。」

在共產制度下生活過的知識人，無不對該體制及一眾宗師例如馬克思、列寧、史達林、毛澤東等人均是深惡痛絕；然而，不曾身受其害的西方左派，即便知道蘇聯有古拉格群島，中國有大饑荒、文革和「六四」屠殺，柬埔寨有階級屠殺，委內瑞拉有經濟崩潰，卻仍對共產主義抱有幻想——他們真該讀一讀詳述共產主義在世界各地製造「罪行、恐怖和鎮壓」的名著《共產主義黑皮書》（*Le Livre noir du communisme : Crimes, terreur, répression*），該書作者指出：「共產政權的所為，已超越個人犯罪和為特定目的的小規模殺戮。為了鞏固其對權力的掌控，它們將大規模犯罪變成一項完善的政府制度。」以對人的自由和尊嚴的蔑視和殘害而言，共產主義與法西斯主義為一丘之貉；以持續時間之長和氾濫疆域之廣而言，前者遠超後者。

美國右派從來沒有忘記美國是反共的中流砥柱。二〇一九年九月一日，二戰爆發八十週年紀念日，美國副總統彭斯在波蘭首都華沙發表講話，讚揚波蘭人在面對納粹德國和共產主義蘇聯「雙重入侵」時所表現出的偉大精神。彭斯說，很多勇士挺身而出，為把這些血跡斑斑的街道從法西斯主義、獨裁統治和共產主義迫在眉睫的威脅中解救出來，而獻出生命。但正如川普總統兩年前說的那樣，「波蘭人的性格深處，有一種無人能夠摧毀的勇氣和力量。」

彭斯再次將共產主義與納粹相提並論：

> 這場反對納粹主義和共產主義扭曲了的意識型態的鬥爭，反映了一場對和錯、善與惡之間的永恆鬥爭。它們被一種邪惡所驅使，以任何手段來獲取權力，並強加它們的意願，控制普通男女的生活。……無論什麼手段只要能夠有助於獲取國家權力，都變得合法，甚至是前所未有的大規模謀殺也是如此。

當年，肯楠正是做了類似的發言，被史達林下令拒絕其就任美國駐蘇聯大使。今天，彭斯表示，這是一場信仰之戰——當想到極權主義、集中營、祕密警察、國家宣傳時，當想到教會被摧毀以及對信仰者的無盡敵意時，人們不禁會想到俄羅斯持不同政見者索忍尼辛。彭斯引述索忍尼辛的一段話說：「如果我被要求簡要說出整個二十世紀的主要特徵，我無法找到比『人們已經忘記了上帝』更準確的詞彙了。」無神論是現代極權主義的根源和本質。彭斯所譴責的納粹主義和共產主義的主要特徵，如今全都出現在習近平的統治模式之中。

◎習近平從未放棄共產主義

一九九一年，蘇聯解體之際，法蘭西斯．福山過於樂觀地得出「歷史的終結」的結論，卻沒有想到中國很快取代蘇聯成為美國更難對付的敵人。如今，美國正面對一個升級版的納粹主義、史達林式共產主義以及東方傳統帝國的綜合體。此前，美國菁英階層長期誤認為中國並非「典型的共產主義」，是可以向資本主義和民主自由轉化的「柔性威權」。所以，冷戰之後，美國出現了一段漫長的「戰略空缺期」，以至於美國戰略學者蓋瑞．哈特在世紀之交嘆息說：

> 肯楠在一九四七年的《外交事務》月刊發表一篇歷史性的論文，除將其私人備忘錄中的內容公諸於眾之外，同時也為美國在冷戰世界的角色提供核心指導原則——圍堵共產主義。遺憾的是，在複雜的二十一世紀迄今仍未出現類似的崇高目標。

如今，這個崇高的目標確立了：圍堵和顛覆中共邪惡政權。

二〇一八年，有兩件與馬克思有關的消息引發世界的關注：一是習近平高調紀念馬克思誕辰兩百週年；二是中國向馬克思的家鄉、德國特里爾市贈送馬克思的大型銅雕像。北京的做法讓西方世界警醒過來：共產黨就是共產黨，萬變不離其宗。

為紀念馬克思兩百週年誕辰，習近平在人民大會堂發表長達七十分鐘的演說，稱讚馬克思是「千年第一思想家」，馬克思學說「閃耀著真理的光芒」，「照亮了人類探索歷史規律和尋求自身解放的道路」。習近平強調，中共得益於馬克思主義，絕不放棄馬克思主義，《共產黨宣言》揭示了「人類社會最終走向共產主義的必然趨勢」。習近平企圖承擔蘇聯未能完成的使命：將赤旗插遍全世界。美國對中國走「第三條道路」的想像，此刻灰飛煙滅。

早在二戰期間，美國外交界和知識界就流行一種天真爛漫的說法：中共在延安的割據政權並不那麼「紅」、它在尋求更高程度的民主、它不會成為蘇聯的傀儡。不少思想左傾的美國外交官、軍官、新聞記者和知識分子，在造訪延安後，對表現上生活質樸無華的毛澤東及其治下的「解放區」抱有一廂情願的好感。

一九四二年初，珍珠港事件爆發才幾個月，美國駐華使館高級外交官約翰．帕頓．戴維斯（John Paton Davies Jr.）在給國務院的電報中稱中國共產黨為「農民民主黨」。另一位外交官謝偉思（John S. Service）撰文指出，正在追求直接民主制的中國共產黨，「在形式上和精神上更像是美國人而不是俄國人」。美國駐中國戰場最高指揮官史迪威將軍也主張將美國援助中國的武器分給延安，因為共產黨的軍隊比國民黨的軍隊更有戰鬥力。這些美國人都認為毛澤東不是「正統」的馬克思主義者，而是中國傳統的農民起義者和儒家文士，中共並非「典型」的蘇聯式共產黨，延安不是另一個莫斯科。或許，高效廉潔的中共可以取代暮氣沉沉的國民黨；或許，共產黨中國不會跟從蘇聯而與美國為敵，共產黨中國有可能成為美國在亞太地區的一個重要盟友。

然而，他們都被毛澤東和中共玩弄於股掌之間。中共黨媒上連篇累牘的親美社論，一個字也不能當真。中共剛剛奪取天下，就派兵到朝鮮半島，與美軍展開血腥廝殺。於是，所有對中國的幻想，都如冰山般融化。此後，中美對峙三十年之久，中國幫助蘇聯在亞非拉及全球對抗美國。中共政權的實力雖遠不如蘇聯，但中共對美國的仇恨卻有過之而無不及。

文革後期，中美開始接觸並走向建交。這既是四面樹敵、走投無路的毛澤東主動向美方拋出橄欖枝，也是美國面對蘇聯咄咄逼人的攻勢時的權宜之計。跟蘇聯鬧翻的中國，靠著美國的保護才不至於遭到蘇聯的核武打擊；在蘇聯攻勢下自信不足的美國政客，需要人口眾多的中國幫助牽制蘇聯，以免蘇聯在歐洲過度擴張。

一九九二年，蘇聯解體，冷戰結束。然而，樂觀的期待並未維持太久。美國忙於應對伊斯蘭極端主義勢力的恐怖襲擊，卻沒有想到，中國只花了不到一代人的時間就實現了野蠻崛起——美國是最重要的推手。如今，中國內部發生了明顯變化，不安於做東亞的地區強權，而要在全球範圍內顛覆美國的規則制定者地位，如川普所說，「中國已經失控」，這是美國決定與中國「割蓆斷袍」的原因所在。

鄧小平、江澤民和胡錦濤時代，中共刻意掩飾其共產極權之本質，在世人面前戴上自由市場經濟的面具，依靠美國創建和維持的世界經濟、貿易秩序發了大財；到了習近平時代，既然錢包鼓鼓，就要大聲說話——習近平毫不掩飾「中國紅」與「馬列紅」的特質，對西方指手畫腳，甚至企圖以中國模式取代美國模式、以北京共識壓倒華盛頓共識。習近平拋棄鄧小平「韜光養晦、不出頭、不爭霸」的「遺訓」，在東海和南海頻頻出擊，將中國霸權延伸到中亞和中東，甚至到非洲乃至堪稱為「美國後院」的南美諸國展開「新殖民」政策。柯林頓養虎為患，歐巴馬步步退讓，於是美國被逼到懸崖邊上，川普還能假裝看不見這頭「房間裡的大象」嗎？

◎中美同船異夢，理應分船而行

明末文人張岱寫過一本名叫《夜航船》的奇書，書名來自於一個小故事：

昔有一僧人，與一士子同宿夜航船。士子高談闊論，僧畏懾，拳足而睡。僧人聽其語有破綻，乃曰：「請問相公，澹台滅明是一個人、兩個人？」士子曰：「是兩個人。」僧曰：「這等堯舜是一個人、兩個人？」士子曰：「自然是一個人！」僧乃笑曰：「這等說起來，且待小僧伸伸腳。」

中國駐美大使崔天凱的「中美同船」演講，讓人不禁也想如同那名僧人那樣對其「伸伸腳」。

二〇一八年七月二十五日，中國駐美大使崔天凱應邀出席美國卡內基國際和平基金會舉辦的第八屆中美民間對話並就中美關係發表講話。在中美貿易戰硝煙四起之際，崔天凱說：「我相信我們仍然在同一條船上。我們仍然生活在小小的地球村，這是我們共同的星球，除非有朝一日我們能找到辦法把人類送上火星。」

崔天凱接著話鋒一轉，指責破壞中美關係和破壞國際秩序的責任在美方，美方某些人一直抱持「改變中國」的幻想和野心，「中國有自己的歷史、文化、政治和經濟體制。中國無論發生什麼變化，都是由中國漫長的歷史所決定的。任何國家都不可能真正改變中國。改變中國不應是包括美國政府在內的任何國家的對華政策目標。」他譴責說：「那些鼓吹中美不在同一條船上，兩國應該坐不同的船，甚至會迎頭相撞的觀點缺乏事實依據，有百害而無一益。不幸的是，一些人就是想要攪亂中美關係，他們扭曲中美經貿關係的真實情況，甚至試圖在台灣和其他涉及中國主權和領土完整的問題上玩火。這十分危險，我們必須對此保持高度警惕。」

儘管這篇講話充滿對美國強詞奪理的指責，但對比中國國內官媒對美國惡毒的辱罵，崔天凱仍以一副「懷柔遠人」的口吻說，中國和美國在同一條船上，應當同舟共濟。但是，中國跟美國真的在同一條船上嗎？中國真的願意滿足於在這條美國擔任船長的船上當副手嗎？當美國帶領這條船乘風破浪時，中國在做什麼呢？

二戰之後，美國創建了戰後持續至今的國際政治經濟秩序，向全球推廣普世價值——民主共和的政治模式、自由市場的經濟模式以及小羅斯福所謂的「四大自由」。這就是美國打造的「諾亞方舟」，認同以上價值和願景的國家，可登上這艘船，享受船上的安全與保護。

崔天凱說得沒有錯，長期以來，美國確實認為可以「改變中國」，讓中國接受普世價值。中國的「改革開放」，也是在一定程度上接受美國帶來的改變：毛時代漫長的閉關鎖國和政治運動，使國民經濟和政治體系到了「即將崩潰的邊緣」，中國不得不改換軌道，虛情假意地加入「美國隊」，搭上全球化的便車。然而，中共的做法是「捲旗不繳槍」，從未放棄共產極權主義的意識型態、共產黨一黨專制的統治方式和國家壟斷經濟命脈的「國家資本主義」。

三十多年之後，美國終於發現，中國原來是一名與美國「同船異夢」的船員，不僅不出力讓船往前走，反倒熱衷於破壞。這樣一個對內獨裁、對外擴張的共產政權，怎麼可能跟美國在同一艘船上並且相安無事呢？不能再讓中國與美國同船了，必須將其趕下船去。

川普用常識治國，也用常識處理國際事務。對於中國及中美關係，川普說出了一個被遮蔽太久的常識：如果中國不放棄一黨獨裁的統治方式、共產主義的意識型態和中華帝國的心態，中國永遠不是美國的朋友，而只能是美國的敵人。

二〇一九年八月二十三日，川普再度於推特發文，將習近平貼上「敵人」之標籤，一反此前川普持續稱習近平為「朋友」之論調。川普的這一推文，引發美國智庫和媒體的高度關注。

「戰略與國際研究中心」的中國問題專家格拉斯爾（Bonnie Glaser）認為，「這是令人難以置信的發言。由於總統提出習近平成為敵人的事實，中國會感到震驚。」另一中國問題專家麥迪洛斯表示，過去美中關係最後一個仍有建設性的表現，就是川普努力維持與習近平的個人關係，但現在他的言論已經轉變，或許這預示著對中國政策已有根本性改變。福斯電視新聞評論員、華裔作家章家敦認為，「對美國對華政策來說，這是一個驚人的轉變，甚至與過去數星期川普的政策和對中國的評論，完全背道而馳。」保守派智庫哈德遜研究所中國問題專家白邦瑞指出，他發現，近幾個月來中國貿易談判代表的態度越來越傲慢。他透露，

「我最近幾天與川普總統談話時，注意到他對習近平越來越失望。」

由「朋友」變成「敵人」的過程是不可逆的，再想由「敵人」回到「朋友」的關係，大概不可能了。

◎中國「有幸」成為美國的「首要敵人」

中國和習近平，不僅是美國的敵人，而且是「首要敵人」。

一百年來美國的「首要敵人」們，如今安在？美國學者奧倫（Ido Oren）在《美國和美國的敵人》一書中陳述了百年來美國與它的「首要敵人」的鬥爭，從威廉德國、納粹德國、軍國主義的日本一直到蘇聯，每個時代美國都有一個「首要敵人」。而今，美國依然繁榮而強大，美國的「首要敵人」卻一個接一個灰飛煙滅，有的淪為二流國家，有的被美國馴化為盟友。

冷戰之後，歷史並未如福山所說的那樣「走向終結」，反倒像其老師杭亭頓所說的那樣深陷於「文明衝突」（更準確地說是「文明」與「野蠻」的衝突）。當川普政府剿滅曾攻城略地而成燎原之勢的「伊斯蘭國」之後，美國轉過頭來面對新的「首要敵人」——冷戰時代西方人噩夢中的蘇聯，換成了「新冷戰」中更陰險狡詐的中國，正如川普及其鷹派幕僚所說，「集權、高效、強大的集體主義精神，而且巨無霸」的中國，不是美國的「戰略夥伴」，而是美國最大的威脅。

二〇一八年九月二十日，美國國務卿蓬佩奧接受福斯新聞採訪，被問到莫斯科和北京哪個是對美國經濟利益和戰略利益更大的威脅，他毫不遲疑地回答說：「俄羅斯是侵略性的，試圖干預我們的選舉，但長期來說，如果論及誰會威脅到美國人的收入、誰會威脅到美國的經濟增長，中國肯定是美國的最大威脅。」

此前，在中情局局長任上的蓬佩奧在一次罕見的公開訪談中，嚴肅地指出，長期來看，對美國最大的安全挑戰來自中國，而非俄羅斯。針對「誰是中情局眼中的首要敵人？」這個問題，蓬佩奧直言不諱地指出，中國、俄羅斯和伊朗都對美國造成重大問題，但中國是更大的威脅，「因為其良好的經濟和不斷加強的軍事實力」。他語氣嚴厲地說：「中長期看，中國有能力成為美國最大的對手。中國不斷加強的軍事實力旨在全球範圍內抵抗美國。」他還評論了中國大舉收購美國科技企業的現象，認為這些不是正常的商業行為，而是中國對外擴張陰謀的一部分：「如果你仔細觀察，他們要嘛試圖竊取我們的東西，要嘛確保他們可以打敗我們，通常是兩者兼有之。」

顯然，美國軍方和情報系統已認定：中國取代了俄羅斯成為美國的首要敵人。這一觀點也為川普所接受。

二戰之後，美蘇陷入長達半個世紀的冷戰，蘇聯被美國視為最大的敵人。蘇聯解體之後，葉爾欽時代的俄羅斯國力大減，對美國採取低調、合作政策，美俄之間有過一段短暫的蜜月期。普亭上台以來，利用國際能源價格上漲、國內經濟形勢看好的契機，對美國和西方世界越發強硬，在敘利亞、伊朗、烏克蘭等問題上直接與西方對抗。西方又出現美俄進入「新冷戰」的論調。實際上，俄羅斯的國力已今非昔比，因國際能源價格猛烈下跌且受西方經濟制裁，俄國經濟難掩頹勢，普亭政府缺乏實力在全球範圍內與美國對抗。

相對於俄國在歐洲邊緣地帶的搗亂，中國在亞太地區的擴張更加危險。若干美國和西方的重要政治人物都看到這一事實。二〇一九年四月二日，美國駐北約大使哈奇森（Kay Bailey Hutchison）說，「北約正在對中國的所作所為進行評估。我們正在做風險評估，特別是努力對中國做評估」。評估的結果可能預示著北約這個成立於一九四九年的軍事集團重心東移，離開在歐洲對付蘇聯的初衷——中國在地理上遠離歐洲、遠離大西洋，但中國的威脅讓北約大幅調整其戰略目標，甚至「北大西洋」這個前綴顯得名不副實。或許，美國還要打造一個「亞洲版的北約」制衡中國。

二〇一九年四月三日，美國副總統彭斯在紀念北約建立七十週年活動中發表講話說，「北約在今後幾十年裡面對的最艱巨的挑戰也許就是如何根據中國的崛起做出調整，如何應對中國 5G 網路技術挑戰，應對中國一帶一路提供的橫財，是歐洲盟國每天必須對付的問題」。彭斯指出，中國日益擴大的影響必然要求美國付出大量的精力和資源來應付，而「我們的歐洲盟國必須做出更多努力、調動更多的資源來保持北大西洋聯盟的威懾力量」。

與此同時，北約祕書長史托騰伯格接受德國《明鏡週刊》專訪時指出，中國的軍備能力近年來大幅增強，北約將嚴肅看待此事。中國持續在全世界部署軍隊，且中國擁有新的導彈和武器技術，還不受《中程核武條約》限制。被問及中國崛起對北約的影響，史托騰伯格表示，中國近兩年在地中海、波羅的海舉行軍演，與北約會員國的接觸越來越頻繁，尤其二〇一七年、二〇一八年和俄國海軍的聯合軍演最受外界關注。對此，北約不能作壁上觀，北約的轉型勢在必行。

第三節　從三份文件看白宮的權勢轉移

作為一個民主自由的共和國，在對外戰略出現重大轉型的關口，美國的各大權力機構及社會各界不可能沒有異見和爭論。在激烈的爭論中，謬誤被拋棄，真理得以確立。這種變局，不是由於川普一個人突發奇想而來，但川普善於抓住時代的脈動，因勢利導，扭轉人們的成見。

◎百人公開信：擁抱熊貓派的最後哀鳴

二〇一九年七月三日，《華盛頓郵報》發表了一封題為「中國不是敵人」（China is not an enemy）的公開信，呼籲「親愛的川普總統和國會成員」反思目前的對華政策。

這封投書由哈佛大學榮譽教授傅高義（Ezra F. Vogel）、國務院前代理亞太助卿董雲裳（Susan Thornton）、麻省理工學院政治系教授傅泰林（M. Taylor Fravel）、前駐北京大使芮效儉（J. Stapleton Roy）、卡內基國際和平研究院研究員史文（Michael D. Swaine）等五人執筆。前任在台協會（ＡＩＴ）理事主席卜睿哲（Richard Bush）與前ＡＩＴ台北辦事處長包道格（Douglas H. Paal）等九十五名連署人，聯名發出公開信的共一百人，他們「是學界、外交政策、軍方和產業界成員，絕大多數來自美國，其中許多人專業生涯重心都放在亞洲」。

這封信勸告川普總統以及國會要員，美國「視中國為敵人」的政策傾向有害於美國以及世界的利益，呼籲美國政府在對中國的行為做有力回應的同時，仍要允許中國建設性地參與世界事務。

這封信開宗明義寫道：「我們非常擔心美中關係日益惡化，這樣並不符合美國或全球利益。儘管北京近日的行為讓我們憂心忡忡，也需要強而有力地回應，但我們也認為，美國的多番作為，才是雙方關係急轉直下的直接原因。」

這段論述邏輯混亂、顛倒因果，宛如中國民族主義小報《環球時報》言論的摘錄——似乎中國才是中美關係惡化的無辜受害者。

這封信又指出：「美國站在對立面，阻止不了中國經濟繼續擴張、阻止不了中企在全球市場更大的市場占有率、也阻止不了中國參與全球事務；更有甚者，美國試圖大幅拖慢中國崛起速度勢必反傷己身。倘若美國壓迫盟邦，要它們視中國為經濟與政治之敵，不僅會打壞與盟邦關係，到頭來，遭到孤立的或許也不是北京，而是自己。」這是典型的季辛吉式失敗主義言論——冷戰中期，季辛吉認為，美國及西歐不是蘇聯和東歐的對手，只能拉攏中國，才能勉強對抗蘇聯的擴張。

這封公開信引起廣泛爭議。有人由此認為，美國兩黨、美國媒體以及民間社會，並未形成「中國乃敵國也」的新共識，川普及白宮鷹派的對華政策並不占壓倒性優勢，擁抱熊貓派人多勢大、根深蒂固。

然而，若仔細觀察和分析就能發現，這封公開信是擁抱熊貓派最後的哀鳴，是其退出歷史舞台前夕一場不光彩的謝幕。

在這封信的起草者和簽署者中，不少人此前就因為站在中國一邊，遭到美國社會各界質疑，雖不至聲名狼藉，至少其外交生涯和學術成就已黯然失色。比如，哈佛大學教授傅高義為鄧小平寫作傳記，替鄧小平「六四」屠殺的決策辯護，受到中國異議人士和人權團體的批評。傅高義精心呵護兩名特殊學生——習近平的女兒習明澤和薄熙來的兒子薄瓜瓜，幾乎淪為暴君子女的私家保姆，毫無自由知識分子的風骨，也背棄了哈佛大學「追求真理」之校訓。

再比如，曾被前任國務卿提勒森提名為亞太助理卿的董雲裳，在川普政府亞太政策大變局的背景下被強迫提前退休，自然對新政策心懷不滿。當時，擔任白宮首席策士的班農批評董氏對北京「太過軟弱」（Too Soft）。後來，班農離開白宮，董氏仍未順利通過國會聽證。董雲裳在參議院外委會回答參議員魯比歐有關國務院移除中華民國國旗圖案一事時表示，不承認台灣是獨立國家，其言論激怒了魯比歐。魯比歐公開表明，將竭盡所能阻止董雲裳之人事案，「這個職位需要由理解重新平衡美國與中國關係，支持台灣，捍衛人權的人才能勝任」。此後，新國務卿蓬佩奧將董氏晾在一邊，進而免去其「代理職務」。

為什麼說這封百人公開信是美國擁抱熊貓派最後的哀鳴，而不是親中政策在華府決策圈起死回生、捲土重來呢？

首先，這些前朝遺老和學界大腕，已無法重返白宮、國務院和國會的決策圈，無法透過「內部管道」傳遞消息、影響政策。換言之，白宮遠離了川普厭惡的、華盛頓傳統政治圈這個積重難返的「沼澤地」，白宮最高決策層淘汰了危害國家利益的擁抱熊貓派。白宮內部，只有鷹派，他們的差異只是「更強硬的鷹派」和「稍溫和的鷹派」。

因此，這群一度在華府炙手可熱，在柯林頓和歐巴馬時代呼風喚雨的擁抱熊貓派，失去了愛不釋手的權力「魔戒」。失去權力之後，如同熱鍋上的螞蟻，惶惶不可終日，只能透過公開信的形式，發表已是明日黃花的親中政策——公開信本身就說明他們被踢出了權力核心。如果稍稍能在內部影響外交政策，絕不可能採取這種不得已的方式發聲。

其次，這些人對中國危險性的嚴重誤判，宛如冷戰時代美國外交界和學術界對蘇聯的誤判。在七、八十年代之交，美國人普遍認為蘇聯及共產集團蒸蒸日上、勢不可擋，美國不得不接受與之長期共存的局面。數以千計頭銜尊崇的蘇聯問題專家，用極為「專業」的素質，用滿坑滿谷的著述和論文，證明蘇聯在若干領域超過美國，共產主義制度比資本主義制度更有優越性。

基於本能而反共的雷根不相信這些人的「智慧」。雷根上台之後，轉而以強硬政策對付蘇聯。鴿派人士對雷根的政策變動驚慌失措、百般阻撓，生怕蘇聯會強勢回擊，美國難以招架。他們相信東德共產黨總書記何內克「柏林圍牆將屹立百年而不倒」的宣告。誰知，短短幾年之後，看似堅不可摧的柏林圍牆就轟然倒掉。今天，面對中國議題時，季辛吉的弟子們又犯了同樣的錯誤。

第三，擁抱熊貓派之所以要「不合時宜」地發聲，是要捍衛他們一生的政策、名聲、成就、遺產以及在中國的巨大利益。每一次美國國內和外交政策的轉變，當然意味著對前朝政策的否定。前朝的政策制定者和實施者，不願意看到這種情形出現。他們不能接受變化，不能承認錯誤，寧願抱殘守缺，也要與錯誤共存亡，不惜為此犧牲國家利益。

更嚴重的事實是，以季辛吉為代表的這群「精緻的利己主義者」，在過去數十年來，早已憑藉著在美國的影響力，在中國換取了在美國的自由市場難以得到的個人及家族利益。前高級官員充當中國公司說客，從中收取天文數字般的「顧問費」；學者和記者在中國享受紅地毯待遇和山珍海味的招待，滿足在美國這個平等主義的社會得不到的虛榮心。中國的統戰伎倆可謂對症下藥、百戰不殆。這些人物淪為中國的代理人。川普政府制定的限制政客為外國政府遊說的政策，包括對華政策的重大調整，無不傷害到這些人的「乳酪」，他們才會發動這次「絕望的反抗」。

◎胡佛研究報告：一整代中國專家的覺醒

要反駁這封百人公開信，並不需要新的證據和論述。二〇一八年十一月二十九日發布的胡佛研究報告，就是對這封「充滿陰溝中的氣味」的公開信，最為痛快淋漓的「打臉」。

這份題為《中國影響力與美國利益：提高建設性警惕》（*Chinese Influence & American Interests: Promoting Constructive Vigilance*）的重量級報告，由福山、戴雅門（Larry Diamond）、夏偉（Orville Schell）、葛來儀（Bonnie Glaser）、黎安友（Andrew J. Nathan）、沈大偉（David Shambaugh）、裴敏欣等三十二位專家聯名發表，以長達兩百一十三頁的篇幅仔細回應「中國是敵人還是朋友」這個大哉問，堪稱「是，就說是；非，就說非」（馬太福音五章三十七節）。

這份報告由史丹佛大學胡佛研究所與紐約亞洲協會（Asia Society）共同贊助。報告主筆為史丹佛大學胡佛研究所的戴雅門教授與亞洲協會美中關係中心主任夏偉教授，聯合來自七個國家的三十位學者、專家與政治活動家，費時一年半完成，其中包括美國前駐北京大使洛德（Winston Lord）及前白宮國家安全會議亞洲事務資深主任麥艾文（Evan Medeiros）等重量級人物。

值得注意的是，作者當中不乏原來中美交流論的支持者，他們鼓起勇氣，否定昔日的錯誤做法，痛改前非，正視「中國乃敵國」之真相。洛德說：「這並不是一群對中國抱持敵意的人，但我們都對這種趨勢越來越悲觀，感覺我們處在（美中）關係的十字路口。」麥艾文說：「這證明了一整代中國專家的覺醒，他們曾自認在幫中國走上世界舞台，到頭來卻發現出現了嚴重失誤。」

該報告指出，中國利用美國的開放民主制度，大規模加以滲透、大舉滲透美國政府、大學、智庫、媒體、企業和僑界，希望藉此阻斷美國對中國的批評以及對台灣的支持，進而鼓吹親中共觀點，獲得龐大利益。蘇聯政權當年不可能做到的一切，中共卻成功逐一實現。

報告以專章指出，中國以組織勢力強化對美國大學的影響力，包括利用孔子學院、中國學生學者聯合會等傀儡組織取得資料、發展組織，並以重金控制美國大學機構、限制異議學者入境中國，多年來使美國學界對中國議題「自我審查」，學術自由岌岌可危。在智庫與媒體方面，基於美國媒體與政府重視智庫之傳統，中共以拒發簽證等方式對付美國智庫專家，以不出席美國智庫活動的威脅抵制台灣官員或學者。中共還干涉美國智庫的邀請名單，封殺中國異議人士和台灣人士，指名親中專家出席，並且常以巨額顧問費與出版利益控制美國智庫專家。

報告指出，在科技研究方面，中共針對美國專業領域進行迂迴的技術轉移，竊取智慧財產權。許多留學生、學者專家、科技顧問、美國華人或合資企業是協助中國偷竊慣犯，還有許多不知情者被設計為共犯。例如，近期引起高度關注的「海外高層次人才引進計劃」（坊間稱為「千人計劃」），以重金吸收優秀科研學者長達十年之久，西方卻茫然不知。該計劃曾宣稱超過三百名美國政府研究員、六百名美國企業員工接受過該項目的資助，而包括美國政府在內的許多雇主並不知情。

報告還指出，中共利用美國學術自由，鎖定美國科研組織，不擇手段獲取科學技術，以網路間諜竊取美國智慧財產權。中國的主要竊取目標，是中國科技發展的重點項目，例如攸關「中國製造二〇二五」之半導體、機器人、電動車、人工智慧等產業技術。

這樣的國家，當然是美國和西方的敵國，並不是在戰場上荷槍實彈地對決才是敵國。中國對美國的威脅超過北韓、伊朗、古巴、委內瑞拉等「邪惡國家」——這四個邪惡國家的背後，都有中國若隱若現的影子，如果沒有中國的支持，這些政權早就維持不下去了。中國卻以這些國家為籌碼來換取美國在其他方面的讓步。

◎支持川普對華政策的公開信

如果說三十二人共同執筆的「胡佛報告」是壓死駱駝的最後一根稻草，那麼百人連署的公開信就無法成為東郭先生遞給中共政權的那根「救命稻草」。有趣的是，季辛吉刻意缺席這封公開信，似乎在向後人示意：在時代的轉捩點上，他並不是最突出的「大愚若智之人」。

百人公開信發表後，與之針鋒相對，一百多名各界人士聯名簽署了一封致川普總統的公開信，表達對川普政府對華強硬政策的支持，呼籲政府堅持目前採取的對抗中國的外交路線。

這封公開信由退役海軍上校、前美國太平洋艦隊情報和資訊行動主管詹姆斯·E·法內爾執筆，獲得約一百三十個簽名，簽名者包括美國退役軍人、前情報官員、學者、教授、智庫成員等人士。他們的學術地位和影響力雖然不如「擁抱熊貓派」，卻比他們具有更廣泛的代表性。

這封持反華立場的公開信，開宗明義地寫道：

中國共產黨人所表露的野心與美國的戰略利益背道而馳，而中國正日益採取危及美國及其盟友的行動。在過去的四十年裡，美國奉行與中國接觸的開放政策，極大造成了美國國家安全的不斷削弱。不能允許這種情況繼續下去。

這封公開信列舉了中國共產黨的種種「應受譴責」的行為，包括壓制言論和宗教自由、腐敗的經濟行為、反對現有國際秩序、擴張主義以及威脅對自由民主的台灣發動戰爭；並指出中國不是、也從來不是一個和平的政權，且中國和美國存在世界觀的「不對稱」。

而「不對稱」的實質是背道而馳，中國從來不是美國的真正朋友。中國時而將美國當成首要敵人（毛澤東時代），時而假裝是美國人的知心朋友（鄧小平時代），如今兩者兼而有之（習近平一邊說「中國有一百個理由保持與美國的良好外交關係」，一邊粗暴地在最後一刻撕毀即將與美國達成的貿易協定）。無論美國對中國心存怎樣的善意，中國從未放棄顛覆由美國主導的國際秩序的野心。

川普上台之後，美國政府認清了敵人，美國政府對中國的新政策與這封公開信的立場一致。僅以美國政府對宗教信仰自由的支持而論，二〇一九年夏在華盛頓召開的世界宗教自由峰會上，副總統彭斯和國務卿蓬佩奧都發表譴責中國宗教迫害的講話。蓬佩奧將中國在新疆設置關押百萬維吾爾人集中營的做法稱之為踐踏人權的「世紀汙點」，要求北京對此事件負責。彭斯說，美國不會因為要跟中國進行貿易談判而放棄對宗教信仰自由的支持：「美國人民堅定的與中國所有信仰的人民站在一起，我們將祈禱他們能夠自由地實現自己的信仰而不用擔心迫害。」會議期間，川普總統在白宮接見了一群因堅持宗教信仰而受到迫害的人士，包括四名來自中國的宗教迫害倖存者。

侵略不僅是共產黨的本質，更是中國的國家性質，對此不可掉以輕心。這封公開信寫道：「中國不是我們所希望的那樣。在我們的政治體系中，政治是常態，戰爭是例外。這在中國的世界觀中是完全相反的。展望未來，我們必須更好地理解和處理這種危險的不對稱。」這封信點出中美矛盾的關鍵所在：中美兩國的世界觀完全相反，且無法「多元並存」。

這封公開信批評了美國歷屆政府執行的「與中國接觸政策」，稱「無論美國在外交、經濟或軍事上進行多少接觸，都不會改變中國共產黨的大戰略」。信中說：

在過去四十年中，許多美國外交政策專家沒有準確地評估中國的意圖，只是將中國共產黨的應受譴責的行為歸咎於治理一個擁有十三億人口的國家的困難。這些「與中國接觸」學派的追隨者們一次又一次地告訴美國的政策制定者，一旦達到足夠的經濟現代化水準，中國將成為一個「負責任的利益相關者」。這種情況沒有發生，只要中國共產黨統治中國，就不會發生。

歷史已證明，沒有一個共產黨國家會在共產黨領導下完成民主化的整個過程，民主化必然意味著共產黨政權的終結；沒有一個共產黨國家願意全盤接受自由市場經濟和政治民主化，共產黨國家只願意享受權力而不願意承擔責任。

這封公開信警告說，中國的直接策略是拖延以等待川普總統任期結束，因此，「必須盡一切努力將現在用以平衡我們與中國的經濟關係的政策制度化，加強我們與志趣相投的民主國家的聯盟，最終打敗中國壓制自由的全球野心。」

川普當然知道習近平的拖延戰術，他在推特上警告說，他並不急於在二〇二〇年大選之前完成跟中國的貿易協定，美國的經濟表現良好；反之，拖延只會讓中國所受損失越來越大，以後他開給中國的條件只會更糟。可惜，習近平一意孤行，不到黃河心不死、不見棺材不掉淚。

第四節　中美衝突進入「超冷戰」時代

◎中美衝突是文明和意識型態的衝突

二〇一九年三月二十九日，美國國務院政策規劃事務主任奇諾．史金納（Kiron Skinner）在由名為「新美國」的智庫和亞利桑那大學共同舉辦的美國未來安全論壇上表示，中國與西方自由世界存在文明和意識型態衝突，將對美國構成更大、更長期的威脅。

這是川普政府高官對美中衝突最為高屋建瓴、勢不可擋的闡述。史金納是印度裔美國人，由她來譴責「中國文明」，意味深長。史金納指出，中國與美國的競爭，不僅局限於雙方的國家利益，也存在於不同的文明和意識型態等更為廣泛的領域。美中貿易糾紛，在美中全球競爭和全面對抗關係中並非唯一的較量戰場，甚至不是最重要的較量戰場。

史金納認為，美中之間的這種競爭和對抗的關係，超越了冷戰時期美國和蘇聯之間的對抗程度。前蘇聯所信奉的馬克思主義，本質上仍是一種西方意識型態，美蘇之間的文明和意識型態對抗，仍然只是「西方集團內部的一種對抗」；而中國現在的意識型態和文明結構，和西方世界所認知的完全不同——這種文明的衝突，對美國和西方將具有更大的威脅。

在史金納等外交政策制定者心目中，中國的官方意識型態既存留了馬克思主義的遺產，更延續中國自身的、無限擴張的天朝帝國傳統。馬克思—列寧主義號稱反對資本主義，但到了赫魯雪夫時代，蘇聯尚且知道與西方緩和關係，認定兩者可以「和平共處」。但今天中國要恢復的是「自古以來」唯我獨尊、具有普遍性的「朝貢體系」——在中國的全球想像中，沒有美國和西方的位置。

不同文明之間，有時候是無法實現交流和融合的。已故哈佛大學政治學教授杭亭頓是「文明的衝突」理論的發明者。一九九三年夏，杭亭頓在《外交》雜誌發表〈文明的衝突〉一文，隨即出版單行本，轟動學術界，卻也讓他「毀滿天下」。左派掌權的哈佛大學和西方學術界，容不下真話，即便「九一一」發生，他們也假裝眼前是天下太平。二〇〇八年聖誕夜，杭亭頓寂寞辭世，埃里克・考夫曼（Eric Kaufmann）評論說：「杭亭頓是作為美國思想界菁英中的賤民而去世的，這是因為他是正常人。」

川普執政以來，杭亭頓被人忽視二十多年的「文明衝突論」終於成為美國政府的主流看法。中國透過融入全球化而與西方和平共處的可能性不復存在，以川普為代表的美國決策者認識到中國是一塊不可改變的頑石。子虛烏有的「通俄門」調查結束後，美俄關係改善在即，美中衝突則上升為川普政府外交政策的首要議題。史金納發表這篇演講，是代表川普政府為美中衝突的本質定調。

與此同時，美國國會對中國威脅也形成「新共識」——中國正迅速成為美國的最大威脅，是共和黨和民主黨政治人物所能取得的極少數的共識。

史金納講話次日，國會重量級參議員、國會及行政部門中國問題委員會主席魯比歐在華盛頓「雷根研究所」發表了一篇全面抨擊北京的檄文。他引用三十五年前雷根總統訪華期間在上海復旦大學發表演說的名言，「我們是理想主義者。美國人民熱愛自由，也願意為維護別人的自由而戰鬥、而獻身」。魯比歐指出，「我認為，我們已經到了一個新的轉捩點，一個必須謹慎對待的轉捩點」。在習近平的領導下，中國毫無懸念地繼續走威權道路，「習近平口中的『中國夢』對於幾百萬人來說，成了一個殘酷的、沒有終結的噩夢。」

魯比歐指出，中國不僅對內獨裁專制，而且對外推行新殖民主義，內政和外交同樣惡劣。中國的一系列行為，使其成為美國的首要敵人，美國必須謹慎應對中國的挑戰，「在華盛頓和美國的政策制定者中，越來越多人正在達成一個共識——習近平和共產黨領導下的中國已經成為美國、並最終將成為世界和平的嚴重威脅。」

跟彭斯副總統在哈德遜研究所的演講一樣，魯比歐在演講中詳細列舉中國在軍事、地緣政治、網路安全、學術自由、言論自由、意識型態等領域對自由世界構成的挑戰。中國正在

「利用西方自由、開放的國際秩序反對西方」，「中國共產黨實現了人類歷史上最大規模的非法財富轉移，透過強制技術轉移和『舉國間諜』（Whole-of-nation approach to espionage）的方式，盜取美國公司、研究中心和大學的創造力和創新成果。」

魯比歐在所有的議題上都足夠保守，對中國惡名昭彰的人權狀況持嚴厲批判態度，被中共冠以「反華議員」之名。魯比歐是古巴難民後裔，對於邪惡的共產黨政權的了解，遠超過養尊處優而大愛包容的政客。他準確無誤地指出，中國「毫無疑問是世界上最惡劣的人權和法治侵害者之一」。這位具有成為總統潛力的重量級議員表明：中共是自由價值的敵人，是惡貫滿盈的人權惡棍；中共又是美國的頭號敵人，其所作所為威脅到美國的經濟安全和國家安全。

有此種認識的美國政治人物不在少數。二〇一九年四月九日，美國眾議院前議長金里奇在新成立的「應對中國當前危機委員會」（Committee on the Present Danger: China）發表演講，指出「美中之間是一場關乎文明的較量」。他憂心忡忡地指出，所謂「中華文明」是一種比納粹和共產主義更危險的異質的政治制度和意識型態，美國現在的問題是「還沒有清醒過來，既不清楚問題是什麼，也不清楚應對的規模有多大」，「美國到現在尚未形成政治基礎和政治共識來應對中國」。他警告說：「美國正在失敗。」

金里奇發表演講的「應對中國當前危機委員會」是一個民間智庫，但從單位名稱可以看出，美國朝野對中國實現民主轉型並成為跟美國合作的「戰略夥伴」已絕望。中國與美國與西方漸行漸遠，而且超過伊斯蘭原教旨主義，成為必須竭盡全力加以處理的「當前危機」。

類似名稱的智庫，是在冷戰中為應對蘇聯的挑戰而成立的「應對蘇聯當前危機委員會」。一九九一年，隨著蘇聯的解體和冷戰的結束，美國鬆了一口氣，該委員會關門大吉。隨後，美國處理過幾次地區衝突，再未遇到蘇聯那樣強大的和全方位的對手。孰料昔日美國拉攏來對抗蘇聯的中國，趁美國將注意力集中於中東之際，由韜光養晦而全面擴張，赫然成為美國在二戰後建構的國際政治經濟秩序的顛覆者。所以，二〇一九年三月二十五日，美國各界人士在華府成立「應對中國當前危機委員會」。委員會成員表示，中國正在向全球推廣其一黨專政的高壓模式，它的政治和經濟影響力正逐漸擴張到世界每一個角落，美國必須以舉國之力擊退中國威脅。

◎中華文明的本質是最邪惡的帝國主義

中國的危險性，除了共產主義意識型態之外，更在於其東方帝國主義傳統。習近平時代，「中華文明」在「中國夢」和「中華民族偉大復興」這兩句口號的掩護下復活。此種「中華文明」與和平主義及民主自由理念無關，它是侵略性、擴張性和排他性的，所謂「非我族類，其心必異」。

對於史金納、彭斯、金里奇等人的「文明衝突論」，美國的左派人士不願接受。歐巴馬時代的國防部副助理部長鄧志強（Abraham Denmark）批評說，史金納的言論，反映出「從根本上誤解了中國本身和美國面對的挑戰」。卡內基國際和平基金會研究員史文（Michael Swaine）說，這是「相當駭人、基於種族主義立場而作出的評估」。卡托研究所（Cato

Institute）副主任萊斯特（Simon Lester）表示，美國一向有部分人士持續尋找一個強大的假想敵——可能與美國競爭優勢地位以及世界控制權的潛在對手。

立場偏左的《經濟學人》也反對文明衝突的說法。《經濟學人》提出三個反駁理由：第一，中國承襲了大量的馬克思列寧主義傳統，而馬列主義是西方文明的產物。第二，把美中衝突定位為文明衝突，會導致西方無法與中國的自由派溝通合作，也無法解釋台灣這樣「深植於中華文化中的民主政體」。第三，美中的對立無益於全球經濟的繁榮，美國的盟友也未必會全力支持。

這三個反駁的理由都是站不住腳的。首先，一九八九年天安門屠殺之後，馬列主義仍然是官方意識型態，但只是僅有其名的祖宗牌位，連中共最高領導人都不再相信，提倡世界主義的馬列主義只能依附於民族主義才能生存，不啻為莫大的諷刺。

其次，天安門屠殺之後，中共黨內再無自由派和改革派，與中國的自由派或改革派溝通合作，是西方一廂情願的想像——江澤民、胡錦濤、溫家寶、習近平都曾被認為是自由派或改革派。而台灣的民主成就並非來自於中華文化，而是來自於日本半個世紀的殖民統治與美國在戰後的「半殖民」的影響。

第三，美中貿易戰固然在短期內會對全球經濟造成傷害，但若任由「中國病毒」氾濫而不加以制止，未來中國的力量將更為強大，而它對世界造成的傷害也會更大。所以，長痛不如短痛，必須現在出擊，再推遲下去就無法打敗中國了。而一旦美中對峙的局面形成，美國的每一個盟友都將選邊站，有多少國家願意跟中國站在一起？

當年提出「文明衝突」理論的杭亭頓，遭到鼓吹「政治正確」的人和絕對多元主義者的口誅筆伐，鬱鬱而終。杭亭頓所說的「文明衝突」，背後是宗教信仰的對決。信奉各種「後現代」理論的左派，對宗教信仰採取不屑一顧的態度，認為宗教信仰是過去式、是愚昧落後的象徵；更不認同各種文明之間存在尖銳衝突，自以為是地倡導「多元化」與和平主義，認為從此可以歲月靜好、垂拱而治。

「九一一」事件的發生，證明杭亭頓的遠見卓識；二〇〇八年之後，中國這頭面目猙獰的魔獸，再度證明杭亭頓並非杞人憂天——中國挑戰西方文明的武器，既是馬列主義，更是儒家的帝國思想。俄羅斯成為沙皇獨尊乃至有實力問鼎歐洲霸權的帝國，只有三百年；中國成為中央集權的帝國，已有兩千年。幾乎所有朝代都尊崇孔子，這正是中國向全球設置和推廣「孔子學院」的原因：帝國要向全球實行「教化」。遍布世界各國的孔子學院，在教西方人寫漢字、講漢語和「君君臣臣父父子子」之類儒家教義。「中華文明」不但將西方文明一律拒於國門之外，還企圖將西方文明擊潰、消滅並取而代之。

無論是中國民主派知識分子，還是西方的中國問題專家，需要逐層完成對中共政權、大一統中國和中華文明的三重批判和解構。只反共，不反大一統中國；只反共，不反中華文明，這些都是自欺欺人的想法。

中華文明是最邪惡的帝國主義。終結中華文明的擴展和腐蝕，世界才能得到和平，中國人也才能得到自由。美國這個仁慈而良善的共和國，與中國這個邪惡帝國的終極之戰，宛如《冰與火之歌》中人類與異鬼大軍的最後對決。

第五節　川普打造新北約

◎北約：捍衛歐洲自由民主的國際軍事聯盟

歐洲發生過多次以軍事結果來決定社會制度的戰爭。美國歷史學家東尼．賈德（Tony Judt）在《戰後歐洲六十年 1945～2005》（*Postwar: A History of Europe since 1945*）一書中指出，十六世紀的宗教戰爭是以一五五五年簽訂的《奧格斯堡和約》宣告結束，制定了「教由國定」的原則，承認各邦諸侯有權自由選擇其轄區的宗教信仰；十九世紀初的歐洲，在拿破崙征服的早期階段，軍事上的成功很快在當地演變成法國式的社會與制度上的大革命。

二戰的硝煙尚未散去之際，史達林放言說：「這場戰爭與以往有所不同。無論哪一方占領了一塊領土，都會在該地區推行自己的社會制度。人人都想把他自己的制度推行到他的軍隊所及之處。」雖然史達林的這段言論不符合歷史事實，卻讓歐洲民眾心驚肉跳。

當蘇俄這個歐洲邊陲之國一躍成為歐洲最強大的「話事人」時，當共產極權主義的陰影籠罩東歐、中歐，並且向西歐蔓延時，歐洲人眼中唯一的救星是美國。蘇聯軍隊顛覆了波蘭、匈牙利、捷克等國的民選政府，扶持各國共產黨建立一黨獨裁體制，唇亡齒寒的英國、法國、荷蘭、比利時於一九四八年三月簽訂《布魯塞爾條約》，然而各簽約國並不認為靠自己的力量可以抵禦蘇聯，只有美國承諾提供安全保障、將安全範圍從北美擴大到整個北大西洋，歐洲才能避免全盤赤化的厄運。

一九四九年四月四日，美國、加拿大和十個歐洲國家在華盛頓簽署《北大西洋公約》，

「北約」正式成立，與以蘇聯為首的東歐共產集團所組成的華沙公約組織相抗衡。當時，歐洲非常害怕美國如同一戰後那樣奉行孤立主義政策，將軍力退出歐洲，聽任歐洲自生自滅，西歐民主國家因此懇求美國在歐洲長期部署大量軍隊。英國國防大臣丹尼斯．希利（Denis Healey）在回憶錄中寫道：「對絕大多數歐洲人來說，除非北大西洋公約組織能阻止另一場戰爭的爆發，否則它將毫無意義。」

在近半個世紀的冷戰時代，北約有力地捍衛了歐洲的自由民主。及至蘇聯解體，華沙公約組織解散，北約亦驕傲地宣布自己是冷戰的勝利者。此後，昔日蘇聯的東歐盟國紛紛加入北約，如今北約已擁有二十九個成員國，北約的軍事開支占世界國防開支的百分之七十。跟七十年前相比，北約的邊界向莫斯科方向推移了一千公里，這意味著民主自由的制度模式向東拓展了一千公里，讓接近一億的歐洲人受益。北約成員國中，過去深受蘇俄荼毒的波蘭、捷克等東歐國家成為最親美和軍費比例相對較高的國家，因為他們深知民主自由多麼可貴，而民主自由必須靠實力來捍衛。

二〇一九年十二月四日，北約各國首腦在英國瓦特福（Watford）舉行峰會，紀念北約成立七十週年。英國首相強生（Boris Johnson）主持此次峰會，他在會上表示，北約是國際軍事史上最成功的、也是最持久的軍事聯盟，是歐盟和大西洋安全的基石。當然，北約盟主不是英國或歐陸任何一個國家，而是遠在大西洋另一邊的美國，美國總統川普是決定北約未來走向的最高決策者。川普執政以來，不僅改變了美國的國內政治和國際戰略，也改變了北約。

◎從舊北約到新北約：北約的分歧與改革

美國是北約的支柱。根據北約的數據，二〇一七年美國承擔北約超過七成的國防經費。北約二十九個成員國軍費開支總額為九千五百七十億美元，美國投入六千八百六十億美元。美國是為北約繳交最多軍費的國家，二〇一七年國防預算占GDP約百分之三點五七。此前，北約各國承諾將各自的軍費提高到GDP的百分之二，但迄今為止，北約的二十九個成員國中，僅九國的軍費占GDP的百分之二。

峰會前夕，川普在推特上公開抱怨說，歐盟的軍費預算偏低，「我剛到時，對北約感到憤怒……目前仍有許多拖欠會費的國家，所謂的拖欠，就是沒繳足款項」。特別是歐洲經濟火車頭德國，軍費僅僅占GDP的百分之一點二，遠遠未達標，招致川普嚴厲的批評。

戰後初期，德國百廢待興，美國以馬歇爾計劃幫助德國和歐洲完成重建，並且提供免費的軍事保護，這是美國對世界和平應盡的義務。但是，半個多世紀之後，統一的德國已然成為歐洲第一強國，德國的國民收入不亞於美國，德國有財力敞開大門，安頓上百萬敘利亞等國難民，德國國民享受優質的國家福利和健康保險，德國大學生包括國際學生全都免費就讀，德國在地緣政治上野心勃勃，一心問鼎歐盟盟主的地位；相比之下，美國大部分家庭必須自己承擔子女的大學學費，並且自行購買醫療保險。那麼，德國有什麼理由要求美國繼續提供免費的軍事保護呢？德國為什麼不能信守承諾將軍費指出提高到GDP的百分之二，同時承擔更多的北約防務費用呢？譬如一家銀行雇用保安，難道可以不付對方薪水嗎？此前的幾屆美國總統，礙於盟國的面子，對此狀況不置可否。川普則心直口快，說出了不容辯駁的常識和常理。當川普在記者會上侃侃而談時，德國總理梅克爾在一旁表情尷尬，天下沒有白吃的午餐，她當然知道這個道理。

歐洲盟友中，第二個常常跟美國唱反調的是法國。法國既不願屈居德國之下，也不願由美國來主導歐洲事務。從北約成立之初，法國總統戴高樂就心不甘情不願，他忘記了法國在二戰中潰敗的恥辱，沉浸於法國在拿破崙時代是歐洲第一強國的舊夢之中，一度脫離北約，自行其是。後來，蘇俄的黑手伸向西歐，法國無力抵禦，這才又乖乖回到北約的保護傘下。如今，法國的自我認知障礙症病入膏肓，其戰略企圖與自身實力及社會狀況嚴重脫節——就在北約峰會之後幾天，法國又發生數百萬工人罷工，交通癱瘓，垃圾成堆，巴黎美麗不再，宛如骯髒的第三世界國家的城市，法國已經徘徊在失敗國家的邊緣。

儘管如此，法國總統馬克宏仍要強行出頭，挑戰美國在北約的主導權，形容北約處於「腦死」狀態，批評美國與北約在戰略決策上毫無協調合作，認為北約應將重心放在對抗「伊斯蘭國」恐怖分子上。對此言論，川普痛批說：「我覺得這非常無禮」，稱這是「非常、非常討人厭的說法」。川普諷刺說，法國應當接回法國籍的「伊斯蘭國」恐怖分子：「我們在敘利亞抓到很多ＩＳ戰士，他們都在押，許多人來自法國、德國和英國，部分國家（土耳其）已同意接回國人。」川普在北約秘書長史托騰柏格（Jens Stoltenberg）陪同下召開記者會時說：「北約肩負重任，馬克宏的發言非常羞辱，這是對二十八個國家的惡意宣言；沒有任何國家比法國更需要北約，那是很危險的說法。」

德國、法國等歐洲大國對北約愛恨交織。二十多年前的南斯拉夫內戰，發生在歐盟的家門口，歐盟卻無力解決，而必須藉助北約出手。許多歐洲國家的領袖口中不願承認，心中卻不得不承認，如果沒有美國，歐洲連自己的和平也無法維持。所以，儘管北約內部分歧不斷，川普仍然強勢主導了北約峰會的走向，迫使北約通過一系列改革政策，使得年逾七旬、垂垂老矣的北約重新啟程，逐漸轉型為朝氣蓬勃的新北約。

歐洲和美國的主流媒體熱衷於發表反對川普的假消息，極少報導川普成功的外交活動，包括此次川普在北約峰會上的表現。川普在推特上說，「北約在過去三年中取得了巨大進展。美國以外的國家已經同意每年多支付一千三百億美元軍費開支，到二〇二四年，這一數字將達到四千億美元。北約將變得比以往任何時候都更加富強。」此次峰會最大的亮點在於，二十九國首腦在峰會的聲明中首次將中國崛起列為對北約的重要「挑戰」。這意味著川普帶領北約將重心從歐洲轉移向新的熱點——亞太地區，北約開啟了「東移戰略」。

◎中國西進和北約東移：中國是北約的新敵人

十二月四日，北約領導人簽署了一份聯合峰會聲明，首次承認中國崛起帶來的「契機與挑戰」。為了應對這一系列挑戰，北約更新了包括 5G 網路在內通訊設施的底線要求，並達成一致。此前，北約各國在通訊設施建設方面各行其是，不少國家置國家安全於不顧，引狼入室，允許有中國軍方背景的華為公司參與各國通訊設施建設。比如，自以為聰明的德國總理梅克爾，就不聽美國方面的規勸，執意對華為網開一面。如今，北約通過了新的規定，即便在德國掌握最高權力的梅克爾，也不得不接受此種約束，放棄與華為合作，不能再拿國家安全當兒戲。

對於中國的威脅以及北約的應對措施，北約秘書長史托騰柏格指出：「不是北約要進軍南中國海，而是中國正在靠近我們。」儘管北約傳統上掌管的範圍只包括北美和歐洲，但中國日益增長的影響力已經不容忽視：中國擁有世界第二多的國防預算，最近展示多項新的現代能力，包括能夠到達整個歐洲、美國的遠程飛彈。除了在技術上取得長足進展外，北京還在歐洲基礎建設和網路方面進行大量投資，並擴大在非洲和北極地區的業務。換言之，是中國的西進激起了北約的東移，如果北約對中國的西進繼續無動於衷，中國必將肆無忌憚、所向披靡。

此前，當歐洲各國對中國的威脅視若無睹，比如經濟困難的希臘將戰略意義重大的港口比雷埃夫斯租借給中國、義大利興高采烈地加入中國的「一帶一路」，是美國和川普大聲喚醒了沉睡的歐洲和北約。美國智庫「大西洋理事會」防務問題專家巴威爾（Barry Pavel）在「防禦第一」（Defense One）網站上發表文章指出，最近兩年，中國在歐洲周邊和本土越來越多的行動，使得美國和歐洲官員將中國問題列為首要的議程。他指出：「這些行動包括華為在歐洲和北美電子基礎設施上的努力、中國通過「一帶一路」全球戰略在歐洲及其周邊進行的掠奪性經濟活動、中國大規模的網路間諜和盜竊西方知識產權活動、中國在北極日漸增長的活動以及在北約邊界的活動、與俄羅斯軍隊在太平洋、中亞以及北歐和波羅的海地區的聯合軍演、中國在義大利的里雅斯特等歐洲重要港口日漸增加的所有權、中國在對北約和美國海軍的非常關鍵的海事設施投資等等。」也就是說，北約其實是被動應戰而已。

在此次峰會之前，美國已經多次對歐洲和北約發出強烈警告。二〇一九年四月，美國副總統彭斯在華盛頓紀念北大西洋公約組織建立七十週年的活動中說，雖然中國似乎遠離歐洲，但北約不能無視中國的崛起：「北約在今後幾十年裡面對的最艱鉅挑戰，也許就是如何根據中國的崛起作出調整。而我們必須調整，因為決定如何應對中國5G網路技術的挑戰，應對中國一帶一路提供的橫財，這是歐洲盟國每天必須對付的問題。」

二〇一九年十一月，美國國務卿蓬佩奧在布魯塞爾北約外長會議上呼籲說，各國盟友必須應對當前來自中共的潛在長期威脅，北約國家不能忽視他們與北京執政黨之間的「根本差異」和「不同信仰」。蓬佩奧說，美國及其盟友建立北約的初衷是保衛自由和民主，冷戰結束三十年後，美國和盟國仍然面對來自專制政權的威脅，「我們必須共同面對他們——俄羅斯、中國、伊朗，他們的價值體系和我們的截然不同。」

承平已久、文嬉武戲的歐洲，似乎早已忘記對信仰和價值體系的堅守——很多歐洲人早已喪失了恆定的信仰和價值體系。只有當危險抵達家門口時，若干歐洲國家才發現中國並非一同「發大財」的好朋友：在香港銅鑼灣書店系列綁架案中，中國特工跨國綁架瑞典籍華裔書商桂民海，並恐嚇瑞典政府官員不得參與支持桂民海的集會；中國威脅捷克首都布拉格的市長不得與台北建立友好城市關係，甚至取消其簽證；中國的留學生在歐洲各國暴力襲擊和平集會以抗議中國暴政的香港學生和民眾；中國央視的記者闖入英國保守黨大會並用暴力攻擊與會人士……中國對美國和歐洲視為「理所當然」的民主自由價值的侵蝕和危害，已經大大超過了昔日強橫的蘇俄。

川普比此前任何一名前美國總統都更清醒地意識到中國對世界和平與普世價值的重大威脅，這不是所謂陳舊的「冷戰思維」，而是真實而嚴峻的「中國威脅」。川普重用的將軍們跟他一樣，清楚地看到了這個事實，它不再是歐巴馬時代的「房間裡的大象」。二〇一九年十二月五日，剛上任兩週的美國海軍部代理部長莫德利（Thomas Modly）表示，他未來處理海軍事務將會以中國威脅做為首要任務，美國海軍必須隨時面對這項問題，「如果與中國的衝突明天就發生，我們怎麼辦？」他毫不掩飾地表示，他不會以「二〇三五年的心態」來考慮中國問題，而會以短期內可能出現的麻煩來思考中國問題。中國對美國構成的是近期威脅，而非長遠挑戰。他督促美國海軍官兵拋棄美國不會與中國發生衝突的想法，要求他們隨時做好戰鬥準備。

這顯然不是莫德利的個人看法，而是美國政府乃至西方盟國新的國際戰略一部分。北約軍隊進入阿富汗是北約邁入亞洲的第一步，下一步北約將與亞洲的日本、印度、韓國、新加坡、馬來西亞、印尼、菲律賓等盟國合作，甚至可能建構一個橫跨美洲、歐洲和亞洲、擴大版的新北約。

川普將對抗中國的新戰略任務賦予北約，將使得近年來一度找不到方向的北約因為有了新的敵人而重新產生凝聚力和戰鬥力。北約曾經是蘇俄的掘墓者，北約也必定是中國的終結者。

用常識治國

右派商人川普的當國智慧

作者　余杰

總編輯　富察
責任編輯　穆通安
特約編輯　紐承豪
企劃　蔡慧華
封面設計　萬亞雰
排版　宸遠彩藝

社長　郭重興
發行人兼出版總監　曾大福

出版發行　八旗文化／遠足文化事業股份有限公司
地址　新北市新店區民權路 108-2 號 9 樓
電話　〇二～二二一八～一四一七
傳真　〇二～八六六七～一〇六五
客服專線　〇八〇〇～二二一～〇二九
信箱　gusa0601@gmail.com
臉書　facebook.com/gusapublishing
部落格　gusapublishing.blogspot.com

法律顧問　華洋法律事務所／蘇文生律師
印刷　成陽印刷股份有限公司

出版日期　二〇二〇年一月（初版一刷）
　　　　　二〇二一年一月（初版三刷）

定價　五六〇元整

用常識治國：右派商人川普的當國智慧
余杰著／新北市／八旗文化出版／
遠足文化發行／二〇二〇年一月

ISBN 978-957-8654-89-1（平裝）

一、美國政府　二、政治制度

574.52
108019856